Gabi Kopp

Meze ohne Grenzen

Rezepte, Geschichten, Menschen

Rotpunktverlag.

Der Rotpunktverlag wird vom Bundesamt
für Kultur mit einem Strukturbeitrag
für die Jahre 2016–2020 unterstützt.

© 2017 Rotpunktverlag, Zürich
www.rotpunktverlag.ch

Illustrationen: Gabi Kopp
Bildbearbeitung: Widmer & Fluri, Zürich
Druck und Bindung: Friedrich Pustet, Regensburg

ISBN 978-3-85869-757-8
1. Auflage

Inhalt

Anleitung zum Gebrauch dieses Buchs

Meze sind in der Regel einfache Rezepte mit wenigen Zutaten. Aufwendig wird es erst, wenn viele Meze zubereitet werden – da lohnt es sich, die Gäste schon zum Kochen einzuladen. Die Rezepte eignen sich einzeln für ein schnell zubereitetes Mahl, als Zwischenmahlzeit oder in Kombination für eine festliche Meze-Tafel. Ideal sind Meze auch zu einem Barbecue oder Picknick. Die Kapitel sind nach vegetarischen Meze, Fisch- und Fleisch-Meze sowie Süßspeisen geordnet. Am Ende jedes Kapitels stehen einfache Kurzrezepte. In Texten zur Warenkunde werden wichtige Produkte beschrieben. Porträts von Köchinnen und Köchen geben einen Einblick in deren Leben. Im Kapitel Hintergrund finden Sie Geschichte und Geschichten zur Meze- und Kneipenkultur und zu den Besonderheiten der einzelnen Länder. Im Glossar sind viele Begriffe erklärt.

Die Rezeptauswahl basiert auf einer möglichst repräsentativen Vielfalt und meinen auserkorenen Lieblingsrezepten. Über zwei Drittel der Meze-Rezepte sind vegetarisch oder vegan. Alle Rezepte wurden nachgekocht, die meisten mehrfach. Grundrezepte mit Angaben zur Weiterverarbeitung sollen Ideen geben und zu eigenen Kreationen inspirieren. Der Kochaufwand ist in Form von ein bis vier Balken dargestellt.

Bei der Meze-Küche sind saisonale und regionale Produkte wichtig. Fast jede Zutat kann durch ein ähnliches Produkt ersetzt werden. Das Buch beinhaltet viele Vorschläge für hiesige Produkte. Wählen Sie saisonal – es gibt Gerichte für das ganze Jahr. Die Mengenangaben sind meistens für vier kleine Portionen berechnet. Eine Ausnahme bilden Rezepte, die man sinnvollerweise in größerer Menge zubereitet, weil die Meze aufbewahrt werden können. Eine größere Menge ist auch nötig, wenn Sie ein Gericht als Hauptspeise zubereiten. Umgekehrt gilt: Reduzieren Sie die Mengen bei mehr als drei Meze. Je üppiger die Meze-Tafel, desto kleiner die Portionen. Für die Einkaufsliste zählen Sie Gemüse-, Fisch- und Fleischmengen aller Rezepte zusammen und teilen sie durch die Anzahl der Personen: Wenn Sie auf über 300 Gramm Gemüse, Fisch oder Fleisch pro Person kommen, haben Sie bestimmt zu viel berechnet. Bei Brot kann mit 100–150 Gramm pro Person gerechnet werden.

Es gibt unzählige Kombinationsmöglichkeiten. Wenn etwas besonders gut zusammenpasst, ist es in den Rezepten vermerkt. Lassen Sie sich von den Bildern inspirieren und wählen Sie da, wo Ihnen das Wasser im Munde zusammenläuft. Das ist die beste Voraussetzung für ein gutes Gelingen. Als Hilfe: Achten Sie bei der Zusammenstellung auf Abwechslung und Ausgewogenheit. Ein Salat, ein Gemüsegericht, ein, zwei Pürees mit Hülsenfrüchten, Joghurt oder Käse, etwas im Teig Gebackenes, nach Wunsch ein Fisch-, Meeresfrüchte- und Fleisch-Meze und etwas Süßes danach – auch wenn es nur eine hübsch aufgeschnittene Frucht ist. Schon fünf Meze sind eine schöne Anzahl. Beginnen Sie mit den kalten vegetarischen Meze und schließen Sie mit den warmen. Mit qualitativ guten Produkten ist das Gericht schon halb gelungen. Verwenden Sie extra natives Olivenöl und Pfeffer frisch aus der Mühle. Salzen sie beim Kochen wenig – stellen Sie Salz auf den Tisch.

Vorwort

Auf Reisen in den Libanon, nach Zypern, Griechenland und in die Türkei habe ich in unzählige Küchen und Töpfe geschaut, Köchinnen und Köche besucht, die traditionelle Meze zubereiten oder neu interpretieren. Mithilfe von einheimischen Begleiterinnen und Begleitern habe ich Interviews geführt und während des Kochvorgangs die Rezepte aufgezeichnet. Mit einer Palästinenserin habe ich im Libanon und mit einer Syrierin in der Schweiz gekocht.

Mit den recherchierten Rezepten und Geschichten sowie mit meinen Zeichnungen will ich ein Bild der Region wiedergeben, bei der nicht die heutigen Grenzen, sondern vielmehr die Geschichte, das Klima und die regionalen Besonderheiten eine Rolle spielen. So haben zum Beispiel viele Inseln durch ihre isolierte Lage kulinarische Eigenheiten entwickelt und bewahrt. Eine wichtige Rolle bei der Ausbreitung der Esskulturen spielt die Migration. Es ist erstaunlich, wie unsere Küche, dank der alten Handelsverbindungen, vom mediterranen Raum und dem Nahen Osten beeinflusst ist.

Verbreitet ist die Meze-Kultur rund um das östliche Mittelmeer und das Schwarze Meer – im ungefähren Gebiet des ehemaligen Byzanz und des Osmanischen Reiches. Die kulturelle Vielfalt dieser großen Region zeigt sich auch in klassischen Meze-Namen wie dem türkischen Auberginengericht Imam bayıldı (»der Imam fiel in Ohnmacht«), dem arabischen Baba ganusch (»verwöhnter Papa«), der Albanischen Leber oder dem Tscherkessischen Hühnchen.

Meze sind kleine Speisen, die in mehreren Gängen oder als ganze Tafel aufgetischt werden. Wichtig sind die Geschmacksvielfalt und dass sie den Magen nie ganz füllen sollen – es könnte ja noch ein Hauptgericht folgen. Traditionell sind Meze kalte Häppchen, die in Meyhane oder Tavernen zum Alkohol gereicht werden. Im heutigen Verständnis können viele Speisen Meze sein, wenn sie kalt oder warm in kleinen Portionen serviert werden. Ich habe mich in diesem Buch nicht nur an die klassischen Meze gehalten, sondern es den Köchinnen überlassen, was sie als Meze interpretieren. Kochkultur ist etwas Lebendiges und entwickelt sich immer weiter.

Alle, die ich gefragt habe, was Meze für sie bedeutet, haben wiederholt gesagt: Es geht um das Zusammensein, das Teilen und um frische, gute Produkte. Meze ist der Geschmack im Gaumen und die Freude für das Auge. Meze ist Leben, da, wo man entspannt genießt und die Probleme an den Nagel hängt. Verbunden ist die Meze-Kultur mit Musik und Poesie, mit Natur und Meer, mit Leid und Fröhlichkeit, mit Witz und Widerstand, mit humanistischem, sozialem und tolerantem Gedankengut. Oder wie Barbara Abdeni Massaad, Kochbuchautorin und Slow-Food-Präsidentin in Beirut, sagt: »Der Erfolg guter Meze sind eine Prise Liebe gemischt mit Gelassenheit und Seelenfrieden.«

Auf dem Cover habe ich symbolisch vier meiner Köchinnen und Köche an einen Tisch gesetzt. Onno ist Armenier, Ghada Libanesin, Achilleas Grieche und Gule ist Kurdin. Also auch in dieser Hinsicht Meze ohne Grenzen.

Zum Schluss eine meiner Lieblingsdelikatessen: »Papara«, sagen die Griechen, wenn sie die im Teller verbliebene Sauce, wie zum Beispiel Tomatensaft, Olivenöl und Käsekrümel, mit Brotstücken auftunken.

In diesem Sinne:
Kali orexi! Afiet olsun! Sahten!
Guten Appetit auf Griechisch, Türkisch und Arabisch.

Gabi Kopp

Vegetarische Meze machen in der Meze-Küche und auch in diesem Buch den weitaus größten Teil aus. Häufig wird nach den Meze-Gängen noch Fisch oder Fleisch serviert. Viele Rezepte sind ursprüngliche Hausfrauengerichte, die als kleine Portionen kalt oder lauwarm auch als Meze serviert werden.
In diesem Kapitel finden sich Rezepte für Wildkräuter- und Gemüsegerichte, Salate, Pickles, Pasten, Joghurt- und Käsegerichte, frittierte, gebackene und gekochte Speisen mit Hülsenfrüchten und Getreide, in Teig gefülltes, Brote und Eierspeisen. Vegane Rezepte sind extra bezeichnet. Kombinieren Sie nach Ihrem Geschmack und Ihrer persönlichen Vorliebe, denn mit Liebe gelingt es am besten.

Meze vegetarisch

Essbare Wildpflanzen

Jahrtausendelang haben unsere Vorfahren Wildpflanzen gesammelt, sie waren Nahrung und Medizin zugleich. Sie ernährten die Armen und halfen durch Notzeiten. Im Gegensatz zum mediterranen Raum, wo Wildkräuter und -gemüse im Frühling auf vielen Märkten angeboten werden, verschwanden sie hierzulande mit der Industrialisierung der Ernährung aus unserem Alltag. Es ist häufig das sogenannte Unkraut und auch mancher invasive Neophyt, die essbar sind. Mittlerweile haben auch Feinschmecker wiederentdeckt, dass es sich bei Wildkräutern um geschmacksintensive und wertvolle Nahrungsmittel handelt. Tatsächlich besitzen Wildpflanzen im Vergleich zu den gezüchteten Kulturpflanzen oft einen mehrfachen Gehalt an lebenswichtigen Inhaltsstoffen, wie zum Beispiel die wertvollen Bitterstoffe.
Viele mediterrane Wildkräuter oder ihre verwandten Arten wachsen auch in Mitteleuropa. Findet man sie in der eigenen Region nicht, gibt es meist alternativ hiesige essbare Wild- oder Kulturpflanzen. In der Wildkräutertabelle (►S. 312) sind wichtige mediterrane und mitteleuropäische Wildkräuter angegeben. Pflanzen haben oft lokal unterschiedliche Namen, da sorgen die lateinischen Namen für Klarheit. Besonders im Frühling sind Wildkräuter zunehmend auch auf unseren Märkten zu finden. Beliebte Sorten wie Rucola, Portulak, Kresse, Fenchelkraut, Löwenzahn oder andere Zichorienpflanzen wurden kultiviert und können selber angepflanzt werden. Aber nicht nur der Frühling ist für Wildkräuter interessant. Auf gemähten Wiesen wachsen junge Kräuter wieder nach und können bis Herbstbeginn gepflückt werden. Zum Rohverzehr eignen sich besonders junge Blätter und Triebe. Als Gemüse verwendet man teilweise auch größere und geschmacksintensivere Blätter.
Beim Sammeln gilt: Auf ungedüngten Böden nur pflücken, was man mit Bestimmtheit kennt, und nur so viel, wie man braucht. Keine seltenen Pflanzen pflücken oder mit der Wurzel ausreißen. Zum Sammeln eignen sich Biogärten, Hecken, Brachflächen, Uferzonen, Magerwiesen, Waldränder, Wälder oder die Berge. Besonders bodennahe Pflanzen zum Rohessen müssen gut gewaschen werden. Wildkräuter nicht in großen Mengen konsumieren. Sie eignen sich auch zum Mischen mit Kulturgemüse.

Essbare Blätter von Wurzel-, Knollen- und Zwiebelgemüse

Vieles, was wir vom Gemüse wegschneiden, ist ess- oder verwertbar. Besonders junge Blätter von Knollengemüsen werden gerne für Meze verwendet, je nach Sorte gedünstet oder roh, separat oder mit den Knollen. Häufig haben sie eine hohe Dichte an wertvollen Nährstoffen. Essbar sind zum Beispiel junge, frische Blätter von Kohlrabi, Roter Bete, Fenchel, Sellerie oder Radieschen. Auf den Märkten in der Ägäis werden Zwiebelstängel mit Blütenknospen verkauft. Stängel von junger Roter Bete werden fein gehackt auch roh gegessen, Knoblauchgrün oder Karottenkraut dienen als Würze.

Klassische Zubereitungsarten von Wildkräutern im mediterranen Raum

roh zum Knabbern oder als Salat
roh oder gekocht mit Joghurt
blanchiert oder gedünstet, mit Olivenöl, Knoblauch und Zitrone (griech. *chorta*)
mit Rührei, Omelette, mit einem pochierten Ei oder Spiegelei
gebraten mit oder ohne Fleischragout (türk. *kawurma*)
gekocht mit grob geschrotetem Bulgur, ganzen Getreidekörnern oder Reis

istanbul
Edremit

Antidia, Chorta

ENDIVIEN-GEMÜSE vegan

Katerina, Tzipouradiko O Tzimis, Volos, Griechenland

4 Portionen

500 g Endivie oder Frisée
½ TL Natron oder Backpulver
3 EL mildes Olivenöl
½ TL Salz (Fleur de Sel)
1 Zitrone, in Schnitzen

- Den Strunk der Endivie herausschneiden und die Blätter waschen.
- Abtropfen lassen und die großen Blätter in 2–3 Stücke schneiden.
- 1 l Salzwasser in einem Topf aufkochen, Natron und Endivie beigeben und in 2–3 Min. knapp gar köcheln.
- Abgießen, kalt abschrecken und abtropfen lassen.
- Endivie in einer Schüssel mit Olivenöl und Salz mischen.
- In eine Schale füllen, mit Zitronenschnitzen dekorieren und lauwarm oder kalt servieren.

Chorta ►S. 308
In das Gemüse passt auch Feta, Zwiebelgrün oder junges Fenchelkraut.
Kaltes Abschrecken und das Natron bewirken, dass die grüne Farbe des Gemüses erhalten bleibt. Das basische Natron neutralisiert die Säure.

Antidia ist die Endivie. Chorta ist die Bezeichnung für essbare Wildpflanzen und Grüngemüse. Zum Teil werden diese wie die Endivie, ein Zichoriengewächs, auch kultiviert. Chorta passt zu vielen Meze und als Beilage zu Fisch oder Fleisch.

Hindbeh bi zeit

LÖWENZAHN IN OLIVENÖL vegan

Mouhanna Ismael, Restaurant Al Mokhtar, Nesnaya, Libanon

4 Portionen

300 g junge Löwenzahnblätter, grob gehackt (oder Catalogna)
2 Zwiebeln oder Schalotten, halbiert, in Streifen
2 Knoblauchzehen, geschält, in Scheiben
3 EL Olivenöl
Salz, Pfeffer
4 Zitronenscheiben

- Löwenzahn waschen. Große Blätter halbieren.
- Zwei Drittel der Zwiebelstreifen in 2 EL Öl auf mittlerer Hitze braun rösten und beiseitestellen.
- Salzwasser in einem Topf aufkochen. Löwenzahnblätter dazugeben und 2 Min. auf kleiner Hitze blanchieren. In ein Sieb abgießen und kalt abschrecken. Ist der Löwenzahn noch zu bitter, ein zweites Mal blanchieren.
- Abgießen, kalt abschrecken und leicht auspressen.
- In einer Pfanne Zwiebelstreifen und Knoblauchzehen in 1 EL Öl anbraten.
- Löwenzahn dazugeben, mit Salz und Pfeffer abschmecken und 1–2 Min. mitbraten.
- In eine Schale füllen, die gerösteten Zwiebeln darüberstreuen, mit den Zitronenscheiben dekorieren und lauwarm oder kalt servieren.

Die Zubereitungsart eignet sich für viele Wildkräuter ► S. 312
Löwenzahn auf ungedüngten Wiesen vor der Blüte sammeln. Das Blanchieren in Salzwasser eignet sich besonders für bittere Pflanzen, um Bitterstoffe auszuschwemmen. Dünsten und braten erhält die Geschmacks- und Bitterstoffe besser. Weniger bitter ist das Gericht gemischt mit grünem Blattgemüse, Kartoffelwürfeln, Kürbis, Ei, Zwiebeln oder Knoblauch. Die Röstzwiebeln können weggelassen werden.

Im mediterranen Raum gibt es auch eine milde Sorte Löwenzahn. Etwas weniger Bitterstoffe haben Catalogna, Zuchtlöwenzahn, gebleichter Löwenzahn, Puntarelle (Vulkanspargel), Cima di Rapa oder roter Chicorée.

Auf Kreta trinken ältere Leute die Kochflüssigkeit mit etwas Zitronensaft und Olivenöl.

Wildfenchelkraut

Ackerrettich

Gänsedistel

Arapsaçı salatası

WILDFENCHELKRAUT IN OLIVENÖL UND ZITRONE vegan

Fevzi Çıkıkçı, Fischrestaurant Fevzi'nin yeri balık lokantası, Datça, Türkei

4 Portionen

250 g junges Wildfenchelkraut
4 EL Olivenöl
3 Knoblauchzehen, gemörsert
½ Zitrone, Saft
2 Prisen Meersalz

- Fenchelkraut waschen, von den groben Stielen abzupfen. Zarte Stiele in Röllchen schneiden.
- In einer Pfanne mit 2 EL Öl und knapp mit Wasser bedeckt auf mittlerer Hitze 15–20 Min. zeitweise mit, dann wieder ohne Deckel garen.
- Salz beigeben, Flüssigkeit abgießen und Fenchel in eine Schale füllen.
- Knoblauch, Zitronensaft und 2 EL Öl mischen und darüberträufeln.
- Mit Meersalz bestreuen und kalt servieren.
- Als Beilage passen Kartoffeln.

Wildfenchelkraut ►S. 312
Alternativ können junges Kraut von Gemüsefenchel oder fein gehackte Fenchelstücke verwendet werden.

Variante mit Ei: Fenchelkraut nach dem Garen mit einem verquirlten Ei mischen. Mit Olivenöl beträufeln und warm servieren.

Variante mit Fleisch: Kleine Rind- oder Lammfleischwürfel mit Zwiebeln und wenig Tomatenpaste anbraten und mit dem Fenchelkraut weich garen.

Sütleğen

GÄNSEDISTELSALAT vegan

Meray Yeşiltaş Yakaköy, Datça-Halbinsel, Türkei

4 Portionen

250 g junge Gänsedistelblätter
1–2 EL Zitronensaft
1 TL Granatapfelkonzentrat
50 ml Olivenöl
3 Knoblauchzehen, gepresst
1 TL Salz

- Distelblätter waschen und in kochendem Wasser kurz blanchieren.
- In ein Sieb abgießen, kalt abschrecken, abtropfen lassen und in eine Schale geben.
- Übrige Zutaten für die Sauce mischen, über die Distelblätter träufeln und kalt servieren.

Alle Distelsorten sind essbar. Es eignen sich auch Kohldistel, Gänsedistel, Golddistel ►S. 312

Auf dieselbe Art bereitet Meray Yeşiltaş andere Wildkräuter wie Löwenzahn oder Ackerrettich zu.
Auf der Datça-Halbinsel wird die Gänsedistel Sütleğen genannt. Achtung: Im Türkischen heißt auch die giftige Wolfsmilch Sütleğen.

Von der Dorffrau zur Gastwirtin

Meray Yeşiltaş

Mesudiye, Datça-Halbinsel, Türkei, www.nostalgiapansiyon.com

Meray Yeşiltaş Familie lebt seit Generationen auf der Datça-Halbinsel wo die Ägäis ans Mittelmeer grenzt. Mit achtzehn Jahren heiratete sie Yilmaz Yeşiltaş. Die Tochter Manolia hat auf Zypern Psychologie studiert und hilft zurzeit mangels Arbeit im Nostalgia-Restaurant und in der Pension aus. Mutter, Vater und Tochter haben alle am 21. Oktober Geburtstag. Meray, eine bescheidene Dorffrau, träumte jahrelang davon, etwas Eigenes zu haben. Vor zwölf Jahren eröffnete sie, finanziell unterstützt durch Freunde, das Café Restaurant Nostalgia in Palamutbükü, direkt am Strand, und begann nach den Rezepten ihrer Mutter zu kochen. Yilmaz studierte zu dieser Zeit in Deutschland. Heute ist Meray in der Küche, ihr Mann serviert und bedient den Grill. Yilmaz ist ein Liebhaber des Rock und Jazz aus den 70er- und 80er-Jahren. Im Restaurant lief von Beginn an seine Musik. Es wurde zu einem Treffpunkt für Intellektuelle aus der Stadt, die im Sommer an die Küste kamen.

Das Nostalgia ist ein typisches, einfaches Fisch- und Meze-Restaurant am Meer. Der Gast wählt die Meze und den Fisch aus den Vitrinen. Das weitere Tagesangebot wird den Gästen mündlich unterbreitet. Nach dem Bad im Meer steht der gedeckte Tisch bereit. Das Restaurant ist das ganze Jahr geöffnet, doch außerhalb der Badesaison ist es ruhig. Das gibt Luft für andere Arbeiten. Merays Familie hat Oliven- und Mandelhaine, Obstgärten und einen großen Gemüsegarten. Sie haben eigenes Olivenöl, Mandeln, Mandarinen, Orangen, Bitterorangen, Grapefruits, Pflaumen, Äpfel, Maulbeeren, Trauben und viele Gemüsesorten. Im Sommer müssen sie kaum etwas dazukaufen.

Als Dorffrau kennt Meray alle Wildkräuter der Umgebung. Im Winter und Frühling sammelt sie mit Leidenschaft die Kräuter und macht daraus Salate und Gemüsegerichte, die in der ganzen Ägäis auf die Meze-Tafel gehören. In der Küche wird sie immer kreativer, will aber trotzdem die traditionellen Rezepte nicht vergessen. Die Speisen im Restaurant bereitet sie frisch und in kleinen Mengen zu.

Meray ist ein Gefühlsmensch mit einer guten Intuition. Sie beobachtet die gesellschaftlichen Veränderungen, wo Egoismus und Oberflächlichkeit zunehmen und der Privatraum immer kleiner wird, mit Sorge. Auch bei sich sieht sie Veränderungen. Im Dorf traditionell aufgewachsen, kam sie durch den Tourismus mit Städtern und dadurch mit viel Neuem in Kontakt. Künstler, Psychologen, Intellektuelle und Halbintellektuelle besuchten Palamutbükü. Sie fühlt sich zwischen den Welten und an beiden Orten nicht ganz zugehörig. Früher mochte sie alle Menschen, heute wählt sie ihre Freunde genau.

Zurzeit renovieren sie einen Teil ihres Hauses in Yakaköy, gleich neben dem verfallenen Haus ihrer Großmutter. Merays Idee ist es, dort eine kleine Pension mit drei, vier Zimmern zu errichten. Mit ihr nahestehenden Gästen will sie Wildkräuter sammeln, Brot backen und gemeinsam kochen.

Tilki kavurma

GEBRATENER WILDSPARGEL vegan

Fevzi Çıkıkçı, Fischrestaurant Fevzi'nin yeri balık lokantası, Datça, Türkei

4 Portionen

500 g Wildspargel oder Grünspargel
1 Frühlingszwiebel, in Röllchen
2 Stängel Schnittknoblauch, fein geschnitten
2 EL Olivenöl
Salz, Pfeffer

- Spargelstangen bis zum holzigen Ende in 4 cm lange Stücke brechen.
- In einer Pfanne 2 EL Öl erhitzen. Spargel, Frühlingszwiebeln und Schnittknoblauch beigeben und auf großer bis mittlerer Hitze 3–5 Min. bissfest braten. Dabei ab und zu wenden, nach der Hälfte der Zeit auf mittlere Hitze reduzieren und zudecken.
- Mit Salz und Pfeffer abschmecken und warm oder kalt servieren.

Statt Schnittknoblauch kann man auch Bärlauch, Knoblauch oder Schnittlauch verwenden.
Wildspargel wächst im mediterranen Klima. Er ist im Frühling auf dem Markt erhältlich, kann aber auch durch Grünspargel ersetzt werden.
Das türkische Adjektiv *kavurma* bezeichnet Gerichte, die gebraten statt im Wasser gekocht werden.
Kavurma ▶ S. 308

Yabani kuşkonmazlı, enginar, kuzugöbeği kavurma

WILDSPARGEL MIT ARTISCHOCKEN UND MORCHELN vegan

Erhan Şeker, Restaurant Zeytin Bağı, Çamlıbel Köyü, Edremit, Türkei

4 Portionen

250 g Wildspargel oder Grünspargel
2–4 Morcheln, geputzt, in Längsstreifen
2 Babyartischocken oder 1 große Artischocke
1 Frühlingszwiebel, in Röllchen
2 Stängel Schnittknoblauch, fein geschnitten
2 EL Olivenöl
Salz, Pfeffer
Essigwasser zum Einlegen

- Spargelstangen bis zum holzigen Ende in 4 cm lange Stücke brechen.
- Die äußeren Blätter der Artischocken entfernen und die obere Hälfte der Blätter abschneiden.
- Artischocken in Achtel schneiden und in Essigwasser legen. (Bei einer großen Artischocke nur den Boden und den geschälten, zarten Teil des Stiels verwenden.)
- Spargel mit Morcheln und Artischocken in Öl 5–10 Min. bissfest braten. Siehe Zubereitung oben.
- Mit Salz und Pfeffer abschmecken und warm oder kalt servieren.

Wildspargel lässt sich auch gut mit Rührei kombinieren.

Otlu kol böreği

WILDKRÄUTERBÖREK

Elisabeth Tüzün, Datça, Türkei

2 Börek (8 Portionen)

Teig:
500 g Halbweißmehl
2 g Trockenhefe
350–400 ml Wasser
½ TL Salz

Füllung:
600 g Wildkräuter (▸Spalte rechts), gehackt
250 g Ziger, zerkrümelt (oder Ricotta)
250 g Beyaz Peynir 45–50% (türk. Weißkäse), zerkrümelt
8 Stängel Schnittknoblauch, gehackt (oder 3 Knoblauchzehen)
2 Frühlingszwiebeln, in Röllchen
3 TL Pfeffer aus der Mühle
3 TL Paprika süß
2 TL Pul Biber
100 ml Olivenöl

2 EL Olivenöl zum Beträufeln

- Kräuter mit Ziger und Weißkäse mischen. Übrige Zutaten für die Füllung dazugeben.
- Teigzutaten erst in einer Schüssel und dann auf einer bemehlten Arbeitsfläche zu einem geschmeidigen Teig kneten.
- Mit einem feuchten Tuch bedeckt 30 Min. ruhen lassen.
- Den Teig zu acht Ballen formen und erneut bedecken.
- Zwei Backbleche mit Backpapier auslegen. Ofen auf 180° Umluft vorheizen.
- Einen Teigballen auf einer sauberen, bemehlten Fläche zu einem sehr dünnen ovalen Fladen (etwa 30 × 40 cm) ausrollen.
- Fladen mit 3–4 Handvoll Füllung bestreuen und ohne Druck längsseitig aufrollen. Den Rand mit Wasser bestreichen und ankleben.
- Die Rolle auf das Blech heben und von der Mitte nach außen spiralförmig einrollen. Mit insgesamt 4 Teigballen die Spirale so fortsetzen.
- Mit dem zweiten Börek gleich verfahren.
- Den Börek mit Öl beträufeln und 35–45 Min. goldbraun backen.
- Aus dem Ofen nehmen, mit einem Küchentuch bedecken und leicht abkühlen lassen.
- In Portionen schneiden und warm oder kalt servieren.
- Dazu passt Joghurt.

Einfache Kräutermischung: Brennnesseln, Spinat, Petersilie.

Geeignete Wildkräuter: Ackerrettich, Bärlauch, Bibernelle, Brennnessel, Gänseblümchen, Gänsefuß, Geißfuß, Guter Heinrich, Kohldistel, Löwenzahn, Malve, Mohnblätter, Sauerampfer, Schlangenknöterich, Taubnessel, Teufelskralle, Vogelmiere, Wegwarte, Wiesen-Bärenklau ▸S. 312

Ziger (▸S. 112) kann durch den Frischkäse Çökelek (▸S. 101) ersetzt werden. Beyaz Peynir kann durch Feta ersetzt werden.

Spinat und Mangold können in beliebiger Menge beigefügt werden. Auch fein geschnittener Lauch, gebratene Auberginen- oder gekochte Kartoffelstückchen eignen sich für die Füllung. Wichtig sind frischer Knoblauch, Zwiebeln, Frühlingszwiebeln. Schneller geht es mit gekauftem Yufka- oder Filoteig.

Gekühlt ist der Börek ein paar Tage haltbar und kann in der Pfanne oder im Ofen aufgewärmt werden.

Meze-Kultur, Austausch und Migration

Ayvalık und Çunda

Bucht von Edremit, Türkische Ägäis, www.aynacunda.net

Ayvalık, mit der vorgelagerten Halbinsel Çunda, ist ein Zentrum für Meze-Kultur. Noch Anfang des 20. Jahrhunderts lebten hier, gegenüber der griechischen Insel Lesbos, vor allem Griechen und nur vereinzelt Türken. Es gibt noch immer viele griechische Häuser und Kirchen. Unter den Osmanen hatte Ayvalık als wichtige Hafen- und Handelsstadt gewisse Freiheiten und Privilegien und durfte eigenes Geld prägen. Verschifft wurden große Mengen Rakı, Konjak, Wein, Olivenöl und Olivenseife. Mit dem Ida-Gebirge war die Region Edremit der Hintergarten der Hauptstädte und Sultanshöfe Bursa und Konstantinopel. 1920 begann man Rakı zu produzieren und bald gab es mehrere Destillerien. 1924, zur Zeit der Gründung der Türkei, gab es in Ayvalık ein Orchester, das auch europäische Ballmusik und Tango spielte, es gab Cafés chantants und viele Meyhane.
Die Geschichte von Ayvalık ist eng mit Migration verbunden. Beim Völkeraustausch 1923 (►S. 300) kamen vor allem Migranten aus Kreta, Lesbos und Thessaloniki nach Ayvalık. Besonders die kretischen Muslime, die kein Türkisch sprachen, waren unwillkommen und integrierten sich lange nicht. Heute sprechen nur noch ein paar alte Fischer Kretisch. Die Zwangsumgesiedelten übernahmen die Läden und Lokale der vertriebenen Griechen. Vor allem auf Çunda gibt es viele Restaurants, die mit kretischem Essen, auf Türkisch *Girit mutfağı,* Werbung machen.
Cenk Çeçermiş, 39, und **Ibrahim Yıldırım,** 37, gründeten die Facebook-Gruppe »Ayvalık yemekleri, Göç ve Mübadele«, auf Deutsch »Ayvalık-Küche, Migration und Austausch«. Die Seite mit dem Ziel, die alten Rezepte der Migranten aus Kreta vor dem Vergessen zu bewahren, hatte schnell mehrere Tausend Freunde. Eine Auswahl der Rezepte publizierte Cenk als Kochbuch. Er sagt, die überlieferten Rezepte seien der schöne Teil der schmerzlichen Migrantengeschichten. Cenk und Ibrahim gehören beide zur dritten Generation von Mübadele-Türken (►S. 300) aus Kreta. Ibrahims Großeltern kamen aus Chania. Sein Vater war der Erste, der Seeigeleier in Ayvalık verkaufte. Auch Calamares zu essen wurde von Migranten aus Griechenland eingeführt. Durch neue Migrationswellen ist Ayvalık gewachsen, und die Mübadele-Migranten machen nur noch fünfzehn Prozent der Bevölkerung aus. Und seit einiger Zeit entdecken großstadtmüde Istanbuler Ayvalık. Das Leben hier ist entspannter und billiger. Es werden Bars, Handwerkerläden und Boutique-Hotels eröffnet. Allerdings erlebt der aufgeblühte Individualtourismus aufgrund der Terrorangst und restriktiven Regierungspolitik einen herben Rückschlag.
Das **Meyhane Tik Mustafa** steht in der Tenekeciler Sokak dicht an dicht mit vielen anderen Tavernen. Das Tik Mustafa ist ein klassisches Meyhane mit traditioneller Livemusik. In einer Ecke hängt das Porträt von Atatürk. Auf einem Schwarz-Weiß-Foto sind die Hügel von Ayvalık, mit den Windmühlen für den Weizen, und die Seifenfabriken am Meer abgebildet. Der Wirt erzählt, zu jener Zeit kauften die Gäste das Fleisch beim Metzger und der Barba bereitete es für sie zu. Dazu gab es einen großen Krug Wein und Brot. Bezahlt wurde nur der Wein, der billig war und wie Wasser getrunken wurde. Nach dem Wein gab es Kaffee oder Kuttelsuppe. Orientalische Musikensembles, »Ince Saz-Heyeti«, unterhielten die Gäste. Die Männer tanzten Zeybek (Sirtaki) oder es wurden Gedichte rezitiert. Die Aufgabe des Bekçi war es, die Gäste zu beaufsichtigen. Wer zu viel trank, wurde gebeten, nach Hause zu gehen, oder gar heimgebracht. Besonders zu den Jungen schaute der Bekçi, damit sie unterwegs nicht ausgeraubt wurden.

Die Ayvalık-Spezialität Papalina gibt es nicht; die kleinen, frittierten Fische sind rar geworden. Wir essen stattdessen Benediktenkraut mit Knoblauchjoghurt, gegrillte Rinderzunge (►S. 248), marinierte Makrelen und fein gebröckelten Ziegenkäse mit Walnüssen und Olivenöl. Bevor sie gehen, werden den Gästen Quittenscheiben mit Zitronensaft, mit etwas Kaffeepulver bestreut, serviert. Ein natürliches Alka Seltzer um wieder frisch zu werden, sagt der Wirt.

Das **Meyhane Argos** von **Hamdi Döker** und **Hande Solakoğlu** ist ein Lebensraum. Besonders im Winterhalbjahr tropfen Freunde herein wie in eine Stube, spielen Karten oder helfen beim Kochen. Hamdi und Hande führen hier ihr zweites Leben. Sie kochen, was sie mögen – traditionell und unkonventionell –, und schließen ihr Lokal auch mal für eine Segeltour. Hamdi war erfolgreicher Filmproduzent in Österreich. Hande ging in Scuol (Schweiz) ins Internat und lernte da bei Frau Leisi (Leisiteig) kochen. Sie studierte Geschichte, lebte zwanzig Jahre in Amerika und machte in Istanbul Ingwerbier, -sirup und -bonbons. Sie sagt: »Das Argos ist ein Ort, wo wir nicht nur unsere Mägen, sondern auch unsere Seelen füllen.«

Das kleine **Restaurant Ayna** von **Nihal Sayın** auf der Halbinsel Çunda liegt unauffällig in der zweiten Reihe. Im Ayna werden wunderbare saisonale Meze und Hauptgerichte aus lokalen Produkten auf designtem Porzellan von Tulya Madre serviert. Nihal kommt aus einer großen Familie aus Trabzon am Schwarzen Meer. Um den Frühlingsbeginn zu feiern, kochten die Frauen Brennnesselsuppe (►S. 27) in einem großen Topf. Nach zwanzig Jahren Arbeit als Literaturprofessorin in Istanbul wurde Nihal mit vierzig pensioniert und eröffnete auf Çunda ein Restaurant. Ihre Tochter Ezgi, ursprünglich Tontechnikerin, machte mit. Da sie im Türkischen keinen Ausdruck für »Restaurant« fanden, nannten sie das Ayna »Yeme içme oturma yeri«, ein Platz zum Essen, Trinken und Sitzen.

Isırgan otu çorbası

BRENNNESSELSUPPE

Nihal Sayın, Restaurant Ayna, Çunda, Türkei

4 Portionen

250 g Brennnesselspitzen, 5–10 cm lang
5 g frische Minze
1 kleine Zwiebel, gehackt
1–2 Knoblauchzehen
1–2 Lorbeerblätter
50 g Mehl
100 ml Milch
100 ml Sauerrahm
Salz, Pfeffer

Brennnesseln mit der Schere oder mit Handschuhen pflücken.
Um die brennenden Spitzen zu brechen, Brennnesseln in ein Handtuch geben und drücken oder mit dem Nudelholz walzen.
Statt Brennnesseln können auch Bärlauch, Sauerampfer, Brunnenkresse oder Kresse verwendet werden.

- Brennnesseln mit Gummihandschuhen waschen und grob schneiden.
- In einem Topf 800 ml Wasser aufkochen. Brennnesseln, Minze, Zwiebeln, Knoblauch und Lorbeerblätter dazugeben und auf mittlerer Hitze 5 Min. köcheln lassen.
- Lorbeerblätter herausnehmen und die Suppe mit einem Stabmixer pürieren.
- Mehl mit der Milch glatt rühren. Die Mehl-Milch-Mischung zur Suppe gießen und mit einem Schwingbesen rühren, bis das Mehl eindickt.
- Mit Salz und Pfeffer abschmecken. Vom Feuer nehmen und Sauerrahm unterrühren.

Olivenöl

Die erste Kultivierung von Olivenbäumen fand vermutlich in Syrien und auf Kreta statt. Auf Kreta konnte die Olivenölproduktion schon um das Jahr 3000 v. u. Z. nachgewiesen werden. Es gibt Olivenbäume, die 2500 Jahre alt oder älter sind. Die Bäume widerstehen auch großer Hitze, indem sie die silberne Seite der Blätter nach oben drehen und sich so vor Feuchtigkeitsverlust schützen. Olivenöl wird auch als »grünes Gold« bezeichnet. Es wird zum Kochen, als Medizin, als Seife, für viele Körperpflegeprodukte, für Licht in Öllampen, als Holzpolitur und für rituelle Zwecke verwendet. Hochwertiges, antioxidantienreiches Öl von grünen Oliven kann sogar als Schmerz- oder Heilmittel dienen. Auf Kreta werden die Kinder mit Olivenöl getauft. Die Insel hat mit 27 Liter Öl pro Kopf auch den weltweit höchsten Olivenölkonsum. Für einen Liter Olivenöl benötigt man je nach Sorte und Reifegrad 5 bis 14 Kilogramm Oliven.

Pressung

Erntezeit ist Oktober bis Dezember. Es werden Netze unter die Äste gespannt und die Oliven mit leichten Stockschlägen und Kämmen von den Zweigen getrennt. Es gibt kleine Betriebe, die sanft von Hand pflücken. Auf großen Olivenplantagen wird mit Rüttelmaschinen geerntet, was für die Bäume jedoch eine Belastung darstellt. Binnen wenigen Stunden nach der Ernte sollten die Oliven verarbeitet werden, ehe der Abbauprozess der wertvollen Stoffe in der Frucht zu weit fortgeschritten ist. In der Ölmühle werden sie gewaschen und zerkleinert. Die Masse wird kurz geknetet, um die Öltropfen zusammenzuführen. Dann wird das Öl in einer Zentrifuge vom Fruchtwasser getrennt und möglichst sofort gefiltert. Wichtig im ganzen Prozess ist der Ausschluss von Sauerstoff, was erst die modernen Technologien ermöglichen. Sauerstoff lässt das Öl oxidieren und nach einer gewissen Zeit ranzig werden.

Qualität

Für die Kaltpressung dürfen keine Zusatzstoffe verwendet und die Temperatur von 27 Grad nicht überschritten werden. Höhere Temperaturen steigern zwar den Ertrag, mindern jedoch die Qualität. Die Kategorien reichen von extra nativ, nativ, gewöhnlich nativ bis hin zu raffinierten Ölen und Tresterölen, die zum Teil nicht mehr für den Verzehr geeignet sind. Olivenöl im Labor zu analysieren, genügt für eine Qualitätsbestimmung nicht. Darum werden die Öle von Verkostern geprüft und mit den entsprechenden Kategorien ausgezeichnet. Extra nativ (extra vergine) ist die höchste Güteklasse. Die sensorische Prüfung darf keine Fehler aufzeigen, und der Oxidationsgrad muss möglichst tief sein. In der Realität werden leider viele extra native Olivenöle nach der Qualitätsbestimmung gepanscht. Es gibt eine richtige Olivenölmafia. Für die schlecht bezahlten Olivenbauern lohnt es sich nicht, die Oliven sorgfältig zu pflücken; Säcke bleiben zu lange liegen und auch verfaulte Oliven werden noch gepresst. Auch ein hoher Verkaufspreis oder ein Biolabel sind keine Garantie für gutes Öl.

Lagerung

Kaufen Sie klares, leuchtendes Olivenöl in dunklen Flaschen. Achten Sie auf regionale Ursprungsbezeichnung und Angabe des Erntejahrs. Olivenöl sollte innerhalb eines Jahres konsumiert werden. Schon nach einem halben Jahr beginnt der Abbauprozess. Ungefiltertes Öl baut sich sehr schnell ab und sollte frisch, binnen maximal zweier Monate konsumiert werden. Sauerstoff, Licht und Wärme beschleunigen den Abbau. Bewahren Sie das Öl also verschlossen, dunkel und kühl bei 10 bis 16 Grad auf (nicht im Kühlschrank).

Olivenöl degustieren

Etwas Öl in ein Glas gießen und zudecken.

Das Glas in der Hand erwärmen. Die Farbe kann je nach Reifegrad der Oliven von Grün zu Goldgelb variieren und spielt qualitativ keine Rolle.

Das Glas abdecken und riechen. Die Nase ist sensorisch am Empfänglichsten.

Das Öl im Mund schmecken.

Es lohnt sich, Olivenöl selbst zu degustieren. Mit der Nase und dem Gaumen erkennt man angenehme oder unerwünschte Aromen. An erster Stelle liegt die Fruchtigkeit. Wenn sie fehlt oder wenn unerwünschte Nebennoten wie zum Beispiel moderig, metallisch oder säuerlich erkennbar sind, ist das Öl nicht extra nativ. Etwa 90 Prozent aller Öle fallen nicht unter diese Kategorie, selbst wenn sie das Label tragen. Fruchtig, scharf und bitter sind die Geschmacksnoten von Olivenöl. Aromen und Duftnoten erinnern zum Beispiel an Gras, Äpfel, Tomatenblätter oder Artischocken. Übung macht den Meister!

Wie beim Wein ist auch Olivenöl Geschmackssache. Zu delikaten Speisen, die den Eigengeschmack behalten sollen, empfiehlt sich ein mildes Olivenöl. Wenn man den Geschmack als Würze möchte, empfiehlt sich ein kräftiges Olivenöl mit mehr Schärfe und Bittergeschmack.

Quellen:
Vasilis Leonidou, Koch im Hotel Kapsaliana Village, Kreta; Olivenölverkoster, der alte Olivenbäume liebt und erforscht.
Rengin Suar, Olivenölproduzentin in der türkischen Ägäis und Dozentin für Olivenölkunde an der Kadir Has Universität, Istanbul.
Guido Fuster, Direktimporteur erntefrischer Olivenöle, Meggen, Schweiz. www.guidolio.ch

Oliven

Weltweit gibt es über tausend Sorten Oliven. Es gibt winzig kleine und riesengroße, wilde und kultivierte Oliven in vielen Färbungen. Oliven sind im unreifen Zustand grün und werden in der Reife violett bis schwarz. Die meisten schwarzen Oliven, die in den Verkauf gelangen, werden grün geerntet und mit Eisensalzen künstlich geschwärzt. Das lohnt sich, weil die harten unreifen Oliven bei der Ernte weniger empfindlich sind. Am Baum gereifte Oliven sind unregelmäßig in der Farbe und haben einen hellen Kern. Sie sind weicher in der Konsistenz und milder im Geschmack.
Achten Sie beim Kauf auf gute Qualität, vor allem darauf, dass keine Geschmacksverstärker oder Konservierungsmittel beigefügt wurden. Oliven sind ein gesunder Snack. Die reifen Oliven haben einen hohen Gehalt an einfach ungesättigten Fettsäuren, die unreifen Oliven haben dafür einen höheren Gehalt an wertvollen Nährstoffen und Antioxidantien.
Um die Oliven einzulegen, müssen sie frisch und unbeschädigt sein. Wichtig ist, dass sie luftdicht verschlossen werden, sonst entwickeln sich Peroxide. Besonders den grünen Oliven muss viel Bitterstoff entzogen werden, um sie essbar zu machen.

Oliven in Salzlake einlegen

1 kg grüne oder schwarze Oliven mit einem Messer einritzen oder mit einem Holzklopfer schlagen, damit eine Seite aufplatzt. 1 Woche in einem Gefäß wässern. Wasser täglich wechseln. Für die Salzlake ½ l Wasser mit 100 g Salz und 2 TL Zitronensäure aufkochen und abkühlen lassen. Die Salzlake über die Oliven gießen und mit einem Teller beschweren. 2–3 Wochen stehen lassen. Danach 1 Std. wässern, abtropfen lassen und in Olivenöl einlegen.

Schwarze Oliven in Salz einlegen

1 kg schwarze Oliven und 3 EL Salz in eine Glasflasche füllen. Gut verschließen und an einem dunklen Ort aufbewahren. Immer wieder drehen und schütteln. Die Oliven sind nach 3 Monaten genießbar.

Schwarze Oliven in Salz, Olivenöl und Essig einlegen

1 kg schwarze Oliven mit 60 g Salz, 20 ml Olivenöl und 20 ml Essig luftdicht in einem Gefäß verschließen. 6–8 Monate stehen lassen und alle 2–3 Tage drehen und schütteln. In einem sterilen Glas dunkel und kühl aufbewahrt, sind die Oliven lange haltbar.

Oliven marinieren

Oliven mit Zitronensaft und Olivenöl begießen. Nach Belieben mit Koriandersamen, Knoblauch, Peperoncini, Thymian, Rosmarin, Oregano, Basilikum, Zitronenscheiben, Zitronen-, Orangenzesten, Fenchel-, Karotten-, Paprikastückchen, Walnüssen, Granatapfelkonzentrat oder Essig marinieren.

Kapern, Kapernkraut und Kapernäpfel

Lange galten Kapern, wie auch Wildkräuter, als Armenkost. Der Strauch kann zur selben Zeit Knospen, Blüten und Früchte tragen. Erntezeit ist vom Frühling bis zum Sommeranfang. Verarbeitet werden nicht nur die Knospen, sondern auch die Früchte (Kapernäpfel), die jungen Triebe und sogar die Blätter können in Salz und Essig eingelegt werden. Kapernknospen gibt es in verschiedenen Größen. Die bis 10 Zentimeter langen Kaperntriebe werden ab März gepflückt, wenn die Stacheln noch nicht ausgebildet sind. Besonders auf Zypern werden sie in Salaten und, wie die Kapernäpfel, als Pickles verzehrt. Kapernblätter eignen sich hübsch als Dekoration.

Kapern in Essig oder Salz einlegen

Frisch geerntete Kapern, Früchte, Triebe oder Blätter ein paar Stunden trocknen oder in Salz einlegen. 3 Tage in Wasser einlegen. Das Wasser ein- bis zweimal täglich wechseln. Eine Salzlake zubereiten: Salz in frisches Wasser geben, bis ein rohes Ei an die Oberfläche steigt. Salzwasser aufkochen und abkühlen lassen. Kapern 1 Woche in die Salzlake legen. Anschließend werden sie in Salz oder Essig eingelegt, siehe folgende Abschnitte.

In Essig (Knospen, Früchte, Triebe, Blätter)
½ Wasser, ½ Essig und ⅙ Salz aufkochen und abkühlen lassen. Kapern aus der Salzlake nehmen, abtropfen und mit dem Essigsud bedecken. Nach 10 Tagen sind sie genießbar. Die Kapernfrüchte können auch etwa 20 Min. gekocht und dann sofort gegessen werden.

In Salz (Knospen)
Kapern aus der Salzlake nehmen, abtropfen lassen und mit viel grobem Meersalz mischen. Bei Gebrauch 30 Min. wässern. In Salz eingelegte Kapern bewahren ihren Eigengeschmack besser.

Löwenzahnknospen einlegen

Als hiesige Alternative kann man die Knospen von Löwenzahn (und viele andere Blütenknospen, wie z.B. von Kapuzinerkresse, Gänseblümchen oder Margeriten) auf dieselbe Art zubereiten. Knospen waschen und in ½ Essig und ½ Wasser mit etwas Salz 2 Min. kochen und in ein steriles Glas abfüllen. Sie passen in Salate, zu Käse und Wurst. Statt die Knospen einzulegen, können sie auch in Öl gebraten werden.

Erik ve kayısılı pırasa

LAUCH MIT PFLAUMEN UND APRIKOSEN vegan

Ummuhan Girgin, Restaurant Bağ Arası, Bodrum, Türkei

4 Portionen

800 g Lauch
5 große Pflaumen, in Achteln
7 getrocknete Aprikosen, in Streifen
100 ml Olivenöl

Je nach Saison können frische oder getrocknete Pflaumen und Aprikosen verwendet werden.

- Die groben grünen Lauchblätter abschneiden, Lauchstangen putzen und waschen.
- Lauchstangen und Grünes diagonal in etwa 6–8 cm lange Rollen schneiden (bei dicken Stangen kürzere Stücke schneiden).
- Pfanne erhitzen, Lauch-, Pflaumen- und Aprikosenstücke dazugeben, Öl dazugießen und Hitze reduzieren. Auf kleiner Hitze 30–40 Min. zeitweise mit, dann wieder ohne Deckel braten. Ab und zu umrühren.
- Mit Salz abschmecken und lauwarm oder kalt servieren.

Bulgurlu yeşil domates

GRÜNE TOMATEN MIT BULGUR vegan

Ayşenur Mıhcı, Restaurant Asma yaprağı, Alaçatı, Türkei

4 Portionen

50 g grober Bulgur
1 kg grüne bis halbreife Tomaten, in Vierteln oder Achteln
120 ml Olivenöl
1 große Zwiebel, fein gehackt
2 Knoblauchzehen, gehackt
1 rote Paprika, in Stücken von 3 × 4 cm
½ Chilischote scharf, fein gehackt
Salz, Pfeffer
1 Prise Zucker
1 Handvoll Petersilie, in Blätter gezupft

- Bulgur waschen und in Wasser einlegen.
- In einem Topf die Zwiebeln mit 120 ml Öl glasig braten. Knoblauch, Paprika und Chili dazugeben.
- Nach 1 Min. die Tomaten dazugeben. Auf mittlerer Hitze bedeckt kochen, bis sie Saft abgeben.
- Bulgur abtropfen lassen und dazugeben.
- 250 ml heißes Wasser dazugießen und bedeckt etwa 30 Min. köcheln lassen. Nach Bedarf Wasser nachgießen.
- Wenn der Bulgur weich ist, Salz, Pfeffer und Zucker dazugeben. Das Wasser sollte weitgehend aufgesogen sein.
- Die Hälfte der Petersilie zu der Tomaten-Bulgur Mischung geben und alles in eine Schale füllen.
- Mit dem Rest der Petersilie bestreuen und lauwarm servieren.

Statt Bulgur kann Firik (arab. Freekeh) verwendet werden. Freekeh (► S. 308) ist unreif geernteter Weizen mit rauchigem Aroma, vergleichbar mit Grünkern (unreifer Dinkel). Ungeschrotete Körner vor der Zubereitung 1 Std. in Wasser einlegen und etwas länger kochen.
Firik ist im türkischen Lebensmittelladen erhältlich, Grünkern im Reformhaus.

Das Rezept stammt von Ayşenurs Großmutter. Das Gericht schmeckt am nächsten Tag noch besser. Dafür eignen sich Tomaten, die im Herbst nicht mehr reifen. Grüne Tomaten sollte man wegen des Inhaltsstoffs Solanin nicht in großen Mengen essen. Knapp vor der Reife ernten.

Auberginen

Die Aubergine, ursprünglich aus Südasien, ist aus der mediterranen Küche nicht wegzudenken. Sie ist gesund und enthält viele Balaststoffe. Ob frittiert, gegrillt, gekocht, aus dem Ofen oder als Salat – in Verbindung mit Olivenöl nimmt sie Aromen vorzüglich auf. Ein paar Tipps für die Zubereitung sind hilfreich: Es ist nicht nötig, die Auberginen in Salzwasser einzulegen, um Bitterstoffe zu entziehen. Zahlreiche Gemüse- und Obstsorten, darunter auch die Aubergine, werden seit Jahren auf wenig Bittergehalt gezüchtet. Doch Bitterstoffe sind gesundheitlich sehr wertvoll. Sie regen unter anderem die Verdauung an und zügeln den Appetit. Zudem entzieht Salz auch Vitamine, Aroma- und Mineralstoffe. Hingegen ist es sinnvoll, Auberginen vor dem Braten und Frittieren zu salzen; es entzieht ihnen Wasser (vor dem Braten abtupfen). Sie nehmen dadurch weniger Öl auf, werden milder und erhalten eine angenehme Konsistenz. Die Schale ist ein Geschmacksträger und enthält viele Wertstoffe. Bei manchen Gerichten wird die Schale vor dem Braten in Längsstreifen abgeschält. Das sieht hübsch aus (▶Imam bayıldı S. 43). Rohe geschnittene Auberginen verfärben sich nicht, wenn man sie mit wenig Zitronensaft bestreicht. Damit die Auberginen beim Braten nicht zu viel Öl aufsaugen, kann man die Stücke erst mit Öl bepinseln und in einer beschichteten Pfanne oder auf einem Backblech zubereiten. Beim Frittieren muss die Temperatur von etwa 170 Grad stimmen. Nach dem Braten oder Frittieren auf Haushaltpapier abtropfen lassen.

Baba ganusch, Mutabbal und Co.
Das Fruchtfleisch von ganzen gerösteten Auberginen ist die Grundlage für viele Gerichte, die bei uns unterschiedlich als Auberginensalat, -kaviar, -dip oder -püree umschrieben werden. Auberginensalate sind von Indien bis Marokko verbreitet. Die bekanntesten sind Baba ganusch und Mutabbal, zwei identische Gerichte mit unzähligen lokalen Varianten, die mal mit und mal ohne Tahina (Sesammus) zubereitet werden. Charakteristisch für diese Gerichte ist das rauchige Aroma. Dafür werden die ganzen Auberginen geröstet, am besten direkt auf der Glut oder auf dem Grill. Der Strunk und die angebrannte Schale werden nach dem Abkühlen entfernt. In Ermangelung eines Grills werden die Auberginen auch direkt auf dem Gasherd, der Herd- oder Keramikplatte geröstet. Dabei ist darauf zu achten, dass die Schale nicht verkohlt, sonst wird der Rauchgeschmack zu stark. Einfach geht das Rösten im Backofen, allerdings fehlt dann der Rauchgeschmack.

AUBERGINENSALAT, -DIP

Grundrezept

8 Portionen

1 kg Auberginen
50 ml Olivenöl

- Ganze Auberginen waschen und mit einem spitzen Messer einstechen, damit sie im Ofen nicht explodieren.
- Auf dem Grill oder im Ofen bei 200–220° je nach Größe 30–50 Min. weich rösten. Nach der Hälfte der Zeit wenden.
- Abkühlen lassen, den Strunk abschneiden und die Schale abziehen.
- Das Fruchtfleisch in große Stücke schneiden, fein hacken oder -stampfen – ganz nach Vorliebe. (Pürieren empfehle ich nicht.)
- Olivenöl daruntermischen und mit Salz abschmecken.

Aus diesem Grundrezept können verschiedene Auberginensalate zubereitet werden. Lassen Sie sich von den möglichen Zutaten (►Spalte rechts) inspirieren. Aber Achtung: Weniger ist häufig mehr. Eine gute Mischung ergeben z. B. geröstete, geschälte rote Paprikawürfel, gehackte Petersilie und wenig Knoblauch oder Frühlingszwiebeln.
Der Auberginensalat oder Dip kann in einer Schale hübsch angerichtet oder in eine eingeölte Tasse gefüllt und als Köpfchen gestürzt werden. Mit Fladenbrot servieren.

Geeignete Zutaten:
Tahina
Joghurt
Hummus
Walnüsse, Pistazien, gehackt
Mandeln, Pinienkerne, geröstet
Fladenbrotstückchen, geröstet oder frittiert
Oliven, gehackt
Paprika- oder Zucchiniwürfel, geröstet
Tomatenwürfel
Zitronensaft
Granatapfelkonzentrat
Granatapfelkerne
Knoblauch, fein gehackt
Zwiebeln oder Frühlingszwiebeln, gehackt
Ziger, Ricotta, Feta, Parmesan
frische Kräuter wie Petersilie, Oregano, Thymian, Basilikum, Minze, Dill, Schnittlauch
rosa Pfefferkörner
Honig

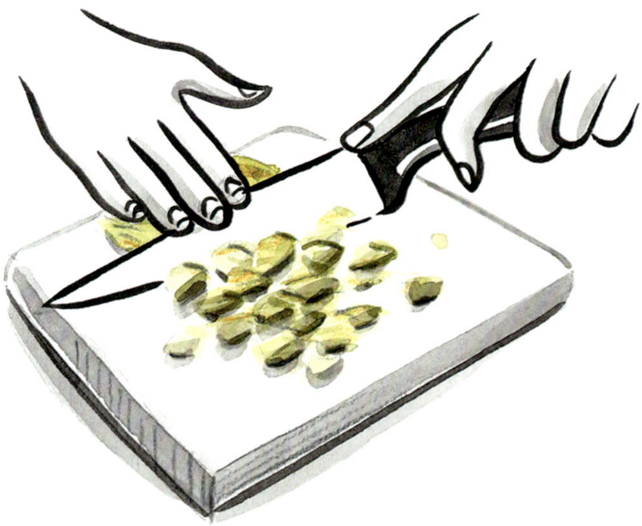

Baba ganusch

AUBERGINENDIP MIT GRANATAPFEL UND WALNÜSSEN vegan

Jehan Suhkni, Aleppo/Ebikon, Syrien/Schweiz

4 Portionen

500 g Auberginen
2 EL frischer Granatapfelsaft oder ½ EL Konzentrat
1 Knoblauchzehe oder ½ rote Zwiebel, fein gehackt
1 Frühlingszwiebel mit grünem Teil, fein gehackt
1 EL Petersilie, gehackt
¼ TL Kreuzkümmel
½ TL Salz
2 EL Olivenöl
2 EL Walnüsse, grob gehackt
2 EL Granatapfelkerne

- Die Auberginen rösten, schälen und zerkleinern wie im Grundrezept (►S. 39) beschrieben.
- In einer Schale mit den restlichen Zutaten mischen und abschmecken.
- Mit Walnüssen und Granatapfelkernen dekorieren.

Granatapfel entkernen: Granatapfel einschneiden und in vier Teile brechen. In einer großen Schüssel mit Wasser entkernen. Bittere Hautreste herausfischen. Kerne herausnehmen und abtropfen lassen.
Oder: Mit einem Holzlöffel rundum auf den Granatapfel klopfen. Einschneiden, brechen und die Kerne herausschütteln.
Granatapfelsaft erhält man, indem man die Kerne mithilfe eines Holzlöffels durch ein Sieb presst.

Mutabbal

AUBERGINENDIP MIT TAHINA UND JOGHURT

Jamileh Nahra, Restaurant Tawlet, Beirut, Libanon

4 Portionen

500 g Auberginen
3–4 EL Tahina
2 EL Joghurt
½ Zitrone, Saft
½ TL Salz
2 EL Olivenöl
1 EL Petersilie, gehackt

- Die Auberginen rösten, schälen und zerkleinern wie im Grundrezept (►S. 39) beschrieben.
- In einer Schale mit den restlichen Zutaten mischen und abschmecken.
- Mit Petersilie dekorieren.

Der arabische Ausdruck *Baba ganusch* kann mit »verwöhnter Papa« übersetzt werden. *Mutabbal* heißt »gewürzt«.
Das Olivenöl kann beigemischt oder darübergegossen werden.
Nach Belieben kann weniger Tahina beigegeben werden.

Imam bayıldı

GEFÜLLTE GESCHMORTE AUBERGINEN vegan

Hamdi Döker, Meyhane Argos, Ayvalık, Türkei

2–4 Portionen

4 kleine Auberginen
4 EL Olivenöl
1 Zwiebel, geviertelt, in Streifen
2 EL Olivenöl
4 frische Knoblauchzehen, in dünnen Scheiben
2 mittelgroße reife Tomaten, gewürfelt
1 kleine, milde oder scharfe Paprika, in Längsstreifen
1 Tomate, in Scheiben
2 EL Petersilie, gehackt
Salz, Pfeffer

- Aubergine mit Strunk waschen. 4 Längsstreifen abschälen.
- 2 EL Öl in einer Pfanne erhitzen und Auberginen auf mittlerer Hitze 6–8 Min. zugedeckt rundum goldbraun braten.
- Die gebratenen Auberginen dicht nebeneinander in eine Auflaufform legen.
- Ofen auf 180° vorwärmen.
- Zwiebeln in 2 EL Öl anbraten, Knoblauch und Tomaten beigeben und kurz mit anbraten. Das Gemüse darf noch knackig sein. Mit Salz und Pfeffer abschmecken.
- Auberginen mit einem Messer längs einschneiden (Achtung: nicht durchschneiden). Mit einem Löffel das Fruchtfleisch auseinanderdrücken und die Füllung hineingeben. Reste der Füllung zwischen die Auberginen in die Auflaufform geben und wenig heißes Wasser dazugießen. Mit Pfeffer bestreuen.
- Auf jede Aubergine einen Paprikastreifen und eine Tomatenscheibe legen. Mit wenig Olivenöl beträufeln.
- 30 Min. im Ofen backen. Herausnehmen und abkühlen lassen.
- Mit Petersilie bestreuen und kalt servieren.
- Dazu passt frisches Fladenbrot und Salat.

Als Hauptgericht warm servieren.

Variante: Auberginen längs halbieren, ein Gittermuster einritzen, mit Olivenöl bestreichen und im Ofen bei 200° 15 Min. weich backen, bis die Schnittfläche goldbraun ist.
Die gebackenen Auberginen in eine Schale legen und mit Salz bestreuen.
Die Tomaten-Zwiebel-Füllung oder eine Marinade aus Knoblauch, Petersilie und Olivenöl darübergegeben.

Hamdi würzt mit wenig Salz und streut vor dem Essen Meersalz über die Auberginen.
Manche Köchinnen geben ½ TL Zucker zur Füllung, besonders wenn die Tomaten nicht mehr reif und süß werden.
Imam bayıldı heißt übersetzt »der Imam fiel in Ohnmacht«.

Politik und Küche

Yiannis Vassilas

Taverna Axiotissa, Naxos, Griechenland

Yiannis führt mit seiner Frau Sofia die Taverne Axiotissa. Er hat in Kanada Philosophie studiert und dort gelebt. 1999 kam er zurück nach Naxos, weil seine Familie hier Land hat und er etwas für die Wirtschaft der Insel tun wollte. Er sagt, auf den Inseln spüre man die Krise weniger stark als auf dem Festland. Trotzdem sei es, wegen der hohen Steuern und der ausbleibenden griechischen Gäste, nicht einfach, durchzuhalten.
Auf den Tischsets stehen kurze Statements, wie »Fisch ist nur frisch, wenn er direkt vom Fischer gebracht wird« oder »Die warmen Vorspeisen benötigen manchmal etwas Zeit. Seien Sie bitte geduldig und machen Sie die Köche nicht nervös, denn sie sind sensibel«. Wir warten nicht lange und essen fantastisch, dazu trinken wir Wein vom eigenen Rebberg. Am Ende der Speisekarte erklärt Yiannis seine Philosophie zu Küche und Politik:
»Das Essenzielle bei jedem Kochvorhaben sollte die Kombination von frischen, natürlichen und hochwertigen Zutaten sein. Naxos hat eine reiche Tradition in der Produktion ausgezeichneter landwirtschaftlicher Produkte. Wir pflegen die Einfachheit und Authentizität der lokalen griechischen Küche, die es erlaubt, spezielle Aromen zu genießen, die vielerorts verlorengehen, weil die Globalisierung auch vor den Kochtöpfen nicht haltmacht. Wir verwenden nur extra natives Olivenöl und arbeiten mit Produkten von ausgewählten Produzenten. Wo immer möglich, verwenden wir Bioprodukte.«
Zur Politik nimmt Yiannis kein Blatt vor den Mund. Er informiert seine Gäste auf der Speisekarte, dass seine Preise den hohen Steuern geschuldet seien – Steuereinnahmen, die die griechische Regierung gleich wieder an die Banken abliefern muss, um eine Schuld zu bezahlen, die die Regierung mit dem Internationalen Währungsfonds selber geschaffen hat. Darunter leidet das öffentliche Bildungs- und Gesundheitssystem, die Folge sind Armut und Arbeitslosigkeit. Kämpferisch schreibt Yiannis: »Und diese Leute und Institutionen, die folgsam den Strategien der Reichen und Mächtigen folgen, verlangen von uns, pünktlich und rechtmäßig unsere Steuern zu bezahlen.«

Melitzana me amigdala koukounari ke meli

MARINIERTE AUBERGINEN MIT HONIG

Yiannis Vassilas, Taverna Axiotissa, Naxos, Griechenland

4 Portionen

400 g Auberginen
40 ml Olivenöl
12 g Pinienkerne
12 g Mandelstifte
1 EL geriebener Kefalotyri (oder Pecorino)
2 EL geriebener Xynotiro (oder Feta)
1 EL Basilikumblätter, in Streifen

Für die Marinade:
1 EL Thymianhonig (40–50 g)
100 ml Olivenöl
1 EL Balsamico
1–2 Knoblauchzehen, fein gehackt

Petersilie oder Basilikum zur Dekoration

- Auberginen waschen, den Strunk abschneiden und längs oder quer in 5 mm dicke Scheiben schneiden.
- Ofen auf 200° vorheizen.
- Auberginenscheiben mit Öl bestreichen und auf ein mit Backpapier belegtes Blech legen.
- 15–20 Min. im Ofen backen, bis sie weich sind.
- In der Zwischenzeit Pinienkerne und Mandelstifte in einer Pfanne ohne Öl goldbraun rösten. Beiseitestellen.
  Den Honig leicht erwärmen und mit den restlichen Zutaten der Marinade zu einer homogenen Flüssigkeit verquirlen.
- Auberginen in einer flachen Auflaufform schichtweise mit Nüssen, Basilikum und geriebenem Käse bestreuen und mit der Marinade beträufeln. Zum Schluss den Rest der Marinade darübergießen.
- Im Kühlschrank 2 Std. bis max. 3 Tage ziehen lassen.
- Auberginen mit Petersilie oder Basilikum bestreuen und bei Raumtemperatur servieren.

Es kann auch nur eine Käsesorte verwendet werden.
Kefalotiri und Xynotiro sind säuerliche Hartkäse meist aus Ziegen- oder Schafmilch.

Feta ve rokalı kabak sarması

ZUCCHINIRÖLLCHEN MIT FETA UND RUCOLA

Selçuk Aykan, Restaurant Maya, Bozcaada, Türkei

Etwa 20 Röllchen

500 g Zucchini
100 g Feta
30 ml Olivenöl
2 Knoblauchzehen, gepresst
1 TL Salz
½ TL Pfeffer
etwas Rucola

- Zucchini mit dem Gemüsehobel längs in 2–3 mm dicke Streifen schneiden.
- Ofen auf 200° vorheizen.
- Öl, Knoblauch, Salz und Pfeffer mischen.
- Zucchinistreifen auf beiden Seiten mit dem Würzöl bestreichen und auf ein mit Backpapier ausgelegtes Blech legen.
- Im Ofen etwa 4 Min. backen. Die Zucchini sollen rollbar, aber nicht zu weich sein.
- Feta in der Breite der Zucchinistreifen in etwa 1 cm dicke Stäbchen schneiden.
- Auf die Zucchinistreifen je ein paar Blätter Rucola und ein Stück Feta legen, einrollen.
- Die Röllchen auf einen Teller stellen und servieren.

Statt Feta passen auch gesalzener Ziger, gekochte Karottenstäbchen oder knusprig gebratene Speckscheiben.
Feta kann durch Beyaz Peynir 45–55% (türk. Weißkäse) ersetzt werden. Beyaz Peynir mit hohem Fettgehalt ist zu cremig und lässt sich nicht schneiden.

Kolokithokeftedes

ZUCCHINIBRATLINGE MIT FETA

Antonis Attouni, Taverna Kyklos, Protaras, Zypern

Etwa 20 Stück

500 g Zucchini
1 TL Salz
120 g trockenes Brot
1–2 Frühlingszwiebeln oder Schalotten, fein gehackt
10 g Petersilie, gehackt
10 g Dill oder frische Minze, gehackt
80 g Feta, fein zerkrümelt
1 Ei
½ EL Olivenöl
¼ TL Backpulver
½ TL Pfeffer
Öl zum Braten oder Backen

- Kleine trockene Brotstücke im Cutter fein hacken.
- Zucchini grob raffeln, Salz beimischen und 15 Min. ziehen lassen. Anschließend in einem Küchentuch gut auspressen und in eine Schüssel geben.
- Zucchini mit der Hälfte der Brotbrösel und den übrigen Zutaten mischen und abschmecken. Falls die Masse zu nass ist, mehr Brotbrösel oder etwas Mehl hinzufügen.
- Die Masse zu pflaumengroßen Klößchen formen und in einer Schale in dem Rest der Brotbrösel wenden und leicht flach drücken.

Braten:
- Öl etwa 1 cm hoch in einer Pfanne erhitzen.
- Bratlinge portionsweise hineingeben und je etwa 5 Min. auf beiden Seiten goldbraun braten. Auf einem Kuchengitter mit Küchenpapier abtropfen lassen.

Backen:
- Ofen auf 220° vorheizen. Ein Blech mit Backpapier auslegen und mit Öl bestreichen.
- Bratlinge darauflegen und mit etwas Öl beträufeln.
- Etwa 15 Min. goldbraun backen. Nach der Hälfte der Zeit wenden.

- Warm oder kalt servieren.
- Dazu passen Joghurt (►S. 99), Tzatziki (►S. 107) und Tomatensalat.

Für Brotbrösel eignen sich trockene Brotreste oder ungesüßter Zwieback.
In der Zucchinimasse können die Brotbrösel durch 60 g Mehl ersetzt werden.
Zwiebeln können durch Knoblauch ersetzt werden.
Als Kräuter passen auch Minze, Basilikum, Majoran oder Thymian.
Halb durchgebraten können die Bratlinge auch eingefroren werden.

In der Türkei heißen die Bratlinge Mücver. In Griechenland werden sie warm, in der Türkei kalt gegessen.
Kolokithokeftedes werden traditionellerweise frittiert und in den Restaurants so serviert. Zu Hause werden sie häufig gebraten.
Kalokithi heißt »Zucchini« und *keftedes* »Bratling«.

Batzina

KÜRBISKUCHEN AUS THESSALIEN

Soultana Farasopoulou-Faloutsou, Sofades, Griechenland

Etwa 40 Stück, 1 Blech (30 × 38 cm)

450 g festfleischiger Kürbis
1 rote Paprika (optional)
300–350 g Mehl
300 ml Milch
3 EL Joghurt (120g)
2 Eier
80 ml Olivenöl
300 g Feta 40–50%
1 Handvoll Salbeiblätter
½ EL Butter

- Kürbis schälen, halbieren, Kerne entfernen und in grobe Stücke schneiden. Im Cutter fein hacken oder grob raffeln.
- Paprika in 1 cm große Würfel schneiden und dazugeben.
- Ofen auf 220° vorheizen.
- Mehl in eine Schüssel geben. Milch, Joghurt, Eier und Öl dazugeben und mit einem Schneebesen zu einem dickflüssigen Teig verrühren.
- Feta fein bröckeln und zusammen mit dem Kürbis unter den Teig mischen. Mit Salz und Pfeffer abschmecken.
- Ein Backblech mit Butter einfetten. Die Masse gleichmäßig 1–2 cm hoch hineingießen. Mit Salbeiblättern belegen.
- Im Ofen 45 Min. auf mittlerer Schiene backen. Abkühlen lassen.
- In kleine Vierecke oder Rhomben schneiden und servieren.

Die Milch kann durch Wasser ersetzt werden.
Wer mag, kann etwas flüssige Butter über den Kuchen träufeln.
Die Kuchenstückchen können gut 3–4 Tage im Kühlschrank aufbewahrt werden.

Batzina wurde auch »Kuchen des faulen Mädchens« oder »schneller Kuchen« genannt, da die Zubereitung schnell und einfach ist.
Kolombaropita ist eine Variante aus der Region Makedonien und bedeutet »nackter Kuchen«, da er keinen Teigboden hat. Anstelle von Kürbis werden geraffelte Zucchini mit etwas frischer Minze, Zimt und Brotkrümeln unter den Teig gemischt.

on tara
1 Kg

Sinkonta

KÜRBIS AUS DEM OFEN vegan

Vedia Türün, Foça, Türkei

4 Portionen

500 g festfleischiger Kürbis
1 EL Tomatenpaste
1 EL Paprikapaste scharf oder ½ TL Pul Biber
4 EL Olivenöl
1 EL Zitronensaft
½ TL Salz
3 Zwiebeln (300 g), halbiert in Streifen
1 TL Zucker
1–2 EL Mehl, nach Bedarf

Sinkonta kann auch mit Zucchini zubereitet werden.
Zum Würzen des Kürbis eignen sich auch Knoblauch oder Minze.
Das Gericht kann gut 3 Tage im Kühlschrank aufbewahrt werden und schmeckt auch aufgewärmt sehr gut.

- Kürbis schälen, halbieren, Kerne entfernen und in Streifen schneiden. Diese anschließend grob raffeln oder mit dem Messer in 2 mm dünne Scheiben schneiden.
- Tomatenpaste, Paprikapaste und Salz mit wenig heißem Wasser verrühren.
- Kürbis in einer Schüssel mit der Tomaten-Paprika-Paste, 2 EL Öl und Zitronensaft mischen.
- Ofen auf 200° vorheizen.
- 2 EL Öl in einer Pfanne erhitzen, die Zwiebeln glasig braten und mit dem Zucker leicht karamellisieren.
- Ein Backblech oder eine Auflaufform einfetten und den Kürbis 3 cm hoch verteilen. Falls der Kürbis sehr nass ist, etwas Mehl darübersieben.
- Die karamellisierten Zwiebeln darauf verteilen.
- Im Ofen 30–40 Min. backen. Anschließend 1 Std. ziehen lassen. Viereckige Portionen ausstechen und kalt servieren.

Früher Selbstversorger, heute Slow Food

Vedia Türün

Foça, Türkei, www.focazeytindali.org

Die Hafenstadt Foça ist berühmt für ihre Katzen, ihre Winde und ihre Narren. Ihr Name, griechisch Phokaia und venezianisch Foggia, kommt von der hier lebenden Mönchsrobbe. Die Phokäer waren Seefahrer und gründeten Handelsstützpunkte, unter anderen Massilia, das heutige Marseille. Die Menschen hier leben mit den Winden und die machen sie manchmal verrückt. Der Poyraz kommt von Norden, der Yıldız von Westen. Sie bringen kalte Luft. Der warme Lodos aus dem Landesinneren bringt Kopfweh und Sand aus den arabischen Ländern. Foça ist einer der wenigen ägäischen Küstenorte, die das ganze Jahr belebt sind. Früher wurde in den Hügeln Weizen, Sesam, Tabak, Linsen, Baumwolle und Trauben angepflanzt. Heute gibt es viele Feigen, Oliven, Kühe, Schafe und Ziegen. Zu den Spezialitäten gehören ein Lor (Ziger), gewonnen aus der ersten fetten Milch nach der Geburt eines Zickleins, eine Molkensuppe und das Foça-Joghurt. In einem großen Gefängnis, mit Wiedereingliederungsprojekt und Landwirtschaftsbetrieb, wird das bekannte Joghurt Fo Ce produziert – Fo für Foça und Ce für Ceza (Gefängnis).
Slow Food Foça organisiert jeden Sonntag einen Terra-Madre-Markt, archiviert alte Rezepte und kümmert sich um Samen- und Sortenvielfalt. Vedia Türün, 1937 in Foça geboren, unterstützt die Gruppe mit ihrem Wissen. Ihre Kalburabastı, ein Süßgebäck, macht sie mit Asche von Oliven- oder Eichenholz statt mit Backpulver. Ein altes Rezept aus der Armenküche sind auch die gezogenen Nudeln Çekme makarna, die Spätzle ähneln. Sie erzählt, dass früher Paschas, hohe osmanische Militärs und Zivilbeamte, vom Sultan zur Strafe nach Limnos verbannt wurden. Darum gebe es in der Region eine Mischung aus der Istanbuler Palastküche und der griechischen Küche. Man kannte schon früher Lamm statt nur Ziege, Süßgebäck statt nur Brot, verschiedenes Geflügel und mehr Gewürze und Kräuter als anderswo.
Vedia bewegt sich wie eine junge Frau und ihre Augen strahlen. Sie sagt, das liege an ihren Genen, und erzählt, wie sie vor kurzem den Körper ihrer verstorbenen Tante gewaschen hat. Er habe ausgesehen wie der einer dreißigjährigen Frau. Ihre türkischen Eltern stammen von der griechischen Insel Limnos und wurden beim Völkeraustausch 1923 (►S. 300) auf das Festland umgesiedelt. In Foça lebten sie als Großfamilie und Selbstversorger. Der Vater war Bauer und pflanzte Oliven, Baumwolle und anatolischen Weizen an. Später wurden ertragreichere Weizensorten aus Mexiko importiert und neuerdings auch genmodifizierte Samen aus Israel. Ein Onkel stellte Milchprodukte her, ein zweiter verkaufte sie und der dritte war Lehrer. Sie liebte die großen Bayramfeste, das Fastenbrechen nach dem Ramadan. Die Großfamilie traf sich im Garten unter den Trauben. Mit Onkeln und Tanten kamen gegen hundert Personen zusammen. Ihr Vater, ein guter Musiker, spielte Oud. Es wurde gesungen und getanzt. Sie sagt, in ihrer Familie hätten viele eine schöne Stimme. Sie heiratete mit neunzehn Jahren und hat drei Kinder: Lemi und die Zwillinge Seven und Hulki. Weil ihr Mann Berufssoldat war, zogen sie oft um und lebten in verschiedenen Regionen.
In Zentralanatolien gab es keine Meze. Deshalb glaubt Vedia, dass Meze aus den Küsten- und Hafenstädten kommen, und sagt: »Meze sind kleine Speisen mit vielen Geschmacksrichtungen, die für die Trinker zubereitet werden.«

FOÇA
YOGURT

Baklalı enginar

ARTISCHOCKEN MIT FRISCHEN FAVABOHNEN vegan

Vedia Türün, Foça, Türkei

4 Portionen

4 mittelgroße Artischocken
600 g Favabohnen in der Schote oder 150 g enthülste Bohnen
½ Zitrone, Saft
1–2 Zwiebeln, gehackt
50 ml Olivenöl
2 EL Mehl
400 ml Wasser
Salz, Pfeffer
10 g Dill, gehackt

- Die äußeren Blätter der Artischocken entfernen und die obere Hälfte der Blätter abschneiden. Artischocken in Achtel schneiden und die Haare entfernen. Stiele schälen und die zarten Teile in Stücke schneiden. Alle Teile in Zitronenwasser legen.
- Favaschoten entkernen und die Haut um die Kerne herum entfernen.
- Öl in einer Pfanne erhitzen und die Zwiebeln glasig braten.
- Abgetropfte Artischocken und Bohnen dazugeben, kurz mitbraten, mit Mehl bestäuben und vermengen.
- Wasser dazugießen, rühren und zugedeckt auf kleiner Hitze 10 Min. köcheln.
- Mit Salz und Pfeffer abschmecken. Nach Bedarf mehr Wasser dazugießen. Es sollte etwas Sauce geben.
- In einer Schale mit Dill bestreuen und warm oder kalt servieren.

Favabohnen sind aufwendig zu schälen, darum sind die Kerne auf Märkten manchmal geschält erhältlich. Statt Favabohnenkernen kann man auch grüne Bohnenkerne, Kefen, Knackerbsen, Erbsen oder Sojabohnenkerne verwenden. Junge Favabohnen können in der Schote zubereitet werden. Es gibt sie auf dem Markt oder in orientalischen Lebensmittelläden.

Von der Kioskfrau zur Universitätsdozentin

Ummuhan Girgin

Restaurant Bağ Arası, Bodrum, Türkei

Die Hafenstadt Bodrum lockt immer mehr Touristen an. Die ehemals grünen Hänge wurden überbaut. Bodrum ist mondän geworden. Noch ursprünglich ist der große Bazar mit vielen lokalen Produkten, und etwas abseits der touristischen Pfade finden sich Lokale mit eigenem Charme und Charakter. Das Restaurant Bağ Arası von Ummuhan und Ismail Girgin liegt in einem grünen Außenquartier von Bodrum, mitten in einem Mandarinengarten. Die kleinen Bodrum-Mandarinen mit vielen Kernen sind berühmt für ihr wunderbares, kräftiges Aroma. Es wird Lokum, Likör, Konfitüre und auch Eau de Cologne aus ihnen gemacht. Reif oder unreif in der grünen Schale werden sie in Zuckersirup eingemacht.
Ummuhan, 1973 in Fethiye geboren, heiratete mit 21 Jahren in arrangierter Ehe den Bauernsohn und Fischer Ismail und zog nach Bodrum. Ummuhan wollte arbeiten. Aber nach acht Schuljahren und ohne Computerkenntnisse fand sie nur eine Stelle als Kioskbetreiberin. Sie begann in ihrer Freizeit Kochmagazine zu studieren, die Rezepte zu Hause auszuprobieren, und fing schließlich an, in einer Fabrikkantine zu kochen. Nach einer Weile fühlte sie sich kompetent genug, ein eigenes Lokal zu führen. Vor zehn Jahren eröffneten Ummuhan und Ismail auf einem Stück Land von Ismail mit Bauernhaus das Restaurant Bağ Arası. Ein Restaurant in einem Bauernhof inmitten eines Gartens mit guter Küche aus saisonalen und regionalen Produkten war etwas Neues. Sie wurden schnell bekannt. Ummuhan begann mit Familienrezepten, und inspiriert von den Kochmagazinen wagte sie sich bald an eigene Kreationen. Sie mischt gerne Früchte und Trockenfrüchte mit Gemüse und Fleisch. Sie erzählt, dass die Tomaten erst um 1800 im Osmanischen Reich eingeführt wurden und deshalb früher Früchte verwendet wurden, um den Speisen Geschmack und Süße zu geben. Während Ummuhan kocht, kümmert sich Ismail um den Service. Wenn er die Gerichte aufzählt, klingt alles so lecker, dass man am liebsten die ganze Karte bestellen möchte. Fürs Leben gerne haben die Gäste die kleinen Sakız-Spießchen. Die Spießchen aus Holz vom Mastix-Pistazienbaum geben dem Rindfleisch einen feinen Harzgeschmack.
Ummuhan und Ismail sind beide gastfreundlich und packen genauso an wie ihre Mitarbeiter. Das wird bei ihren Gästen, und speziell in der Türkei, sehr geschätzt. Im Sommer kommen vor allem Gäste aus Istanbul ins Bağ Arası. Im Winterhalbjahr, wenn die Touristen heimgegangen sind, ist das Restaurant reduziert offen und es kommen vor allem Einheimische. Ummuhan lebt nicht nur für ihr Restaurant. Sie macht Reisen mit ihrer Yogagruppe, spielt Tennis und ist Mitglied von Slow Food Bodrum, einer Gruppierung von Restaurants und Produzenten, wie Fischer, Bauern, Gärtner und Käser. Da kann sie sich gut vernetzen. Seit zwei Jahren fliegt sie wöchentlich nach Istanbul und unterrichtet montags an der Maltepe-Universität über ägäische Meze und türkische Küche. Der Direktor der Universität ist ein Stammgast in ihrem Restaurant, wenn er hier in den Ferien weilt. Er fragte sie als Dozentin an, obwohl sie kein Diplom hat, und ermutigte sie, an einem internationalen Kochwettbewerb teilzunehmen. Sie erhielt eine Auszeichnung für ihr Sebzeli lokum pilav, ein ägäisches Teigwarengericht mit kleinen Pasta-Vierecken, Lamm und Gemüse. Ihr Sohn Mustafa hat sich von ihrer Begeisterung anstecken lassen. Er studiert Gastronomie in Istanbul.

Mandalin suyunda yerelması

TOPINAMBUR MIT MANDARINENSAFT vegan

Ummuhan Girgin, Restaurant Bağ Arası, Bodrum, Türkei

4–6 Portionen

600 g Topinambur, geschält, in Stücken von 2–3 cm
2 Karotten, geschält, halbiert, in Stücken von 1–2 cm
1 große rote Zwiebel, halbiert, in breiten Streifen
100 ml Olivenöl
250 ml Mandarinensaft (4–5 Stück)
2 Mandarinen, in Schnitzen
10 g Dill, gehackt

- Öl in einer Pfanne erhitzen. Karotten und Zwiebeln auf mittlerer Hitze 5 Min. anbraten.
- Topinambur dazugeben und mit Mandarinensaft ablöschen.
- Auf kleiner Hitze 10 Min. zugedeckt bissfest garen. 2 Min. vor Schluss die Mandarinenschnitze dazugeben.
- Vom Feuer nehmen. Die Hälfte des Dills unterrühren. Mit Salz und Pfeffer abschmecken.
- Mitsamt der Sauce in eine Schale geben, mit Dill bestreuen und warm oder kalt servieren.

Statt Mandarinen- kann Orangensaft verwendet werden, statt Topinambur Zucchini. Topinambur schmeckt auch roh mit Mandarinensaft, Olivenöl, Salz und etwas Paprika.

Die Mandarinen aus Bodrum sind berühmt. Sie sind klein, mit vielen Kernen und einem wunderbaren Aroma.

σέμπρικο

Manitaria me skordovoutiro ke thimari

PILZE MIT KNOBLAUCHBUTTER UND THYMIAN

Ilias Agoropoulos, Restaurant Sempriko, Thessaloniki, Griechenland

4 Portionen

400 g große Champignons (Portobello)
3 EL Olivenöl
½ TL Salz
Pfeffer
200 ml Weißwein
200 ml Gemüsebrühe
2 Knoblauchzehen, gepresst
50 ml Olivenöl
4–8 Thymianzweige
2 EL Butter

Statt Champignons eignen sich auch Kräuterseitlinge, Austernseitlinge oder Parasol.
Thymian kann durch Petersilie ersetzt werden.

- Pilze putzen. Nur die sehr großen halbieren oder vierteln.
- 3 EL Öl in einer Pfanne erhitzen und die Pilze 6–8 Min. mit geschlossenem Deckel dünsten. Ab und zu wenden.
- Mit Salz und Pfeffer würzen.
- Mit Weißwein ablöschen, dann Brühe dazugießen, aufkochen und auf großer Hitze auf die Hälfte der Flüssigkeit einkochen.
- Knoblauch und 50 ml Öl vermengen und mit den Thymianzweigen zu den Pilzen geben. Kurz bei reduzierter Hitze weiterkochen.
- Auf kleiner Hitze Butter beigeben und schmelzen lassen, bis die Sauce etwas eindickt.
- Pilze mit den Thymianzweigen auf einen Teller geben und etwas Pfeffer aus der Mühle darüberstreuen.
- Warm mit Brot servieren.

Patata magmura

FRITTIERTE KARTOFFELN MIT KNOBLAUCH vegan

Jehan Suhkni, Aleppo/Ebikon, Syrien/Schweiz

4 Portionen

500 g Kartoffeln, geschält, in Scheiben
150 ml Frittieröl
3 Knoblauchzehen, gepresst
½ TL Salz
1 TL Pul Biber
1 EL Koriandersamen, zerstoßen

Das arabische Wort *magmura* kann mit »zugedeckt« oder »wenig Wasser« übersetzt werden.

- Öl in einer Pfanne erhitzen und die Kartoffeln 5 Min. goldbraun braten.
- Mit einer Schaumkelle herausnehmen und auf Küchenpapier abtropfen lassen.
- Knoblauch und Gewürze in wenig Öl kurz anbraten. 1 EL der Knoblauchmischung beiseitestellen.
- Kartoffeln in die Pfanne geben und 5 EL Wasser hinzufügen. Auf mittlerer Hitze köcheln, bis das Wasser verdampft ist.
- Kartoffeln in einer Schale mit dem Rest der Knoblauch-Gewürz-Mischung vermengen.
- Warm mit Salat (►Fattusch S. 65, ►Tabbuleh S. 69) servieren.

Batata harra

KARTOFFELN MIT KORIANDER UND KNOBLAUCH vegan

Elia Barghout, Beirut, Libanon

4 Portionen

600 g Kartoffeln, geschält, in Würfeln von 2 cm
2 EL Olivenöl
1 TL Salz
4–6 Knoblauchzehen, geschält
20 g Koriandergrün, gehackt

Wer Knoblauch gut verträgt, kann die Knoblauch-Koriander-Mischung auch roh mit den heißen Kartoffeln mischen.
Die Kartoffeln können auch auf einem mit Backpapier ausgelegten Blech oder in der Pfanne zubereitet werden.
Dazu passt auch gerösteter Sesam.

- Ofen auf 220° vorheizen und eine Auflaufform einfetten.
- Kartoffelwürfel mit 1 EL Öl und ½ TL Salz mischen und in die Form geben.
- Im Ofen 30 Min. goldbraun backen. Nach 15 Min. wenden.
- Knoblauch grob hacken und mit ½ TL Salz und Koriander mörsern.
- Kartoffeln aus dem Ofen nehmen und kurz abkühlen lassen.
- Knoblauch-Koriander-Mischung in 1 EL Öl kurz anbraten.
- Pfanne vom Feuer nehmen und die Kartoffeln mit der Gewürzmischung vermengen.
- Warm oder kalt mit Salat servieren.

Fattusch

SALAT MIT GERÖSTETEN FLADENBROTSTÜCKEN vegan

Restaurant Chez Zakhia, Port Amchit, Libanon

4 Portionen

2 dünne Fladenbrote
1–2 EL Olivenöl
200 g Lattich, grob geschnitten
3 Tomaten, gewürfelt
½–1 Gurke, gewürfelt oder in Scheiben
1 Frühlingszwiebel, in Röllchen
4 Zweige frische Minze, in Streifen

Sauce:
3–4 EL Olivenöl
2 TL Sumak
1 TL Salz
½ Zitrone, Saft

- Fladenbrote in 3 × 3 cm große Vierecke schneiden.
- Öl in einer Pfanne erhitzen und Fladenbrotstücke beidseitig goldbraun rösten. Auf Küchenpapier abtropfen lassen. Alternativ Fladenbrotstücke auf ein mit Backpapier ausgelegtes Blech legen und im Ofen bei 200° mit wenig oder ohne Öl hellbraun rösten.
- Lattich, Tomaten, Gurken, Frühlingszwiebeln und Minze vermengen.
- Die Zutaten für die Sauce mischen.
- Salat kurz vor dem Servieren mit der Sauce übergießen und mit den knusprigen Fladenbrotstücken bestreuen.

Für die Sauce eignen sich auch Granatapfelkonzentrat, Essig, Knoblauch, Zimt und Pfeffer.
In den Salat passen auch Petersilie, Radieschen, Karotten, Paprika, Rotkohl, Oliven oder Feta.
Statt der Frühlingszwiebel kann man auch 1 rote halbierte Zwiebel in Streifen verwenden.

Aus dem Pitabrot (►S. 157) können auch Fladenbrotstücke gemacht werden.
Sumak (►S. 308) von guter Qualität ist hellrötlich (nicht purpur) und ungesalzen.

Make Food Not War

Souk el Tayeb und Restaurant Tawlet

Beirut, Libanon, www.soukeltayeb.com

Kamal Mouzawak, geboren 1969, Bauernsohn, Grafiker, Reise- und Foodjournalist, sagt: »Politik und Religion bringen die Leute nur selten zusammen, aber Essen immer.« Er gründete 2004 zusammen mit der Organisation Slow Food den **Bauern- und Produzentenmarkt Souk el Tayeb** im Zentrum von Beirut. *Souk* heißt »Markt« und *tayeb* »gut«. Entstanden ist die Idee aus der Bewegung »Make Food, Not War«. Der Markt ermöglicht es den Bauern und Produzentinnen, ihre Waren direkt zu verkaufen. Jeden Samstag kommen um die zwanzig Marktverkäufer und -verkäuferinnen.

Kamals Geschäftspartnerin Christine Codsi erzählt von den vielen Projekten des Souk el Tayeb: 2009 wurde das **Restaurant Tawlet** im Beiruter Quartier Mar Mikhael eröffnet. Es hat ein spannendes Konzept. Dorffrauen aus verschiedenen Regionen kochen im Turnus ihre regionalen Familienrezepte. Sie erhalten ein Training in Kochen und Hygiene. Am Mittag können die Gäste zwischen einem Gericht mit Salat oder dem Buffet à discretion wählen. Im Restaurantladen werden die Produkte regionaler Produzenten verkauft und Degustationen organisiert. Es gibt Pläne, das erfolgreiche Konzept in weitere Länder zu exportieren. Im Libanon sind bereits mehrere weitere Restaurants und Hotels entstanden, wie das Ökorestaurant Tawlet Ammiq in der Bekaa-Ebene oder das Hotel Beit el Qamar in Chouf. Im Projekt »Capacity building« bietet Souk el Tayeb auch Ausbildungen und Workshops für unterprivilegierte Frauen an. Palästinenserinnen, Syrerinnen, versklavte Hausangestellte aus Afrika und Asien oder Kriegswitwen lernen, ihre Rezepte zu professionalisieren, mit dem Ziel, ein eigenes Einkommen zu erlangen. In Tripoli hat der Verein zusammen mit der NGO Ruwwad Al Tanmeya auf der Grenzlinie zwischen zwei verfeindeten Quartieren – einem sunnitischen und einem alawitischen – eine Küche errichtet, wo Frauen beider Seiten zusammen kochen. Mit der Regisseurin und Dramatherapeutin Zeina Daccache werden Theaterworkshops zur Stärkung des Selbstwertgefühls durchgeführt. Es werden Bauernmärkte an Foodfestivals organisiert; außerdem hat man einen nationalen Tabbuleh-Tag eingeführt. Das Projekt will das traditionelle Erbe der Küche erhalten, Arbeitsplätze schaffen, die Stadt- und Landbevölkerung, die Ethnien und die Religionen einander näherbringen und politische Unterschiede bewältigen.

Nada Saber ist Maronitin und kommt aus West Beeka. Auf der fruchtbaren Hochebene gibt es Gemüse und Obst, viele Käsereien und Milchprodukte von Schafen, Ziegen und Rindern. Nada verkauft ihre Produkte auf dem Souk el Tayeb und kocht im Tawlet. Unter den Marktleuten und Köchinnen hat sie Freunde und Freundinnen gewonnen und genießt den Kontakt mit den Gästen. Es berührt sie, wenn die Leute sich an die Rezepte ihrer Mütter und Großmütter erinnern.

Jamileh Nahra kommt aus dem Nordlibanon. Sie verkauft, wie Nada, auf dem Markt und kocht im Tawlet. Am Tabbuleh-Tag hat sie dreimal in Folge den Wettbewerb für das beste Tabbuleh (▸S. 69) gewonnen. Sie ist bekannt für ihre Maamoul, Kekse mit Dattelfüllung, und für Mouneh. Mouneh ist im Libanon der Begriff für die Vorratshaltung. Jamileh macht Früchte und Pickles ein und trocknet auf dem Dach ihren eigenen Bulgur. Souk el Tayeb hat ihr Leben verändert. Früher war sie scheu und konnte kaum lesen und schreiben. Heute verdient sie eigenes Geld, ist gut vernetzt, fühlt sich lebendig und konnte sogar von ihrem Ersparten ein eigenes Auto kaufen.

Tabbuleh

PETERSILIENSALAT MIT BULGUR vegan

Jamileh Nahra, Restaurant Tawlet, Libanon

4 Portionen

1–2 EL feiner Bulgur
400 g reife Tomaten, fein gewürfelt
150–200 g glatte Petersilie
30–40 Blätter frische Minze, fein gehackt
1 Zwiebel oder 2 Frühlingszwiebeln, fein gehackt
1 grüne Chilischote, fein gehackt (optional)
1 TL Salz
½ TL Pfeffer
1–2 Zitronen, Saft
50 ml Olivenöl
ein paar Lattich- oder zarte, knackige Weißkohlblätter

- Bulgur in einem Sieb mit kaltem Wasser übergießen, abtropfen lassen und in eine Schüssel geben.
- Tomatenwürfel mitsamt Saft zum Bulgur geben.
- Petersilie und Minze waschen, grobe Stiele entfernen, auf Haushaltpapier gut abtropfen lassen und fein hacken.
- Zwiebeln und Chili mit Salz und Pfeffer mischen.
- 15–30 Min. vor dem Servieren alle Zutaten mit Zitronensaft und Öl mischen und abschmecken.
- Eine kleine Schüssel mit Lattich- oder Kohlblättern auslegen. Tabbuleh hineinfüllen und servieren.

Tabbuleh ist ein Petersiliensalat mit wenig Bulgur. Für eine glutenfreie Variante Quinoa verwenden.
Der Salat soll frisch zubereitet, saftig und leicht säuerlich sein, ohne in der Sauce zu schwimmen.
Manche Köche geben den Bulgur trocken dazu. Er ist knuspriger, aber schwerer verdaulich.
Wenn die Petersilie große Stiele hat, etwas mehr nehmen.
Möglichst junge Petersilienblätter verwenden.
Weitere mögliche Gewürze sind Piment und Siebengewürz (► S. 308), Granatapfelkonzentrat oder Zimt.

Der Salat stammt aus der Levante, *Tabbuleh* bedeutet »etwas würzig«. In Zypern heißt er Tambouli.

Itch

ARMENISCHES TABBULEH vegan

Armenisches Restaurant Al Mayass, Beirut, Libanon

4 Portionen

120 g feiner oder mittelfeiner Bulgur
1 EL Granatapfelkonzentrat (optional)
2 saftige Tomaten, fein gewürfelt
1 milde rote oder grüne Spitzpaprika, fein gewürfelt
1 Frühlingszwiebel, gehackt
20 g Petersilie, gehackt

Sauce:
70 ml Wasser
1 Zitrone, Saft
1 gehäufter EL Paprikapaste scharf oder mild
1 TL Paprikapulver mittelscharf
½ TL Salz
60 ml Olivenöl

3–4 Weißkohlblätter gewaschen, wenn nötig halbiert
ein paar Granatapfelkerne
1 Zweig frische Minze

- Bulgur, Granatapfelkonzentrat und Tomatenwürfel mit dem Saft in eine Schüssel geben und gut mischen.
- Paprika, Frühlingszwiebel und Petersilie dazugeben.
- Die Zutaten für die Sauce mischen. Zum Bulgur geben und vermengen.
- Im Kühlschrank 2–3 Std. ziehen lassen.
- Eine Schüssel mit den Weißkohlblättern auslegen. Den Salat hineinfüllen und mit Minze und Granatapfelkernen dekorieren.
- Dazu passen Kebbeh nayeh (►S. 221), Grilladen und Pickles.

Zwiebeln und Paprika können weggelassen, dafür kann mehr Petersilie verwendet werden. Es passen auch fein gewürfelte Gurke und Pfeffer.

Das Gericht ist sehr erfrischend an heißen Tagen. Auf Türkisch heißt der Salat Kısır.
Eine Variante ist Kammounit banadoura, ein Sommerrezept aus dem Südlibanon mit reifen Tomaten. *Banadoura* ist die Tomate, *kamouneh* bezeichnet einen Kräutermix aus Minze, Basilikum, Majoran, Salz und Pfeffer. Der Bulgur wird mit den gehackten Tomaten kurz aufgekocht und mit den Kräutern und ein paar zerriebenen Rosenblättern gut verknetet.

Safsouf

WINTERTABBULEH vegan

Barbara Abdeni Massaad, Kochbuchautorin und Slow-Food-Präsidentin, Beirut, Libanon

4 Portionen

50 g grober Bulgur oder Freekeh
¼ Weißkohl, in feinen Streifen
½ kleiner Blumenkohl, in sehr kleinen Röschen
50 g Petersilie, fein gehackt
20 g frische Minze, fein gehackt
2 Frühlingszwiebeln, in Röllchen
½ Granatapfel, entkernt

Sauce:
1 EL Granatapfelkonzentrat
½ Zitrone, Saft
50 ml Olivenöl
etwas Meersalz

- In einem Topf 200 ml Wasser mit Salz aufkochen. Bulgur dazugeben und 5 Min. köcheln lassen. Zugedeckt 20 Min. quellen lassen.
- Gemüse klein schneiden und Kräuter hacken.
- Granatapfel entkernen. Einige Kerne für die Dekoration beiseitelegen.
- Für die Sauce Granatapfelkonzentrat, Zitronensaft, Olivenöl und Salz gut verrühren.
- Alle restlichen Zutaten mit der Sauce mischen und abschmecken.
- 30 Min. ziehen lassen.
- Mit Granatapfelkernen dekorieren und servieren.

Grober Bulgur heißt auf Türkisch Pilavlık Bulgur.
Freekeh (►S. 308) ist unreif geernteter Weizen mit rauchigem Aroma, vergleichbar mit Grünkern (unreifer Dinkel). Er muss etwa 30 Min. kochen.
Bulgur, Granatapfelkonzentrat (türk. Nar Ekşısı) und Freekeh (türk. Firik) sind im orientalischen Lebensmittelladen erhältlich. Statt Konzentrat kann auch der ausgepresste Saft einer Granatapfelhälfte verwendet werden.

Granatapfel entkernen:
Granatapfel einschneiden und in vier Teile brechen. In einer großen Schüssel mit Wasser entkernen. Bittere Hautreste herausfischen. Kerne herausnehmen und abtropfen lassen.
Oder: Mit einem Holzlöffel rundum auf den Granatapfel klopfen. Einschneiden, brechen und die Kerne herausschütteln.

Safsouf wird mit unterschiedlichen Wintergemüse gemacht. Eine einfache Variante ist Bulgur mit blanchierten Kohlblättern und Walnüssen.

Als Zutaten eignen sich auch fein geschnittener Fenchel und Sellerie, frische grüne Kichererbsen oder gehackte Walnusskerne.

Dakos

GERSTENBROT MIT TOMATEN UND FETA

Manousos Daskalogiannis, Chania, Kreta

4 Portionen

4 Paximadi
3 reife Tomaten, fein gewürfelt
5 EL Olivenöl
etwas frischer Oregano, gehackt
½ TL Salz
Pfeffer
100 g Feta, zerbröckelt
100 g Mizithra (Ziger), zerbröckelt

Kapern, schwarze Oliven, Rucola, Basilikumblätter oder Frühlingszwiebeln zur Dekoration

- Die Tomatenwürfel mit dem Saft, 3 EL Olivenöl, der Hälfte des Oregano, Salz und Pfeffer mischen.
- 30 Min. im Kühlschrank ziehen lassen.
- Die Brötchen mit der Schnittfläche nach oben auf Teller legen und die Tomatenmischung darauf verteilen.
- Den zerbröckelten Feta und Ziger daraufgeben. Mit Oregano bestreuen und mit 2 EL Olivenöl beträufeln. Bei einem perfekten Dakos ist das Brot beim Essen zur einen Hälfte noch knusprig und zur anderen Hälfte mit Tomatensaft und Olivenöl durchtränkt.

Paximadi sind getrocknete halbierte Gerstenbrötchen, die wie Zwieback zweimal gebacken werden. Sie sind im griechischen Lebensmittelladen in verschiedenen Größen erhältlich. Alternativ kann man trockene Scheiben Vollkornbrot oder Schwedenbrötchen (Crisp rolls) verwenden.
Der Ziger (►S. 112) kann durch die doppelte Menge Feta, den Frischkäse Çökelek (►S. 101), kretischen Xinomizithra (►S. 308) oder einen anderen Ziegen- oder Schaffrischkäse ersetzt werden.
In die Tomatenmischung passen auch fein gewürfelte Paprika, Petersilie, Minze, Basilikum und Frühlingszwiebeln.
Für eine leichte Variante träufelt man etwas Wasser auf die Brötchen und gibt Tomatenscheiben, Feta, Oregano und wenig Olivenöl darauf.

Dakos ist ein ehemaliges Armengericht aus Kreta und in ganz Griechenland weitverbreitet. Das Gericht wird auch Koukouvayia (»Eule«) genannt.

Salzpflanzen

Die Salzpflanzen (Halophyten) Mönchsbart, Salicorn und Meerfenchel (►S. 312) wachsen auf salzhaltigen Böden in vorwiegend gemäßigten Küstenregionen und werden auch kultiviert. Die Pflanzen können als Gemüse blanchiert, gedämpft und gebraten oder in Essig eingelegt und aufbewahrt werden. Junge Blätter eignen sich auch roh als Salat. Sie sind in unterschiedlichen Graden salzhaltig und müssen deshalb nicht oder kaum gesalzen werden. Salzkräuter haben schon früh eine wichtige Rolle gespielt. Der Meerfenchel war wegen seines hohen Vitamin-C-Gehalts wichtig gegen Skorbut, und aus der Asche von Salsola- und Salicornarten wurde Soda für die Herstellung von Seife und Glas gewonnen. Weitere essbare Salzpflanzen sind der Echte Meerkohl *(crambe maritima)*, der Strand-Wegerich *(plantago maritima)* oder die Strand-Aster *(aster tripolium L.)*.

Mönchsbart (lat. *salsola soda*, ital. *barba di frate / agretti*, griech. *almyra*, türk. *deniz fasulye*) ist in Supermärkten und an italienischen Marktständen erhältlich. Er kann im Garten oder im Topf angepflanzt werden.

Salicorn, Queller oder Meeresspargel (lat. *salicornia europaea*, türk. *deniz börülce*), ist in Fischabteilungen erhältlich. Er kann im Topf angepflanzt werden und benötigt etwas Salz.

Meerfenchel (lat. *crithmum maritimum*, griech. *kritamo*, türk. *kaya koruğu*) besitzt einen besonders kräftigen Eigengeschmack. Er ist in Essig eingelegt in griechischen Lebensmittelläden und online erhältlich. Er kann im Garten oder im Topf angepflanzt werden.

Almyra salata

MÖNCHSBARTSALAT

Polixeni Alexopoulou, Restaurant Sempriko, Thessaloniki, Griechenland

4 Portionen

300 g Mönchsbart (oder Salicorn/Meerfenchel)
16 Kirschtomaten, halbiert oder geviertelt
2 Frühlingszwiebeln mit Grün, in feinen Röllchen
20 schwarze Oliven
½ Zitrone, Saft
2 EL Olivenöl
50–100 g Feta, zerbröckelt

- In einem Topf Wasser aufkochen.
- Mönchsbart waschen, Wurzeln abschneiden und im kochenden Wasser 3 Min. blanchieren. Das Kraut soll noch Biss haben.
- In ein Sieb abgießen, mit kaltem Wasser abschrecken und abtropfen lassen.
- Den Mönchsbart in einer Schale mit Tomaten, Frühlingszwiebeln, Oliven, Öl und Zitronensaft mischen. Bei Bedarf mit Salz abschmecken.
- Fetastückchen und Pfeffer über den Salat geben und servieren.
- Dazu passen Schwarzbrot und Joghurt.

Salzpflanzen können auch kurz gedämpft oder blanchiert und dann mit Olivenöl und Zitronensaft beträufelt werden.
In den Salat passen auch junger Spinat, Rucola, Feldsalat, gekochte Rote-Bete-Würfel, Gurkenwürfel oder Granatapfelkerne.

Polixeni hat den Salat mit Meerfenchel (griech. *kritamo*) zubereitet, der aber hierzulande nur schwer oder als Pickles erhältlich ist.

Tahtacı-Aleviten und Olivenölproduzenten

Sabire und Emirali Saltuksoy

Mehmetalan, Kaz Dağı (Ida-Gebirge), Türkei

Sabire und Emirali sind Tahtacı-Aleviten. Sie leben im alevitischen Dorf Mehmetalan. Die Tahtacı sind eine ethnisch-religiöse Gruppe traditioneller Holzarbeiter in Anatolien. Im 15. Jahrhundert wurden die ehemaligen Nomaden von Mehmet dem Eroberer für den Bau der osmanischen Flotte ins Ida-Gebirge gebracht. Besonders in Bergregionen haben Aleviten Rituale bewahrt, deren Wurzeln in verschiedenen religiösen Traditionen liegen. In der muslimischen Welt ist umstritten, ob das Alevitentum zum Islam gehört. Aufgrund der Erfahrung der Verfolgung halten sie viele Traditionen geheim. In der Türkei drohen diese Dorfgemeinschaften zu verschwinden. Das Dorf Mehmetalan und der nahegelegene Nationalpark sind von einem Staudamm- und Goldschürfprojekt bedroht. Jedes der verbliebenen Dörfern hat spirituelle Kraftorte, die nach einem Dede (heiliger Mann) benannt sind: dem Dede mit dem Löffel, dem Brotdede, dem Lichtdede oder dem Kalkdede. Sie verkörpern die beschützende Kraft alles Lebendigen. An diesen erhöhten Orten mit einem Baum werden Kerzen angezündet und Wünsche gesandt. Die Erfüllung der Wünsche wird im März dreimal gefeiert. Die Frauen frittieren auf dem Dorfplatz Pişi, Plätzchen mit Zucchiniblüten, die an alle verteilt werden. Beim dritten Anlass wird Mehlhelva gemacht, für das jede Frau je ein Glas Mehl und Zucker beisteuert. Auch Emirali ist als Dorfvorsitzender und Mediator der Gemeinde ein Dede. Seine drei wichtigsten Lebensregeln lauten: »Kontrolliere deine Hände, deine Zunge und deinen Bauch«, was so viel heißt wie, morde nicht, lüge nicht und gehe nicht fremd.
Mit sechzehn Jahren heiratete Sabire Sarı den sieben Jahre älteren Emirali, obwohl ihre Eltern damals fanden, sie sei zu jung. Die Braut trug den traditionellen Kopfschmuck aus Federn von 99 verschiedenen Vögeln, die von den jungen Männern über Jahre gesammelt wurden. Mit der Zeit übernahm das Paar den väterlichen Olivenölbetrieb. Hasan, der jüngere Sohn, hat Olivenölproduktion studiert und Hüseyin, der ältere, Philosophie. Die Oliven mahlen sie traditionell mit der Steinmühle. Hasan modernisiert die Produktion nach und nach. Die Olivenernte beginnt, wenn es kalt wird, und dauert fast drei Monate. Die Frauen spannen Baumwolltücher zwischen die Bäume und kämmen die Oliven mit einem Rechen von den Zweigen. Die Männer arbeiten in der Mühle fast Tag und Nacht.
Nebenbei gründete Emirali den Campingplatz Hızırkamp, benannt nach dem heiligen Hızır, zu dessen Ehren im Februar gefastet wird. Heute ist Hızırkamp ein weitbekanntes Yoga-Retreat. Das zieht viele Städter an. Ob Yogis, Intellektuelle, Dichter oder andere seltsame Vögel: Alle kommen in das gastfreundliche Haus von Sabire und Emirali. Sabire interessiert sich dafür, was diese Istanbuler alles mitbringen. Sie experimentiert in der Küche, isst Rohkost, liest Bücher über Esoterik und Heilkräuter und macht täglich Yoga. Umgekehrt wollen die Städter von Sabires »altem Wissen« über die Natur und die Wildpflanzen lernen, die in ihrer Küche eine große Rolle spielen. Zum Geschirrspülen verwendet sie Seifenlauge aus eigener Olivenseife. Gegen Fischgeruch streut sie etwas Kaffeepulver darüber. Im September machen die Dorffrauen gemeinsam für jeden Haushalt 200 hauchdünne Yufkateigblätter, die sie getrocknet als Jahresvorrat aufbewahren. Die Aleviten und Alevitinnen trinken Alkohol seit jeher öffentlich. Den ersten Schluck von Emiralis Rakı erhält immer Sabire. Beim Anstoßen berührt man anstelle der Gläser die Knöchel und sagt einen Trinkspruch: »Hallo, Erleuchteter, was überbordet, soll nicht verschwendet werden. Vervielfache es und lasse es nicht versickern. Lass deine Worte im Licht der Wahrheit erscheinen.« Und Sabire fügt hinzu: »Ich bin glücklich, ich habe zwar keine Tochter, aber einen Sohn mit langen Haaren.«

SOĞUK BA
zeytinyağı

Tahinli pırasa

ROHER LAUCHSALAT MIT TAHINA vegan

Sabire Saltuksoy, Mehmet Alan, Kaz Dağı, Türkei

4 Portionen

4 junge Lauchstangen, in Röllchen von 2 mm
½ TL Salz
¼ TL Kreuzkümmelsamen oder Pulver
½ Zitrone, Saft
3 EL Tahina
1 Prise Pul Biber

Wem der Salat wegen des rohen Lauchs zu scharf ist, der überbrüht die ganze Menge Lauch.

- Die Hälfte des Lauchs in ein Sieb geben, mit kochendem Wasser überbrühen und gut abtropfen lassen.
- Die andere Hälfte mit Salz, Kreuzkümmel und Zitronensaft vermengen.
- Den überbrühten Lauch und das Tahina darunter mischen. Abschmecken und mit Pul Biber bestreuen.

Bewas

PETERSILIENSALAT vegan

Jehan Suhkni, Aleppo/Ebikon, Syrien/Schweiz

4 Portionen

100 g Petersilie, grobe Stiele entfernt
1 rote Zwiebel, halbiert, in Streifen
1 TL getrocknete Minze
¼ TL Piment (optional)
2 Prisen Pul Biber
¼–½ TL Salz
½ Zitrone, Saft
2 EL Olivenöl

Wenn die Zwiebeln zu scharf sind, in Wasser waschen und auspressen.
Der Salat schmeckt auch mit ein paar fein gewürfelten Tomaten.
Hübsch sind ein paar Granatapfelkerne als Dekoration.

- Petersilie hacken und mit den Zwiebeln in eine kleine Schüssel geben.
- Die weiteren Zutaten dazugeben und gut vermengen.
- Dieser erfrischende Salat passt besonders gut zu Kebab und zu einem Barbecue.

Pandzarosalata

ROTE-BETE-SALAT MIT MOUSSE

Konstantinos Theoharidis, Kafenio Mezeklikia, Athen, Griechenland

4 Portionen

400 g rohe oder gekochte Rote Beten
½ EL Olivenöl
½ EL Weißweinessig
½ Knoblauchzehe, gepresst
¼ TL Salz
1 Prise Kreuzkümmel (optional)
½ EL Olivenöl
1 EL abgetropfter Joghurt (►S. 98)
1 Prise Salz
1 EL Walnüsse oder Mandeln, grob gehackt

- Falls rohe Rote Bete verwendet wird, die Knollen in Alufolie wickeln und im Ofen bei 220° je nach Größe 1–2 Std. weich backen. Abkühlen lassen.
- Für die Sauce Olivenöl, Essig, Knoblauch und Gewürze gut verrühren.
- Die Roten Beten mit nassen Händen schälen und in mundgerechte Scheiben schneiden.
- Drei Viertel der Menge in eine Schüssel geben und mit der Sauce begießen.
- Für die Mousse den Rest der Roten Beten mit dem Stabmixer pürieren. Joghurt und Olivenöl beigeben, bis die Konsistenz stimmt.
- Mit Salz abschmecken und kühl stellen.
- Zum Servieren den Salat in eine Schale füllen. Vier Esslöffel Mousse abstechen, über den Salat geben und mit den Walnüssen bestreuen.

Am besten schmecken junge Rote Beten im Frühling und Sommer.
Stiele und Blätter können zum Salat in Olivenöl gebraten oder blanchiert werden.
Gebackene Rote Beten sind geschmacksintensiver und etwas trockener als gekochte. Zusammen mit gut abgetropftem Joghurt geben sie der Mousse eine festere Konsistenz.

Pandziari

ROTE-BETE-SALAT vegan

Pete Mentzis, Taverna Zanettos, Nikosia, Zypern

4 Portionen

400 g gekochte Rote Beten
1 EL Rotweinessig oder Zitronensaft
2 EL Olivenöl
½–1 TL Salz
1 TL getrocknete Minze

- Rote Beten schälen und in mundgerechte Scheiben schneiden.
- Die Zutaten der Sauce mischen und mit der Roten Bete mischen.

Rote Bete gehört in Zypern fast zu jedem Meze-Essen.
Mit viel Essig oder Zitronensaft kann der Salat mehrere Tage im Kühlschrank aufbewahrt werden.

Sitzen und reisen

Halbinsel Datça

Türkei

Die Halbinsel Datça, südlich von Bodrum, liegt genau auf der Grenze zwischen Ägäis und Mittelmeer und steht zusammen mit der Bozburun-Halbinsel seit 1990 unter speziellem Naturschutz. Datça ist bekannt für Mandeln, Fisch, Oliven, Kapern und Honig. Eine Spezialität ist der Johannisbrothonig Harup. Am Ende der Halbinsel liegen die archäologischen Überreste der griechischen Stadt Knidos.

Neşe Ekiz, 63, führt das Güneş Apart Otel in Datça. Sie kommt aus einer angesehenen Familie mit einer weitverzweigten Verwandtschaft aus Datça. Ihr Mann ist Arzt in Izmir, wo sie im Winterhalbjahr wohnen. Das Aparthotel, eine Minute vom Strand entfernt, ist ihr Geschäft. Rund um die weißen Appartementhäuschen hat es viele Blumen, Kräuter, Zitrus- und Obstbäume. Aus dem angrenzenden Garten strömt der Duft von Mandarinenblüten. Etwas zu essen gibt es bei Neşe immer. Auf Bestellung macht sie für ihre Gäste ein wunderbares Frühstück, mit eigenen Marmeladen und Kompotten. Neşe betreibt für ihre Freunde eine Art Verteilzentrum. Wenn sie bei Händlern gute Waren findet, bestellt sie mehr, als sie selber braucht, und die Nachbarinnen und Freunde kommen bei ihr vorbei, um etwas zu kaufen oder einfach auf einen Schwatz. Es gibt im Türkischen den schönen Ausdruck »oturmaya gitmek«. Das heißt »sitzen gehen«, womit einfach zusammensitzen und miteinander Zeit verbringen gemeint ist.

Bei Neşe treffe ich **Hüseyin** und **Elisabeth Tüzün.** Hüs, wie ihn alle nennen, wuchs in den 50er-Jahren in Istanbul auf, als die Stadt erst eine Million Einwohner hatte. Heute sind es siebzehn Millionen oder mehr. Er besuchte die österreichische Schule und studierte Germanistik. Mit seiner Frau Elisabeth und den zwei Kindern zog er nach Datça, wo sie ihr Haus als Ferien- und Kulturzentrum betrieben. Hüs gab türkische Koch- und Sprachkurse. Elisabeth trocknet Bitterorangenschalen, macht Gelée aus lokalen Wildbirnen, legt frische Oliven ein und pflückt Wildkräuter, wie zum Beispiel die jungen knackigen Stiele von Papatya (Kronenwucherblume), die gekocht mit einer Sauce aus Olivenöl, Knoblauch und Zitronensaft gegessen werden. Es gibt Granatapfelsorten in verschiedenen Säuregraden. Elisabeth kocht mit Vorliebe die sauren Sorten ein, da sie das Konzentrat auch als Essig verwendet. Sie setzt sich für die Artenvielfalt ein und berät die Dorfgenossenschaft in Sindi, die Mandeln, Honig, Kapern und Oliven verkaufen. Mandeln und das süße Johannisbrotmehl verarbeiten sie zu einem zuckerfreien Marzipan.

Hüseyin hat zwei Reiseführer über die türkische Ägäis und Mittelmeerküste geschrieben. Jahrelang hat er »blaue Reisen« für seine Freunde organisiert. Die ersten »blauen Reisen« wurden auf einfachen Frachtbooten von städtischen Intellektuellen, Literaten, Künstlern, Historikern und Philologen durchgeführt. Die Idee war, die ägäische Küste, ihre Bewohner und das kulturelle Erbe des Landes besser kennenzulernen. Man entdeckte archäologische Stätten, unbekannte Buchten, schloss Freundschaft mit einfachen Menschen aus abgelegenen Dörfern und sammelte ethnologische Erfahrungen. Auch begannen sich die Städter für die Rezepte der Dorfleute zu interessieren und aktiv nach solchen zu suchen. Ein Bewusstsein für das Kulturerbe Anatoliens entstand. Zunehmend zogen die »blauen Reisen« auch intellektuelle Europäer und allgemein Touristen an. Anfang der 70er-Jahre lagen bereits zwei Dutzend umgebaute Motorsegler in den Häfen von Bodrum und Marmaris.

Fasulye piyazı

SALAT MIT WEISSEN BOHNEN

Hüseyin Tüzün, Datça, Türkei

4–6 Portionen

200 g weiße Bohnen
5 hart gekochte Eier
1 große Zwiebel, geviertelt, in dünnen Streifen
1 TL Salz
100 ml Olivenöl
4–5 EL Weinessig
20–30 g Petersilie
etwas Pul Biber

In den Salat passen auch Frühlingszwiebeln, Paprikawürfel, Oliven, Koriandergrün. Im Dampfkochtopf sind die Bohnen in etwa 20 Min. gar.

- Weiße Bohnen über Nacht in Wasser einweichen.
- In frischem Wasser in 40–60 Min. gar kochen. Abgießen.
- Eier 10 Min. hart kochen und abkühlen lassen.
- Geschnittene Zwiebeln mit Salz kurz mit den Fingern kneten.
- Eier schälen. 3 Eier klein hacken und 2 Eier in Viertel schneiden.
- Die noch warmen Bohnen in einer Schüssel mit Öl, Essig, Petersilie und den gehackten Eiern mischen.
- Den Salat 1–2 Std. ziehen lassen.
- Mit Pul Biber, Eivierteln und etwas Petersilie dekoriert servieren.

Bademli taze börülce

ZARTE GRÜNE BOHNEN MIT MANDELN vegan

Neşe Ekiz, Güneş Apart Otel, Datça, Türkei

4 Portionen

450 g grüne Augen- oder Schlangenbohnen
30 g Mandeln, grob gehackt
4 Knoblauchzehen, fein gehackt
2 EL Zitronensaft
1 TL Essig
½ TL Salz
50 ml Olivenöl

Es können auch andere zarte grüne Bohnen verwendet werden.
Frischetest: Frische Bohnen brechen beim Biegen.
Knoblauch kann durch Frühlingszwiebeln ersetzt werden.
½ TL Natron im Kochwasser oder kaltes Abschrecken helfen, die grüne Farbe der Bohnen zu erhalten.
Börülce ►S. 308

- Bohnen waschen und die Enden abschneiden.
- In einem Topf Salzwasser aufsetzen und die Bohnen in 10–15 Min. gar kochen. Abgießen und dabei wenig Kochwasser zurückbehalten.
- Knoblauch, Zitronensaft, Essig, Salz, Olivenöl mit etwas Bohnenwasser mischen und über die Bohnen gießen.
- Gehackte Mandeln über den Salat streuen und warm oder kalt servieren.

Enginarlı mercimek

LAUWARMER LINSENSALAT MIT ARTISCHOCKEN vegan

Ayşenur Mıhcı, Restaurant Asma yaprağı, Alaçatı, Türkei

4 Portionen

150 g grüne oder braune Linsen
4 Artischockenböden oder 4 Babyartischocken
2 EL Olivenöl
½ TL Salz
4 Frühlingszwiebeln, in Röllchen
10 g Dill, grob gehackt
½ Zitrone, Saft
4 EL Olivenöl
1 TL Salz

- Linsen in einem Topf mit Wasser bedecken und etwa 30 Min. weich kochen.
- Artischockenböden in Viertel schneiden oder von den Babyartischocken die äußeren Blätter entfernen, Blattspitzen abschneiden und in Achtel schneiden. Falls nötig zähe Innenblätter entfernen. Stiel schälen und zarten Teil verwenden.
- Artischocken in einer Pfanne mit Öl, wenig Wasser und Salz bei mittlerer Hitze 3–5 Min. knapp gar kochen. Vom Feuer nehmen.
- Die Linsen abgießen und zu den Artischocken geben.
- Frühlingszwiebeln, drei Viertel des Dills, Zitronensaft und Öl daruntermischen.
- Mit Salz abschmecken.
- Den Salat in eine Schale füllen, mit dem Rest des Dills bestreuen und lauwarm servieren.

Despina's patata salata

ZYPRISCHER KARTOFFELSALAT vegan

Elena Zoe Savvides-Doghman, Droushia, Paphos, Zypern

4 Portionen

300 g festkochende Kartoffeln
200 g Rote Bete, gekocht
1 Zwiebel, gehackt
1 Handvoll Koriander, in Blätter gezupft
50 ml Olivenöl
½ Zitrone, Saft, oder 2 EL Essig
½ TL Salz

Den Salat kann man auch ohne Rote Bete zubereiten. Koriander kann durch Petersilie oder Oregano ersetzt werden.

- Kartoffeln mit Schale gar kochen. Abkühlen lassen.
- Schälen und in 3 cm große Würfel schneiden.
- Rote Bete schälen und in 2 cm große Würfel schneiden.
- Kartoffeln und Rote Bete mit den Zwiebeln in eine Schüssel geben.
- Koriander, Olivenöl, Zitronensaft und Salz vorsichtig daruntermischen. Abschmecken.
- Vor dem Servieren 1 Std. ziehen lassen.

Koukia kounnes

LAUWARMER FAVASALAT MIT MANGOLD vegan

Thomas Thoma, Region Famagusta, Zypern

4 Portionen

200 g getrocknete geschälte Favabohnen
300 g Mangold (Stiel und Blatt), in Streifen von 5–6 cm
1 TL Salz
2 Tomaten, in Würfeln
2 kleine Gurken, in Würfeln
2 TL getrocknete Minze
50 ml Olivenöl
25 ml Rotweinessig

- Favabohnen waschen und in einem Topf kurz aufkochen. Anschließend Wasser wechseln und 45 Min. bei geschlossenem Deckel kochen.
- Mangold und Salz dazugeben und weitere 15 Min. kochen. Abgießen.
- Favabohnen und Mangold in einer Schale mit Tomaten- und Gurkenwürfeln mischen.
- Minze, Olivenöl und Essig unterrühren und lauwarm servieren.

Acılı ezme

SCHARFES TOMATEN-PAPRIKA-MUS vegan

Musa Dağdeviren, Restaurant Çiya, Istanbul, Türkei

4–6 Portionen

5 mittelgroße reife Tomaten (500 g)
2 grüne milde oder mittelscharfe Spitzpaprika (Çarliston Biber)
1 kleine Zwiebel oder 1–2 Frühlingszwiebeln
1 Knoblauchzehe (optional)
20 g Petersilie
10 g frische Minze
½–1 roter Chili, entkernt
1 EL Paprikapaste scharf oder 1 TL Pul Biber
½–1 EL Granatapfelkonzentrat
2 Prisen Salz
2 EL Olivenöl

- Tomaten kreuzweise einritzen, mit kochendem Wasser überbrühen und schälen. In Viertel schneiden und entkernen. In kleine Würfel schneiden und im Cutter oder mit einem großen Messer fein hacken.
- Paprika, Zwiebeln, Knoblauchzehe und Kräuter mit einem Messer oder Wiegemesser sehr fein hacken. Je nach gewünschter Schärfe ½ bis 1 Chili verwenden.
- In einer Schüssel fein gehacktes Gemüse und Kräuter mit Paprikapaste, Granatapfelkonzentrat und Olivenöl vermengen.
- Die Mischung mit einer Gabel gut zerdrücken und 15 Min. ziehen lassen.
- Schärfe und Geschmack abschmecken. Wenn das Mus Wasser zieht, Flüssigkeit abgießen oder in einem Sieb abtropfen lassen. Der Saft kann aufgefangen und zum Trinken oder für eine Salatsauce verwendet werden.
- In eine Schale füllen und mit Brot servieren.

Außerhalb der Saison, wenn die Tomaten wenig Geschmack haben, kann Tomatenpaste beigefügt werden.
Frische Minze kann durch getrocknete Minze (Nane ▸ S. 308) ersetzt werden.
Die Schärfe kann wahlweise mit scharfer Paprikapaste, fein gehacktem Chili oder Pul Biber selbst bestimmt werden.
In die Paste passen auch ½ TL Sumak oder etwas Dill.

Das Mus wird auch Antep Ezmesi genannt, weil es aus der Gegend um Gazi Antep stammt.
Der türkische Ausdruck *acılı ezme* bedeutet »scharfes Zerdrücktes«.
Granatapfelkonzentrat (Nar Ekşisi) gibt es in türkischen Lebensmittelläden.

Muhammara

PAPRIKA-WALNUSS-DIP MIT ODER OHNE TAHINA

Jehan Suhkni, Aleppo/Ebikon, Syrien/Schweiz

4 Portionen

3 rote schmale Paprika oder 35 g milde Paprikapaste
50 g trockenes Brot oder Zwieback
1–2 Knoblauchzehen, grob gehackt
50 g Walnüsse, fein gehackt
2 EL Olivenöl
1 EL Granatapfelkonzentrat
½ EL Pul Biber
1 TL Kreuzkümmel
1 EL Zitronensaft (optional)
2 EL Tahina (optional)
ein paar Walnusshälften
frische Minze

Muhammara wird üblicherweise mit Paprikapaste gemacht. Achtung, Paprikapasten sind meist schon gesalzen.
Der Dip kann gut ein paar Tage im Kühlschrank aufbewahrt werden.

Muhammara ist im Orient in vielen Varianten verbreitet.

- Ofen auf 200° vorheizen.
- Ganze Paprika auf einem mit Backpapier ausgelegten Blech 20 Min. weich rösten. Abkühlen lassen.
- Strunk, Haut und Kerne entfernen.
- Zwieback oder trockenes Brot mit Knoblauch im Cutter zerkleinern und in eine Schüssel füllen.
- Paprikafilets im Cutter fein hacken und dazugeben. Falls Paprikapaste verwendet wird, diese in wenig heißem Wasser auflösen.
- Walnüsse, Olivenöl, Granatapfelkonzentrat und alle Gewürze beigeben. Gut mischen.
- Nach Belieben Zitronensaft und Tahina beigeben.
- Mit Salz abschmecken und 2–3 Std. kühl stellen.
- Zum Servieren den Dip in eine kleine Schüssel füllen. Mit einem Löffelrücken oder einer Gabel zu einem Hügel formen. Mit etwas Olivenöl beträufeln und mit Walnusshälften und Minzblättern dekorieren.

Hummus

Die orientalische Kichererbsenpaste (arab. *hommos,* Kichererbse) ist eines der bekanntesten Meze überhaupt. In Syrien, Libanon, Palästina und Israel gilt Hummus als Nationalspeise und wird von Juden, Christen und Muslimen gleichermaßen gegessen. Die Grundzutaten Kichererbsen, Sesam, Zitrone, Knoblauch und Olivenöl stehen seit Jahrtausenden auf dem Speiseplan. Seit wann es Hummus in der heutigen Form gibt, ist jedoch unbekannt. Wo Hummus erfunden wurde und wer das beste Hummus macht, diese Frage gibt immer wieder Anlass zu Streitereien. Die Kichererbsenpaste ist aber viel älter als die heutigen Landesgrenzen. Im Unterschied zur Türkei wird dem Hummus im Libanon nicht Öl, sondern Zitronensaft beigemischt und das Olivenöl stattdessen am Schluss in eine Mulde gegossen. Unbestritten ist, dass das Hummus eine möglichst cremige Konsistenz haben soll (die man am besten mit einem starken Mixer erzielt). Anstelle von Kichererbsen werden auch Fava- oder Schwarzaugenbohnen verwendet. Hummus dient heute auch als Basis für geschmacklich und farblich neue Kreationen. Aber der Klassiker ist schwer zu überbieten.

Weitere Zutaten
rote Paprikafilets, geröstet und püriert (Hommos bi fleyfley hamra)
Karotten, gekocht und gerieben
Rote Bete, gekocht und gerieben
Artischockenböden, gekocht oder eingelegt, püriert
Auberginen, geröstet und püriert
Petersilie, Koriander, Minze, Spinat, fein gehackt
Walnüsse, geröstet und gemahlen
Joghurt
Orangensaft

Zum Darüberstreuen
Hackfleisch, kross gebraten
Pastırma in Streifen, gebraten
Fladenbrotstückchen, geröstet oder frittiert
Pinienkerne, Cashewnüsse, Mandeln, geröstet
Mandeln oder Walnüsse, gehackt
Kichererbsen, gekocht
Zatar
Paprikapulver

Hommos

LIBANESISCHES HUMMUS

Elia Barghout, Beirut, Libanon

4 Portionen

120 g getrocknete Kichererbsen (oder 300 g gekochte)
5 EL Tahina
½ Zitrone, Saft
1 Knoblauchzehe
¼–½ TL Kreuzkümmel
½ TL Paprika edelsüß (optional)
½ TL Salz
2–3 Eiswürfel
30 g Pinienkerne
50 ml Olivenöl

- Kichererbsen über Nacht in reichlich Wasser einweichen.
- Kichererbsen abgießen und in der doppelten Menge Wasser bei mittlerer Hitze 1 Std. weich garen. Sie sollen sich zwischen den Fingern leicht zerdrücken lassen, ohne matschig zu sein.
- Abgießen und etwas Kochwasser auffangen.
- Abkühlen lassen und die losen Häute entfernen.
- Kichererbsen mit etwas Kochwasser in ein hohes Gefäß geben.
- Tahina, Zitronensaft, Knoblauch, Kreuzkümmel, Paprikapulver und Salz dazugeben und mit dem Stabmixer glatt pürieren. 2–3 Eiswürfel hinzufügen und zu einer dicken, cremigen Konsistenz weitermixen.
- Hummus abschmecken und 30 Min. zugedeckt ziehen lassen.
- Pinienkerne in einer Pfanne ohne Öl auf mittlerer Hitze goldbraun rösten.
- Hummus in eine Schale füllen. Mit einem Esslöffel eine Vertiefung in die Mitte drücken und Olivenöl hineingießen.
- Mit den Pinienkernen dekorieren und mit Fladenbrot servieren.

Je feiner und cremiger das Hummus, desto besser. Ein starker Mixer hilft. Ist das Hummus nach dem Mixen noch zu wenig cremig, kann es durch ein feines Sieb gedrückt werden.
Eiswürfel oder Eiswasser geben dem Hummus eine hellere Farbe und feinere Struktur.
Mit etwas Backpulver im Kochwasser werden die Kichererbsen schneller weich.
Im Dampfkochtopf sind eingeweichte Kichererbsen in 10–12 Min. gar.
Hummus kann im Kühlschrank 2–3 Tage aufbewahrt werden.

Fava

GRIECHISCHES ERBSENPÜREE vegan

Gule Uludag, Athen, Griechenland

4 Portionen

200 g geschälte Saat-Platterbsen
1 l Wasser
1 Zwiebel, gehackt
50 ml Olivenöl
½–1 TL Salz
2 Prisen Pfeffer
½ rote Zwiebel, fein gehackt
etwas Petersilie, gehackt
1 EL Kapern
Olivenöl

- Erbsen waschen und in einem Topf mit kaltem Wasser bedecken.
- Aufkochen, Schaum abschöpfen und Zwiebeln beigeben.
- Zugedeckt auf kleiner Hitze etwa 1–1½ Std. köcheln. Ab und zu umrühren, damit die Erbsen nicht am Boden anbrennen. Sie sollen zu einem flüssigen Brei einkochen.
- Erbsenbrei mit einem Schwingbesen gut verrühren, stampfen oder pürieren.
- Olivenöl, Salz und Pfeffer daruntermischen und vom Feuer nehmen.
- Zum Servieren Fava in eine Schale füllen. Mit Zwiebeln, Petersilie und Kapern bestreuen, mit Olivenöl beträufeln und warm servieren. Abgekühlt verfestigt sich das Püree und kann wie die türkische Fava (▸S. 97) kalt serviert werden.
- Fava eignet sich auch gut als Beilage zu Fleisch oder Fisch (▸S. 193) und passt gut zu Wildgemüse wie Endivien (▸S. 13) oder Löwenzahn (▸S. 15).

Die besten Saat-Platterbsen sollen aus Santorini kommen. Sie sind geschält in griechischen Lebensmittelläden erhältlich. Im Reformhaus oder Bioladen sind ungeschälte Saat-Platterbsen erhältlich. Ungeschälte Platterbsen über Nacht einweichen, abspulen, in doppelter Menge frischem Wasser 30 Min. kochen. Pürieren. Das Püree erhält durch die Schalen eine bräunliche Farbe.

Variante mit Linsen und Schälerbsen: Das Püree kann auch aus roten oder gelben Linsen oder Schälerbsen zubereitet werden. Dafür 200 g Linsen in 700 ml Wasser 40 Min. kochen. Schälerbsen benötigen 60–90 Min. Kochzeit.

Als Dekoration passen auch Zwiebelringe, marinierte getrocknete Tomaten (▸S. 173) oder geröstete Brotwürfel.

Fava

TÜRKISCHES FAVAPÜREE

Çağlan Tütüncüoğlu, Bodrum'un Mezecisi, Bodrum, Türkei

4 Portionen

150 g getrocknete geschälte Favabohnen
1 Zwiebel, grob gehackt
1 Kartoffel, grob gewürfelt
4 EL Olivenöl
1 TL Salz
1 TL Zucker
20 g Dill, fein gehackt
1 Butterflocke
1 Prise Kardamom (optional)
1 EL Zitronensaft
1 rote Zwiebel, in Ringen oder fein gehackt
Dill
1 Zitrone, in Scheiben

- Favabohnen 1 Std. in Wasser einlegen. Abgießen.
- In einem Topf mit 2 EL Öl Zwiebeln und Kartoffeln anbraten. Die Zwiebeln sollen glasig sein.
- Favabohnen mit Salz, Zucker und Dillstielen beigeben. 1 l kochendes Wasser dazugießen, aufkochen und Schaum abschöpfen.
- Bei geschlossenem Deckel 40–60 Min. auf mittlerer Hitze köcheln, bis die Bohnen weich sind. Die Flüssigkeit sollte zu einem großen Teil absorbiert sein. Wenn nötig etwas Wasser hinzufügen oder abgießen.
- Bohnen im Topf mit einem Stabmixer zur Konsistenz von dickem Joghurt pürieren.
- Dill, Butter und Kardamom darunterziehen. Ist die Masse zu flüssig, unter Rühren noch einmal aufkochen.
- Eine flache Auflaufform mit eiskaltem Wasser ausspülen. Das Favapüree etwa 4 cm hoch hineingießen, flach streichen und 2 Std. kühl stellen.
- Zum Servieren das Favapüree in der Form belassen oder stürzen und in Rhomben oder Vierecke schneiden.
- Zitronensaft und 2 EL Öl verrühren und darüberträufeln.
- Mit Zwiebeln, Dill und Zitronenscheiben dekorieren.

Im Dampfkochtopf sind geschälte Favabohnen in 8 Min. gar.
Ohne Butter ist das Püree vegan.
Eine kleine Karotte anstelle der Kartoffel macht das Püree süßer.
Fava kann auch hübsch mit einem Spritzbeutel geformt werden.
Frische Favabohnenkerne eignen sich gut als Dekoration.
Fava kann gut 3 Tage im Kühlschrank aufbewahrt werden.

Fava – ein sehr altes Rezept – kann auch aus anderen Hülsenfrüchten wie roten Linsen (Mercimek Fava) oder weißen Bohnen zubereitet werden.
Geschälte Favabohnen sind im Reformhaus, in türkischen oder indischen Lebensmittelläden erhältlich.

Joghurt

Das Wort Joghurt kommt vom türkischen *yoğurt* und bedeutet »geronnene Milch«. Joghurt ist eine Erfindung, um Milch haltbar zu machen. Sein Ursprung wird nomadischen Turkvölkern, die nach Anatolien kamen, und den Thrakern auf dem Balkan zugeschrieben. Joghurt wird üblicherweise aus Kuh-, Schaf- oder Ziegenmilch mit Milchsäurebakterien hergestellt. Es gibt aber auch Büffel-, Stuten- oder Kamelmilchjoghurt. In der Türkei ist Joghurt von flüssig bis stichfest mit unterschiedlichem Fettgehalt erhältlich: vom normal flüssigen Joghurt mit 3,5% über Süzme-Joghurt bis Kaymak-Joghurt mit 23%. Joghurt wird auch erhitzt in Suppen oder Saucen gegessen. Für Menschen mit Laktoseintoleranz ist Joghurt besser verträglich als Milch.
Griechischer Joghurt und **türkischer Süzme-Joghurt** sind abgetropfte, stichfeste oder dicke Joghurt mit 10% Fettgehalt. Sie eignen sich besonders für Pasten, zu Süßem und für Joghurteis. Sie sind gut erhältlich.
Abgetropfter Joghurt kann einfach selbst gemacht werden: Joghurt in ein ausgewaschenes Seih- oder Mulltuch oder in eine Kaffeefiltertüte füllen, mit einem Gummiband zusammenbinden und am Wasserhahn über das Waschbecken hängen. 30–60 Min. abtropfen lassen. Je länger der Joghurt abtropft, desto fester wird er.
Labneh ist ein leicht säuerlicher, cremiger Frischkäse aus sehr lang abgetropftem Ziegen-, Schaf- oder Kuhmilchjoghurt (►S. 101).

Joghurtpasten
Abgetropfter Joghurt eignet sich gut für Joghurtpasten. Die bekannteste ist das griechische Tzatziki. Seine türkische Entsprechung ist Cacık, auf dem Balkan ist es die Joghurt-Gurken-Suppe Tarator. Es gibt aber unzählige Joghurtgerichte. Eine Gruppe für sich sind in der Türkei die Haydari, Joghurtpasten mit aller Art von grünem Gemüse oder Kräutern. Typisch sind Haydari mit Portulak oder Dill.

JOGHURTMEZE

Grundrezept

8 Portionen

500 g griechischer oder türkischer Süzme-Joghurt (10% Fett)
½ TL Salz
¼ TL Pfeffer
1–2 Knoblauchzehen (optional)
1–2 EL Olivenöl

- Knoblauch in den Joghurt pressen. Salz und Pfeffer beigeben.
- Olivenöl daruntermischen oder darüberträufeln.

Die Rezepte und Kombinationsvorschläge auf dieser Seite basieren auf diesem Grundrezept.

Weitere Kombinationen: Grob gehackter Portulak und frische Minze; zerbröckelter Feta und gehackte Walnüsse; gerösteter Sesam, Chili und frische Minze; in Olivenöl gedünstete Wildkräuter; gebratene Auberginen-, Paprika-, Zucchini- oder Karottenwürfel; gehackte Auberginen (► S. 39); getrocknete Chilistücke in viel Olivenöl frittiert (► S. 103); gekochte, geriebene Rote Bete, Granatapfelkonzentrat und Zatar.

Yoğurtlu bademli kabak

JOGHURT MIT ZUCCHINI UND MANDELN

600 g Zucchini, grob oder fein geraffelt
30 g Mandeln, grob gehackt
Salz und Pfeffer

Zucchini mit etwas Öl und mit Salz und Pfeffer anbraten, bis der Saft verdampft ist. Unter den Joghurt mischen und mit den Mandeln bestreuen.

Havuçlu yoğurt salatası

JOGHURT MIT GEKOCHTEN KAROTTEN

5 große Karotten, knapp gar gekocht
2 EL Walnüsse, gehackt
1 Knoblauchzehe, gepresst
2 EL Olivenöl oder Mayonnaise
Salz und Pfeffer

Karotten raffeln. Mit den Zutaten unter den Joghurt mischen. Mit Salz und Pfeffer abschmecken.

Pancar salatası

JOGHURT MIT ROTER BETE

1 kg Rote Bete, gekocht
2 Zwiebeln, fein gehackt
4 EL Walnüsse, grob gehackt
100 g Beyaz Peynir (türk. Weißkäse), zerbröckelt
1 EL Granatapfelkonzentrat

Rote Bete schälen, raffeln oder fein hacken. Mit allen Zutaten unter den Joghurt mischen.

Dereotlu haydari

JOGHURT MIT DILL

250 g Beyaz Peynir (türk. Weißkäse), zerbröckelt
1 Bund Dill, gehackt
1 EL getrocknete Minze

Alle Zutaten unter den Joghurt mischen.

KAŞAR
LORU
9.00
KURU
ÇÖKELEK
10.00
TAZE

Labneh

LIBANESISCH-SYRISCHER FRISCHKÄSE AUS JOGHURT

Barbara Abdeni Massaad, Kochbuchautorin und Slow-Food-Präsidentin, Beirut, Libanon

Für 500 g Frischkäse

1 kg Joghurt aus Kuh-, Ziegen- oder Schafmilch
1 TL feines Meersalz
Wildkräuter, Kräuter und Gewürze nach Belieben

- Joghurt mit Meersalz mischen.
- Ein Sieb mit einem Seihtuch auslegen und über eine Schüssel hängen.
- Joghurt hineinfüllen und 24 Std. im Kühlschrank abtropfen lassen.
- Die Masse zu kleinen Kugeln formen und in Kräutern oder Gewürzen nach eigener Wahl wenden.
- Zum Servieren mit Olivenöl beträufeln.

In einem Glas mit Olivenöl bedeckt, sind die Kugeln gekühlt 1–2 Wochen haltbar.
Labneh kann auch in junge frische Weinblätter eingerollt und 24 Std. in Olivenöl eingelegt werden. Es eignet sich auch als Brotaufstrich oder mit wenig Salz zu süßen Früchten ▸S. 277–287

Çökelek

TÜRKISCHER FRISCHKÄSE AUS MILCH

Für 250 g Frischkäse

1 l Voll- oder Rohmilch von Kuh, Ziege oder Schaf
3–4 EL Joghurt
2–3 EL Essig oder Zitronensaft
Wildkräuter, Kräuter und Gewürze nach Belieben

- Ein Sieb mit einem Seihtuch auslegen und über eine Schüssel hängen.
- Milch aufkochen, Essig dazugießen, ohne Rühren kurz weiterkochen. Die Milch flockt und die Molke wird klar und gelblich. Wenn nötig etwas mehr Säure beigeben.
- Ins Seihtuch gießen und abtropfen lassen.
- Den Frischkäse mit Salz und Pfeffer abschmecken und nach Belieben mit Kräutern mischen. Mit etwas Molke verrührt, wird er cremiger. Die restliche Molke trinken oder für eine Suppe verwenden.
- Der Käse kann in Förmchen gefüllt und gestürzt serviert werden.
- Dazu passt Fladenbrot.

Çokelek kann als Ersatz für Ziger oder wie Hüttenkäse verwendet werden.
Wichtig sind die richtige Menge Säure und die Kochzeit. Mit zu wenig Säure gerinnt die Milch nicht, mit zu viel Säure wird der Käse trocken.
Gekühlt ist der Frischkäse eine Woche haltbar. Çökelek wird auch aus Ayran oder Joghurt gemacht. In die Mischung passen auch Olivenöl, Knoblauch, Tomatenmark, gehackte Walnüsse, Paprikapulver oder Kreuzkümmel. So gewürzt wird Çökelek zu orangefarbenen, kleinen Kegeln geformt und verkauft.

Atom

JOGHURT MIT AUBERGINEN UND CHILI

Restaurant Ferdi Baba, Alaçatı Port, Türkei

2–4 Portionen

400 g Auberginen (etwa 3 Stück)
300 g Süzme-Joghurt, zimmerwarm
2 Knoblauchzehen, gepresst
½ TL Salz
20 g Butter
2 EL Olivenöl
5 große getrocknete oder frische Chilischoten

- Auberginen im Ofen bei 200° 30 Min. weich backen.
- Abkühlen lassen. Die Schale abziehen und das Fruchtfleisch in Würfel schneiden.
- Joghurt, Knoblauch und Salz mischen und in einer Schale mit den Auberginenstücken vermengen.
- 2 Chilischoten entkernen und in grobe Stücke schneiden.
- Mit den übrigen ganzen Chilischoten in einer Pfanne mit Öl und Butter auf mittlerer Hitze etwa 2 Min. anbraten.
- Chilistücke mit der Öl-Butter über den Joghurt gießen. Chilischoten als Dekoration hineinstecken und lauwarm servieren.

Das Gericht heißt auch Terleten, was so viel bedeutet wie »schweißtreibend«. Es kommt aus der Südtürkei, wo scharf gegessen wird.
Ein ägäisches Auberginen-Joghurt-Gericht ist Köpoğlu (»Hundesohn«). Dazu werden Auberginen und Zucchini, Spitzpaprika, Karotten und Kartoffeln nach Wahl, in Würfeln frittiert oder gebraten. Darüber wird Joghurt mit Knoblauch (►S. 99) und Tomatensauce aus frischen Tomaten gegeben.

Otlar Haslanip

JOGHURT MIT WILDKRÄUTERN UND CHILI

Restaurant Karışık Iskele, Dikili, Türkei

4 Portionen

200 g Wildkräuter, gewaschen, grob gehackt
weitere Zutaten (außer Auberginen) wie oben

- Joghurt, Knoblauch und Salz mischen.
- Wildkräuter waschen und grob hacken.
- In wenig Wasser in ein paar Min. gar dämpfen. Abgießen und mit Salz abschmecken.
- Die Kräuter in eine flache Schale geben und mit etwas Öl begießen.
- Chili zubereiten wie oben beschrieben.
- Joghurt über die Wildkräuter verteilen und Chili mit der Öl-Butter darübergießen. Warm servieren.

►Wildkräutertabelle S. 312
Die originale Kräutermischung bestand aus Benediktenkraut, Fenchelkraut, Löwenzahn und Ackerrettich.
Bei uns eignen sich im Frühling zum Beispiel Bärlauch, Brennnessel und Geißfuß oder grüne Gemüse wie Cima di Rapa, Catalogna, Winterspinat oder Mangold.
Chilis können durch rote Paprikastücke ersetzt werden.

Jetset und Strandkiosk

Çeşme und Alaçatı

Ägäisküste, Türkei

Die Çeşme-Halbinsel, nah der griechischen Insel Chios, ist berühmt für ihre starken Winde. Überall gibt es berühmte luxuriöse Clubs und Möglichkeiten zum Windsurfen. Viele gut situierte Familien aus Izmir haben in Çeşme oder Alaçatı ein Sommerhaus. Hierher kommt auch die Jeunesse dorée von Istanbul, mit Yachten oder dem eigenen Kleinflugzeug. Die Entwicklung von Çeşme zur Partyinsel, mit der auch die Kebab- und Burgerketten, Fastfood-Bistros und internationale Restaurants Einzug halten, macht nicht alle glücklich. Einige Leute, wie Ayşenur oder Fethi, wollen die Eigenheiten ihrer Kultur und Küche bewahren.

Was für ein Empfang im **Restaurant Asma yaprağı** von **Ayşenur Mıhcı** in Alaçatı! Man betritt einen Raum mit großem Holztisch und einem Herd. Auf dem Tisch steht ein Kräuterstrauß, die Regale sind voll mit Gewürzgläsern und an der Wand hängen gesammelte Emailteller. Auf eine Tafel sind die täglich frischen Gerichte geschrieben. Die Meze des Tages sind in Schalen auf dem Buffet angerichtet, und im Topf köchelt gerade eine Suppe. Man fühlt sich eher zu Hause als zu Gast.

Ayşenur, 57 Jahre alt, kommt aus einer Großfamilie in Izmir. Eltern, Großeltern, Tanten und Onkel führten ein gastfreundliches Haus. Alle kochten gerne. Ayşenur will ihrem Sohn Kerem dieses Gefühl weitergeben, mit Gästen am großen Tisch zu sitzen, während die Gerüche aus der Küche strömen. Ayşenur liebt ihre Familienrezepte und einfache alte Gerichte. Ihre Angestellten kommen aus verschiedenen Regionen und inspirieren sie. Ayşenur bevorzugt eine Küche mit wenig Zutaten. Nichts soll dominieren und der Eigengeschmack der Produkte erhalten bleiben. Sie liebt es, Paprika, Tomaten oder Knoblauch zu rösten, um ihren Geschmack zu intensivieren. Sakız aus Chios (▸S. 266) verwendet sie nicht nur, wie üblich, in Süßspeisen, sondern auch in Fleisch- und Gemüsegerichten. In ihren vier Küchen und dem großen Garten wird vieles selber produziert: Brot aus dem Holzbackofen, eigene Pasta, Pickles, Marmeladen oder Salça. Ayşenur hat Erfolg. Sie plant ihr eigenes Kochbuch. In drei Tagen erwartet sie siebzig Küchenchefs aus aller Welt und trotzdem nimmt sie sich Zeit für uns.

Das **Fisch- und Meze-Restaurant Fethi'nin Yeri** von **Fethi** und **Fatma** liegt direkt am Strand von Germian bei Çeşme. Fethi kam früher ab und zu mit einer kleinen Flasche Rakı hierher, um die Aussicht zu genießen, und träumte davon, ein kleines Restaurant zu eröffnen. Als er und Fatma 1998 mit einem hölzernen Kiosk und einem Tisch anfingen, gab es noch keine Straße und Häuser. Fethi und Fatma servierten Kumru und Menemen. Kumru ist ein geröstetes Sesamsandwich mit Käse, Sucuk und Tomaten. Das Rührei, benannt nach der Stadt Menemen, bereitete Fatma langsam auf dem Holzfeuer zu. Die Leute standen dafür Schlange.

Heute ist das Fethi'nin Yeri ein schlichtes Fisch- und Meze-Restaurant, mit guter Küche und 110 Tischen direkt am Strand. Wenn es in der Hochsaison keinen Platz mehr hat, bringen die Anwohner ihre eigenen Stühle mit. Hinter dem Restaurant liegt der Biogarten. Besonders die Tomaten werden am Meer köstlich. Dank des Familien-Fischerboots gibt es Fische aus eigenem Fang. Fethi ist es wichtig, den traditionellen Meyhane-Stil weiterzuführen. Die Speisen werden nicht an der Vitrine ausgesucht, sondern der Barba bringt, was frisch gekocht wurde. Währenddessen schenkt der Saki den Rakı aus. Dazu gehört Diskretion, weil bei einem Glas Rakı auch Persönliches besprochen wird. Meze-Kultur bedeutet für Fethi Geschmack am Gaumen und Freude für das Auge. Er erklärt, ein Rakıtisch sollte acht bis zehn Meze haben, wobei am wichtigsten der weiße Käse und Melone seien.

Seine Gäste kommen hierher für das Essen, den Strand und den Sternenhimmel. Und sie genießen das Baden direkt vom Tisch weg. »Bei mir werden alle Menschen gleich«, sagt Fethi. »Wenn Stöckelschuhe und Krawatten ausgezogen sind, wird nicht mehr zwischen arm und reich unterschieden.«

Ferdi Kabak ist in Çeşme eine Legende. Nach seiner Pensionierung eröffneten er und seine Frau den Campingplatz Aya Yorgi. Ferdi wurde berühmt unter den Istanbuler Studenten. Sie nannten ihn liebevoll Ferdi Baba, weil er den Abgebrannten oft Geld für die Rückreise zusteckte. Ihr erstes Restaurant war ein kleiner Raum mit drei, vier Tischen. Die Meze seiner Frau wurden berühmt. Heute gibt es drei große **Ferdi-Baba-Restaurants** in Alaçatı Port, Şifne und Çeşme. Laut der Zeitung Hürriyet gehören sie zu den besten Fischrestaurants der Ägäis. Die Söhne Arif und Murat haben die Betriebe übernommen und die ganze Familie arbeitet mit. Das Restaurant in Alaçatı Port hat sechzig kalte und unzählige warme Meze im Angebot. Es ist das ganze Jahr voll, aber im Sommer läuft es wie verrückt. Dann haben sie jeden Abend 800 Gedecke und es muss weit im Voraus reserviert werden. Im Jahr verarbeiten sie zehn Tonnen Calamares und Oktopus. Im Winter machen sie Lakerda, eingesalzenen Thunfisch, und Pastırma, getrockneten Rindfleischschinken mit einer Gewürzhülle. Sie räuchern Fische und entwickeln neue Gerichte, wie zum Beispiel ihre berühmte Fischwurst.

Tzatziki me karota

JOGHURT MIT KAROTTEN

Yoannis Vassilas, Taverna Axiotissa, Naxos, Griechenland

4 Portionen

200 g Karotten, geschält, grob geraffelt
300 g dicker Joghurt
1–2 frische Knoblauchzehen, gepresst oder fein gehackt
2 EL frische Minze
1 EL Senfkörner
1–2 EL Apfel- oder Weinessig
2–3 EL Olivenöl
½ TL Salz

- In einer kleinen Schale Karotten und Joghurt mischen.
- Knoblauch, Minze, Senfkörner, Essig und Olivenöl verquirlen und daruntermischen. Mit Salz abschmecken.
- Mindestens 2 Std. kühl stellen, damit sich die Aromen verbinden.

Tzatziki

JOGHURT MIT GURKE UND KNOBLAUCH

Giannis Alexiou, Restaurant Ta Nisia, Thessaloniki, Griechenland

4 Portionen

1 Gurke (300 g)
300 g dicker Joghurt
1 frische Knoblauchzehe
½ TL Salz
2 EL Dill, fein gehackt
1 EL Olivenöl
1 TL Weißweinessig
Olivenöl

- Gurke schälen, halbieren und mithilfe eines Löffels die Kerne entfernen. In Stücke schneiden. Im Cutter oder mit dem Messer sehr fein würfen.
- Knoblauchzehen mit Salz mörsern.
- Etwas Dill beiseitelegen.
- Alle weiteren Zutaten miteinander mischen und 2 Std. kühl stellen.
- Tzatziki in eine kleine Schale füllen, mit Olivenöl beträufeln und mit Dill dekorieren.

Die Gurken können auch geraffelt werden. Biogurken können mit etwas Schale verwendet werden. Tzatziki wird auch ohne Kräuter oder mit Minze zubereitet.

Gurken-Joghurt-Gerichte sind im ganzen Gebiet des ehemaligen Osmanischen Reiches, in Osteuropa und Russland bekannt. In der Türkei heißt das Gericht Cacık. Auf dem Balkan kennt man Tarator, eine kalte Gurken-Joghurt-Suppe mit Knoblauch, Dill, Olivenöl und Walnüssen.

Erik çağla dövmesi / Badem çağla dövmesi

GRÜNER DIP AUS UNREIFEN PFLAUMEN ODER MANDELN

Musa Dağdeviren, Restaurant Çiya, Istanbul, Türkei

4 Portionen

150 g grüne Pflaumen oder grüne Mandeln
½ Zitrone, Saft
30 g Petersilie, grob gehackt
20 g frische Minze, grob gehackt
1–2 Frühlingszwiebeln, je nach Dicke
70 g Ricotta oder Ziger
2 EL Olivenöl
1 hartes Ei (optional), fein gewürfelt
½ TL Salz
Pfeffer

- Für den Pflaumendip das Pflaumenfleisch in groben Stücken vom Stein wegschneiden.
- Für den Mandeldip Mandelstiele abschneiden und Mandeln grob hacken. Kurz in Zitronensaft einlegen, damit sie nicht braun werden.
- Pflaumenstücke oder grüne Mandeln in ein tiefes Gefäß geben und mit Petersilie, Minze und Frühlingszwiebeln mit dem Stabmixer grob zerkleinern.
- Ricotta und Olivenöl beigeben und fein pürieren.
- Eierwürfel daruntermischen. Mit Salz und Pfeffer abschmecken.
- Als Brotaufstrich oder Dip mit Fladenbrot servieren.

Zwei wunderbare Pasten im Frühling oder Frühsommer. Achtung, den Mandeldip nur frisch zubereiten, da er rasch seine schöne Farbe verliert.
Ziger kann durch den Frischkäse Çökelek (►S. 101) ersetzt werden. Auch etwas Feta passt dazu.

Grüne unreife Mandeln und Pflaumen sind im Mittelmeerraum weitverbreitet und im Frühling in türkischen Lebensmittelläden erhältlich.
Grüne Mandeln werden geerntet, bevor die Kernschale hart wird. Sie werden roh mit Salz geknabbert, sauer eingelegt oder wie Gemüse blanchiert oder gebraten. Auf Frische achten!
Unreife Pflaumen (türk. *erik*) sind länger erhältlich und werden auch als Snack mit Salz und weißem Käse zu Rakı gegessen.

Halloumi- und Anari-Käserei

Kula Christoforo

Droushia, Region Paphos, Zypern

Halloumi (griechisch) beziehungsweise Hellim (türkisch) symbolisiert das gemeinsame Erbe des geteilten Zypern. Seit einigen Jahren bemühen sich Süd- und Nordzypern gemeinsam, Halloumi/Hellim bei der EU als geschützte Ursprungsbezeichnung eintragen zu lassen. Bislang konnten aber noch nicht alle bürokratischen Hürden genommen werden.

Kula, 48 Jahre alt, und ihr Mann kommen aus dem Dorf Droushia in der Region Paphos im griechischen Teil Zyperns. Sie haben fünf Kinder, zwei Großkinder und einen Bauernhof mit 300 Ziegen, Schafen, Schweinen, Hasen, Hühnern, Truthähnen und weiterem Geflügel. Kula ist sieben Tage in der Woche für das Käsen verantwortlich. Sie sagt, ihren letzten freien Tag habe sie mit achtzehn gehabt. Jeden Tag macht sie 25 bis 35 Kilo Halloumi aus Ziegenmilch und etwas Schafmilch, damit der Käse weniger trocken wird. Am besten wird der Käse von März bis Mai, wenn die Ziegen frische Kräuter fressen.

Am Morgen werden die Ziegen gemolken. Die Milch fließt von den Melkmaschinen direkt in den 100 Liter fassenden Käsekessel. Kula erhitzt die Milch auf 26 bis 27 Grad, nimmt sie vom Feuer, rührt Lab ein und lässt sie dreißig Minuten stehen. Dann teilt sie die geronnene Masse mit den Händen und füllt sie in Plastikformen mit Löchern, damit die Molke abtropfen kann. Mit den Händen presst Kula die Masse kräftig aus und gibt sie für 45 Minuten zurück in die wieder erhitzte Molke. Herausgenommen und abgetropft bestreut sie jeden der ein Pfund schweren Frischkäse mit einem Esslöffel Salz, faltet sie und presst sie nochmals in den Formen. Manche legen beim Falten frische Minze dazwischen. Die ätherischen Öle sollen neben der Würze die Haltbarkeit erhöhen.

Aus der Restmolke macht Kula mit etwas Milch und Säure Anari, wie Ziger auf Griechisch heißt. Um 17 Uhr ist die Käseproduktion für den Tag beendet.

Guter Halloumi hat Schichten, wenn man ihn auseinanderzieht. Er kann in einer Lake aus Molke und Salz bis zu einem Jahr oder länger aufbewahrt werden. Man kann ihn auch einfrieren. Anari kann im Kühlschrank drei Tage aufbewahrt werden. Frisch wird er auf Zypern mit Johannisbrotsirup (Carob) gegessen und eignet sich auch für die Füllung von Bourekia (►S. 153). In Salz gedreht und getrocknet ist Anari bis zu einem Jahr haltbar und kann gerieben werden. Zum Trocknen kommt er draußen in einen Käsekasten aus Holz. Nach zehn Tagen ist er bereit. Die Kunden kaufen die Käse frisch oder gereift direkt bei Kula in der Käserei.

Ziger, Feta, Halloumi und Co.

Ziger (türk. *lor,* zypr.-griech. *anari,* griech. *mizithra,* ital. *ricotta*) ist ein weißer Molkenkäse aus Kuh-, Ziegen- oder Schafmilch. Er spielt in der mediterranen und orientalischen Küche eine wichtige Rolle. Auch bei uns wird der fettarme, nährstoffreiche und schnittfeste Frischkäse wiederentdeckt. Die Restmolke wird nach dem Käsen pur oder mit Rohmilch nochmals erhitzt (»ri-cotta«) und mit Säure zum Gerinnen gebracht. Mit Milch oder Sahne wird der Fettgehalt höher und der Käse entsprechend cremiger, wie beispielsweise beim industriell hergestellten Ricotta. Neben der frischen, ungesalzenen Form gibt es Ziger auch gesalzen, säuerlich, getrocknet oder geräuchert, um die Haltbarkeit zu erhöhen. Gesalzen, luftgetrocknet und gereift kann er wie der kretische Mizithra gerieben werden. Auch der grüne Glarner Schabziger mit Hornklee, das älteste Markenprodukt der Schweiz, ist eine gereifte Variante. Man findet Ziger oder festen Ziegenricotta in Käsereien, Käseläden, auf dem Markt oder in Supermärkten. Frischer Ziger ist ab der Herstellung etwa fünf Tage haltbar. Er kann für Pasten, Salate, Füllungen, süß oder salzig verwendet werden. Da er beim Erhitzen nicht schmilzt, eignet er sich wie Halloumi zum Marinieren, Grillen und Braten. Als Alternative zu Ziger kann man auch den Frischkäse **Çökelek** (►S. 101) verwenden.
Salzlakenkäse (türk. *beyaz peynir,* »weißer Käse«, griech. *feta,* arab. *akkawi,* aus Akkon, Israel), ein in Salzlake gereifter Käse aus Schaf-, Ziegen- oder Kuhmilch, ist im Nahen Osten und auf dem Balkan sehr verbreitet. Der Fettgehalt liegt zwischen 45% bis 60%. Je tiefer der Fettgehalt, desto besser kann er zerkrümelt werden und eignet sich deshalb gut für Füllungen oder Salate. Über 50% wird er immer cremiger. Feta ist ein geschützter Name für griechischen Salzlakenkäse aus Schaf- oder Ziegenmilch.
Halloumi (zypr.-griech.; türk. *hellim,* arab. *hallum*) ist wie Ziger und Salzlakenkäse eine uralte Form der Käseherstellung. Halloumi wird mit Lab und Salz aus Schaf-, Ziegen- oder Kuhmilch gewonnen. Charakteristisch ist seine zusammengeklappte Form. Typisch ist die Beigabe von Minze. Halloumi gibt es frisch oder gereift. In Salzlake kann er mindestens ein Jahr aufbewahrt werden und wird mit der Zeit immer härter. Weil er nicht schmilzt, eignet er sich gut zum Grillen, Braten oder Backen. Er kann mariniert und auch paniert werden. (Halloumi-Käserei ►110)

Käsepasten

Feta, Joghurt, Ziger und Frischkäse können gut kombiniert werden. Zusammen mit Gewürzen, Kräutern, Nüssen, etwas Orangen- oder Zitronenzesten und Olivenöl ergibt das wunderbare Meze und Brotaufstriche. Lassen Sie sich inspirieren und kreieren Sie Ihre eigene Mischung. Eine traditionelle Käsepaste ist der griechische Tirosalata (►S. 115). Käsemischungen können sich auch gut als Füllung für Börek oder Pita eignen.

Xinotiri

ZIEGENKÄSEMOUSSE MIT SESAM

Kleomenis Zournatzis, Restaurant Cookoovaya, Athen, Griechenland

4 Portionen

150–200 g Xinotiri oder Ziegenfeta, zerbröckelt
60 g dicker Joghurt
20 ml Buttermilch
1–2 TL schwarzer oder gerösteter Sesam
Sesam
Olivenöl

- 150 g Xinotiri oder Feta zusammen mit Joghurt und Buttermilch mit dem Stabmixer zu einer cremigen Mousse pürieren. Mehr Käse oder Buttermilch beigeben, je nachdem wie fest oder flüssig die Mousse sein soll.
- Sesam daruntermischen. Mit Pfeffer abschmecken. Kühl stellen.
- Zum Servieren je nach Konsistenz mit einem Löffel Portionen abstechen oder die Mousse in eine Schale füllen.
- Mit etwas Sesam bestreuen und mit Olivenöl beträufeln.
- Dazu passen Fladenbrot und Salat.

Xinotiri ist ein weicher, säuerlicher Ziegenfrischkäse.

Im Restaurant Cookoovaya wird die Mousse anstelle von Feta auf griechischem Salat oder mit etwas Honig beträufelt mit Fladenbrot serviert.

Tirokafteri

SCHARFE FETAPASTE MIT PAPRIKA

Antonis Attouni, Taverna Kyklos, Protaras, Zypern

4–6 Portionen

200 g Feta, fein zerbröckelt
60 ml Milch
1–2 grüne, frische Chilis, entkernt, sehr fein gehackt
1/8 rote Paprika, sehr fein gehackt
1/2–1 TL Pfeffer, frisch gemahlen
2 EL Olivenöl

Die Paste kann gut am Vortag zubereitet werden und ist im Kühlschrank mindestens 3 Tage haltbar.

- Alle Zutaten gut mischen.
- Zum Servieren mit einem Löffel Portionen abstechen.

Tirosalata

GRIECHISCHE FETAPASTE

Giannis Alexiou, Restaurant Ta Nisia, Thessaloniki, Griechenland

4 Portionen

150 g Feta, zerbröckelt
1/2 rote Paprika, entkernt
200 g dicker Joghurt
50 ml Schlagsahne
1/2 TL Pfeffer, frisch gemahlen
1 EL Weißweinessig
2 EL Olivenöl

Die Paprika kann auch roh und fein gehackt beigegeben werden.

- Ofen auf 220° vorheizen.
- Paprika 10 Min. backen. Abkühlen lassen, schälen und fein hacken.
- Alle Zutaten gut mit einer Gabel mischen und abschmecken.

Lor köftesi

ZIGERKROKETTEN

Erhan Şeker, Restaurant Zeytin Bağı, Çamlıbel Köyü, Edremit, Türkei

4 Portionen, 16 Stück

500 g Ziger oder Ricotta
100 g Brot- oder Semmelbrösel
½ Ei, verquirlt
½–1 TL Salz
Brotbrösel zum Panieren
300 ml Frittieröl

- Ziger, Brotbrösel, Ei und Salz verkneten.
- Etwas Brotbrösel zum Panieren in einem Suppenteller bereitstellen.
- Küchenpapier in einem Teller zum Abtropfen bereitstellen.
- Öl in einem kleinen Topf erhitzen.
- Etwas Zigermischung mit sauberen Händen erst zu einer Kugel rollen und dann zu einer länglichen Krokette formen (etwa 3 × 5 cm).
- Kroketten in den Brotbröseln wenden und 3–4 Stück gleichzeitig vorsichtig ins heiße Öl geben.
- Kroketten rundherum goldbraun frittieren (▸Spalte rechts).
- Kroketten mit einem Schaumlöffel herausnehmen und abtropfen lassen.
- Zusammen mit Spinat (▸Rezept unten) oder einem Grüngemüse warm servieren.

Ziger (▸S. 112) kann durch den Frischkäse Çökelek (▸S. 101) ersetzt werden.
Brotbrösel können einfach aus altem, getrocknetem Brot selbst gemacht werden. Dafür trockenes Brot ohne Krusten im Cutter fein zerkleinern.
Kroketten mit Ziger sind trockener als mit Ricotta. Ziger und Ricotta können auch gemischt werden.

Frittieren:
Hitzebeständiges Öl verwenden. Die Temperatur sollte zwischen 170° und 180° liegen. Bei zu niedriger Temperatur saugt das Gargut zu viel Öl auf. Bei zu hoher Temperatur beginnt das Öl zu rauchen und entwickelt Giftstoffe.
Die Hitze mit einem Brotstückchen oder einem Holzstiel testen. Wenn das Öl Blasen wirft und zischt, ist die Hitze erreicht.
Immer portionenweise frittieren, damit die Temperatur nicht abfällt.

SPINAT MIT DÖRRTOMATEN Beilage

200 g Spinat, ganze Blätter
2 EL Olivenöl
3 getrocknete Tomaten, in feinen Streifen
2 Knoblauchzehen, in feinen Scheibchen
¼ TL Pfeffer
½ TL Salz
1 Flocke Butter

- Spinat waschen.
- Öl in einer Pfanne erhitzen. Spinat dazugeben und 3 Min. anbraten.
- Tomaten, Knoblauch und Gewürze beigeben und 2 Min. weiterbraten.
- Vom Feuer nehmen und Butter beigeben.
- In einer kleinen Schale als Beilage zu den Zigerkroketten oder als eigenes Meze servieren.

Knoblauch

Knoblauch ist eine der ältesten kultivierten Gewürz- und Heilpflanzen. Optimale Würzkraft hat die Knoblauchzehe, wenn sie gequetscht wird. So wird Knoblauch traditionell in vielen Ländern mit Salz gemörsert, damit die ätherischen Öle nicht oxidieren. Zum Braten eignet sich besser gehackter Knoblauch, weil er weniger verbrennt. Im mediterranen Raum und in Asien wird auch mit Schnittknoblauch gekocht. Er kann im eigenen Garten angepflanzt oder im Frühling durch Bärlauch ersetzt werden. Auch Knoblauchsprossen/-blüten und die grünen Triebe von Knoblauchknollen sind essbar. Und ein Tipp: Wer selber Knoblauch isst, riecht ihn bei den anderen weniger.

Aioli, Tarator und Co.

Knoblauchsaucen variieren in ihren Bezeichnungen und Zubereitungsarten je nach Region. **Tarator** ist eine Sauce oder Suppe und wird je nach Land und Region anders zubereitet. Der gemeinsame Nenner sind Knoblauch und Öl. Mal kommt Tarator als eigenständiges Meze auf den Tisch, mal als Sauce oder Suppe. In Syrien und im Libanon wird Tarator mit Tahina und Zitronensaft zubereitet und kommt als Sauce zu Falafel (►S. 123), Fisch (►S. 188) oder frittiertem Gemüse auf den Tisch. In der Türkei ist Tarator eine Knoblauchsauce mit Weißbrot und auch Walnüssen, die zu frittierten Meeresfrüchten oder Fisch serviert wird. Mit Tahina heißt die Sauce Tahinli tarator. In Bulgarien und auf dem Balkan ist Tarator eine kalte Gurken-Joghurt-Suppe mit Knoblauch, Dill, Walnüssen, Öl und Eiswasser.

Toum, Skordalia oder **Aioli** sind verwandte Knoblauchsaucen oder -dips aus dem Mittelmeerraum (Toum im Libanon, Skordalia in Griechenland und Zypern, Aioli in Spanien und der Provence). Wie bei einer Mayonnaise wird Öl mit etwas Säure und weiteren Zutaten zu einer Emulsion gerührt. Bestandteil der Sauce sind je nach Rezept Zitronensaft, Essig, Milch, eingeweichtes Brot, gekochte Kartoffeln oder Eiweiß. Man isst diese Knoblauchsaucen zu Fleisch, Fisch und Gemüse. Typisch sind sie zu gegrilltem Huhn, Tatar, Kabeljau, Kartoffeln, Bohnen oder Roter Bete.

Tahini/Tarator

SESAM-KNOBLAUCH-SAUCE **vegan**

Pete Mentzis, Taverna Zanettos, Nikosia, Zypern

4 Portionen

100 g Tahina
1–2 Knoblauchzehen
½ TL Salz
1 Zitrone, Saft
150 ml heißes Wasser
Olivenöl

- Knoblauch mit Salz mörsern und mit Tahina mischen.
- Zitronensaft und Wasser unterrühren. Abschmecken und mit einem Tropfen Olivenöl dekorieren.
- Die Sauce passt zu Falafel (►S. 123), Fisch (►S. 188), Grilladen, Salat (►S. 79), Gemüse oder als Sauce in ein Sandwich.

Im Libanon heißt die Sauce Tarator ►S. 118
Nach Belieben kann die Sauce mit Wasser oder Zitronensaft flüssiger gemacht werden.
Als Würze passen auch gehackte Petersilie oder Kreuzkümmel.
Tahini ist im Kühlschrank 2 Wochen haltbar.

Skordalia

KARTOFFEL-KNOBLAUCH-PÜREE **vegan**

Achilles Vakatasis, Athen, Griechenland

4 Portionen

250 g mehlige Kartoffeln
60 g trockenes Weißbrot
1–2 Knoblauchzehen, grob gehackt
2 EL Walnüsse
3 EL Olivenöl
1 EL Essig

- Kartoffeln in Wasser weich kochen, heiß schälen, vierteln und stampfen.
- Brot in Wasser einlegen. Das Brotinnere herauslösen und auspressen.
- Weiches Brot mit Knoblauch, Nüssen und Olivenöl pürieren und mit den Kartoffeln vermengen.
- Essig unterrühren und mit Salz abschmecken. Nach Bedarf mehr Essig oder Wasser unterrühren, bis die Konsistenz cremig ist.
- Kühl stellen und mind. 1 Std. ziehen lassen.

Skordalia wird speziell zu Kabeljau oder Roter Bete gegessen, passt aber auch zu Fisch, Hackfleischklößchen, Salat und gebratenem Gemüse. Oder es wird als eigenständiges Meze serviert.
Statt Essig wird auch Weißwein oder Zitronensaft verwendet, statt Walnüssen auch Mandeln.

Das Rezept stammt von Achilles' Großmutter aus Konstantinopel. In Griechenland und Zypern ist Skordalia eine traditionelle Sauce, die in jeder Familie etwas anders zubereitet wird. Die einfache Variante ist ohne Nüsse und manchmal auch ohne Brot, nur mit Kartoffeln.

Toum

EIWEISS-KNOBLAUCH-SAUCE

Elia Barghout, Beirut, Libanon

8 Portionen

5 Knoblauchzehen, grob gehackt
1 Eiweiß
1 Biozitrone, Saft und Abrieb
200 ml Sonnenblumenöl
Eiswasser

- Knoblauch mit Eiweiß, Zitronensaft und -abrieb schaumig mixen.
- Das Öl nach und nach dazugießen und die Sauce wie eine Mayonnaise sämig pürieren.
- 1–2 EL Eiswasser daruntermixen. Das dickt die Sauce leicht ein und macht sie sämig.
- Toum wird vor allem zu gegrilltem Huhn und Tatargerichten gegessen.

Die Sauce kann in einem geschlossenen Glas gut 1 Monat im Kühlschrank aufbewahrt werden. Vegane Variante: Toum wird auch ohne Eiweiß zubereitet, mit Knoblauch, Öl und wenig Zitronensaft.

Cevizli tarator

WALNUSS-KNOBLAUCH-SAUCE vegan

Von einem unbekannten Koch auf der Straße, Türkei

4 Portionen

60 g trockenes Weißbrot
2–4 Knoblauchzehen, in Stücken
½ TL Salz
100 g Walnusskerne, grob gehackt
3 TL Essig
100 ml Olivenöl

- Brot in Wasser einlegen.
- Knoblauch mit Salz und Walnüssen mörsern oder im Cutter zerkleinern.
- Das weiche Brotinnere herauslösen, auspressen und dazugeben.
- Essig und Öl abwechslungsweise unterrühren. Falls die Sauce zu dick ist, etwas warmes Wasser dazugeben.
- Bei Bedarf mit Salz abschmecken.
- Diese Sauce passt zu frittierten Calamares (►S. 207), Meeresfrüchten oder Huhn.

In Istanbul gibt es eine Variante mit Mandeln anstatt Walnüssen.

Falafel

FRITTIERTE BÄLLCHEN AUS FAVABOHNEN UND KICHERERBSEN vegan

Barbara Abdeni Massaad, Kochbuchautorin und Slow-Food-Präsidentin, Beirut, Libanon

40–50 Falafel

250 g getrocknete Kichererbsen
500 g getrocknete geschälte Favabohnen
2 TL Backpulver
2 Zwiebeln, geschält, in Stücken
1 Knoblauchzehe
1 Chilischote (optional)
1 TL geröstete Koriandersamen
1 TL Kreuzkümmel
½ TL Pfeffer
½ TL Paprikapulver scharf
1 TL Salz
125 g Sesamsamen
Pflanzenöl zum Frittieren

- Kichererbsen über Nacht, Favabohnen mind. 2 Std. mit je ½ TL Backpulver in Wasser einweichen.
- Kichererbsen und Favabohnen abspülen und mit Zwiebeln, Knoblauch und Chili durch den Fleischwolf drehen oder im Cutter zerkleinern. Wenn die Masse zu dick wird, etwas Wasser beigeben.
- Die Gewürze daruntermischen und abschmecken. Mind. 30 Min. kühl stellen.
- Vor dem Frittieren 1 TL Backpulver in etwas Wasser auflösen und unter die Masse rühren.
- Mind. 2 cm hoch Öl in einem Topf auf 170° erhitzen. Temperatur mit Brotstückchen testen (►Frittieren S. 117).
- Sesam in einen Suppenteller geben und einen zweiten Teller mit Küchenpapier auslegen.
- Mit einem Falafel-Former oder Esslöffel etwas Masse zu einer Kugel von etwa 3,5 cm formen und in Sesam wenden.
- Die Bällchen im Öl frittieren, bis sie obenauf schwimmen und rundherum goldbraun sind. Innen sollten sie noch feucht sein.
- Mit einer Schaumkelle herausheben und auf Küchenpapier abtropfen lassen.
- Warm mit Tahini/Tarator (►S. 120) oder Joghurtsauce servieren.
- Dazu passen Tomaten, Pickles, Salat und Fladenbrot.

Falafel werden auch mit der Sauce und den Beilagen in ein Fladenbrot (►S. 157) gefüllt oder gewickelt und als Sandwich gegessen.
Das Verhältnis Kichererbsen und Favabohnen kann auch halbe-halbe sein.
Je nach Vorliebe für die Konsistenz beim Fleischwolf die feinere oder gröbere Lochung verwenden.
Als Gewürze für die Falafelmasse passen auch Zimt, Muskatnuss, Kardamom und Piment oder frische Kräuter wie Petersilie und Koriander.

Traditionell wird zu Falafel Ayran (►S. 290) getrunken.

Armenien in Beirut

Restaurant Onno und Restaurant Al Mayass

Libanon

Im Beiruter Viertel Bourj Hammoud leben vorwiegend Armenier und Nachkommen von Überlebenden der Todesmärsche in Anatolien. Häufig kamen sie über Aleppo nach Beirut. Das Quartier ist ein beliebtes Einkaufsviertel. Manche Straßen ähneln einem türkischen Bazar. Überall kann man armenische Spezialitäten kaufen, etwa den Rindfleischschinken Basterma, auf türkisch Pastırma, der mit einer roten Gewürzpaste ummantelt ist, die Knoblauchwurst Sucuk, die kleinen Teigtaschen Manti, getrocknete und aufgefädelte Gemüseketten und traditionelle Süßigkeiten wie zum Beispiel viele Sorten Baklava. Viele der armenischen Rezepte haben eine türkische Entsprechung. So heißt das armenische Tabbuleh, der Bulgursalat Itch, in der Türkei Kısır, und die armenischen Kebbeh Adas sind im Türkischen die Mercimek köftesi.

Das armenische **Restaurant Onno** mit seinen vielen Meze kennt man in Beirut. Die armenische Küche ist hier beliebt. Typisch anatolische Gerichte wie Su börek (»Wasserbörek«, ►S. 138) finden sich auf der Karte. Gegründet und lange geführt wurde das Restaurant Onno von Karnigue Nigolian. »Onno« war sein Spitzname seit seiner Kindheit. Onnos Großeltern kamen aus Adana. Er wuchs im Quartier auf und begann mit fünfzehn Jahren, auf dem Bazar zu verkaufen. In einem saudi-arabischen Hotel sammelte er Erfahrung in der Gastronomie und eröffnete vor 25 Jahren mit 300 Dollar sein Restaurant. Tragischerweise verstarb Onno 2015, kurz nach unserem Besuch. Damals war seine Schwester Carmen in der Küche mit dabei. Als Laufbursche war ein syrischer Flüchtlingsjunge beschäftigt. Die jüngste von Onnos drei Töchtern hatte vor kurzem die Ausbildung zur Köchin abgeschlossen und begann in seinem neu eröffneten zweiten Restaurant Erfahrung zu sammeln. Er fühle sich in der Küche als Künstler, nicht als Chef, erzählte Onno. Seine Liebe galt dem, was er gerade kochte.

Das armenische **Restaurant Al Mayass** im Beiruter Quartier Achrafieh hat Ableger in Jerewan, New York, Abu Dhabi und Kuwait. Das Restaurant hat eine große Auswahl an libanesischen und armenischen Meze. Es gibt unter anderem fünf Sorten Hummus, Wachtelspiegeleier auf Basterma und Rucola, arabische Makdous, kleine, sauer eingelegte Auberginen gefüllt mit Walnüssen, Chili und Knoblauch, Bottarga in Olivenöl oder fein aufgeschnittene, marinierte Lammzunge. Der Chefkoch, Howig Kuhkedyan, sagt, die armenische Küche im Libanon sei eine Mischung aus der armenischen, der libanesischen und der Küche aus Aleppo. Meze esse er am Liebsten mit seiner Familie am Sonntag in den Bergen. Sein Lieblingsmeze ist rohe Lammleber mit Minze und Zwiebeln. Der Name des Restaurants, Mayass, ist ein wunderschönes Wort aus dem Arabischen. *Mayass* kann die Bewegung eines Blattes im Wind oder einer Welle sein, der schöne Hüftschwung einer Frau oder ein schönes Männergesicht.

RESTAURANT
ONNO

Kebbeh adas

ROTE LINSENBÄLLCHEN

Armenisches Restaurant Al Mayass, Beirut, Libanon

8 Portionen, etwa 40 Stück

Bällchen:
250 g rote Linsen
1 l Wasser
2 TL Salz
2 Zwiebeln, fein gehackt
1 EL Sonnenblumenöl
120 g feiner Bulgur
1 EL Olivenöl
1 EL Zitronensaft, nach Belieben
½ EL Paprikapulver süß
1 TL Paprikapulver scharf
½ EL Kreuzkümmel, Samen oder Pulver
40 g Petersilie, fein gehackt

Salat:
2 Tomaten, fein gewürfelt
1 Zwiebel, gehackt
1 EL Petersilie, gehackt
¼ TL Kreuzkümmel
½ TL Pul Biber
¼ TL Salz

1 Zitrone, in Schnitzen, zur Dekoration

- Linsen waschen und in einem Topf mit Wasser bedecken. 30 Min. kochen, bis sie die Flüssigkeit weitgehend absorbiert haben. Wenn nötig, etwas Wasser hinzufügen. Vom Feuer nehmen.
- Die Hälfte der Zwiebeln in Öl etwa 5 Min. glasig anbraten und beiseitestellen.
- Bulgur, Olivenöl, Zitronensaft, Gewürze, rohe und gebratene Zwiebeln sowie Petersilie mit den heißen Linsen vermengen.
- Zugedeckt mindestens 5 Min. stehen lassen, damit der Bulgur die Feuchtigkeit absorbieren kann. Wenn die Masse zu nass ist, etwas mehr Bulgur daruntermischen, wenn sie zu trocken ist, etwas Wasser.
- Von Hand mundgerechte Bällchen formen. Die Fingerabdrücke dürfen sichtbar sein.
- Für den Salat alle Zutaten und Gewürze mischen.
- Zum Servieren den Salat in die Mitte eines Tellers geben und die Kebbeh rundherum anrichten. Mit Zitronenschnitzen dekorieren.

Beim Bällchenformen ab und zu die Hände waschen, damit die Masse nicht klebt.
Die Masse kann drei Tage im Kühlschrank aufbewahrt werden.

Das Rezept kommt aus Maraş in Anatolien, wo früher viele Armenier lebten.
Auf Türkisch heißen die Linsenbällchen Mercimek köftesi.

Kebbit laktin, Kebbit shamandar, Kebbit khebayzeh

DREI SORTEN KEBBEH MIT KÜRBIS, ROTER BETE UND MALVENBLÄTTERN vegan

Oum Ali, Zouk Mikael, Mount Libanon

Je für 12 Kebbeh

Kürbisteig:
250 g Kürbis, geschält, in großen Stücken
125 g feiner Vollkornbulgur
250 g Rote Bete, geschält, in kleinen Stücken
½ TL Salz
1 TL Zimt

Rote-Bete-Teig:
250 g Rote Bete, geschält, in kleinen Stücken
125 g feiner Vollkornbulgur
½ TL Salz
½ TL Kreuzkümmel

Malventeig:
250 g grüne Malven- oder Mangoldblätter, im Cutter fein gehackt
125 g feiner Vollkornbulgur
½ TL Salz
½ TL Kreuzkümmel

Füllung mit Mangold:
5 Mangoldblätter mit Stiel, in Stücken von 1 cm
1 kleine Zwiebel, fein gehackt
½ EL Olivenöl
50 g Walnüsse, grob gehackt
½ TL Zimt, Oregano, Salz, Pfeffer
1 EL Zitronensaft

Füllung mit Kürbis:
150 g Kürbis, grob geraffelt
1 kleine Zwiebel, gehackt
½ EL Olivenöl
½ TL Salz, Pfeffer

ein paar Granatapfelkerne oder getrocknete
Kirschen zur Dekoration

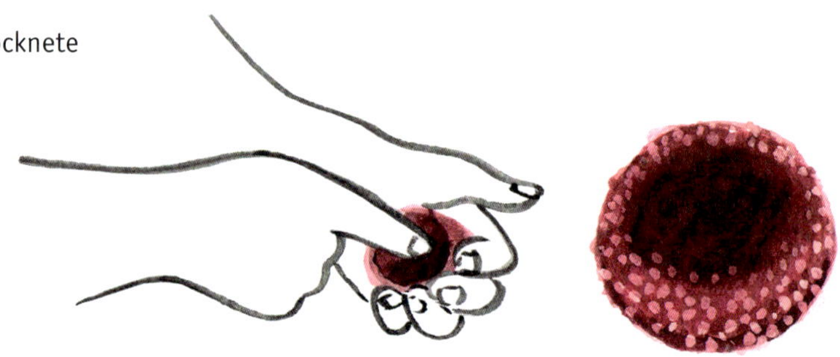

Zubereitung Teige:

- Kürbis und Rote Beten in 2 Töpfen mit Wasser bedeckt weich kochen und abgießen. Rote Bete benötigt länger.
- Malven- oder Mangoldblätter in wenig Öl kurz anbraten.
- Die heißen Rote-Bete- und Kürbisstücke und die Malvenblätter in drei Schüsseln verteilen. Jeweils Bulgur und Gewürze beigeben. Der Bulgur nimmt die Feuchtigkeit vom heißen Gemüse besser auf.
- Gemüsestücke mit einer Gabel zerdrücken und die drei Teige ausgiebig kneten. Kurz ruhen lassen und noch einmal durchkneten. Die Teige sollten feucht und gut formbar sein.
- Nach Bedarf mehr Gemüse, Bulgur oder Wasser beigeben.

Zubereitung Füllungen:

- Zwiebeln in Öl glasig anbraten.
- Mangold für 5 Min. hinzugeben.
- Die restlichen Zutaten der Füllung hinzugeben und weitere 2 Min. anbraten. Wenn die Füllung zu nass ist, in einem Sieb abtropfen lassen.

Die Kürbisfüllung auf dieselbe Art zubereiten.

Kebbeh formen:

- Eine Kugel in der Größe eines Tischtennisballs formen. Mit dem Zeigefinger ein Loch bohren und kreisend die Öffnung vergrößern, bis eine 5–10 mm dicke Schale entsteht.
- 1 EL von einer Füllung hineingeben und die Schale drehend zu einer Kugel mit kleiner Öffnung formen.
- Ein paar Granatapfelkerne oder getrocknete Kirschen darauflegen.
- Ofen auf 180° vorheizen.
- Die Kebbeh auf ein Blech mit Backpapier stellen und 10 Min. backen.
- Die Kebbeh werden lauwarm oder kalt gegessen.
- Dazu passen Gurke, Radieschen, frische Kräuter oder Kohlsalat.

IIII

Kürbis und Rote Bete können auch in Alufolie eingewickelt bei 220° im Ofen weich gebacken werden.
Die Füllungen passen in jedes Kebbeh. Oum Ali macht sie jedes Mal etwas anders.
Für den Teig kann man andere Wildkräuter, Spinat oder Blattmangold verwenden.
Bei der Mangoldfüllung können die Walnüsse durch 50 g gekochte Kichererbsen ersetzt werden.
Die Kebbeh können auch zu geschlossenen Klößen geformt und in Salzwasser gegart werden ►S. 236/237

Ohne Schulbildung zur Geschäftsfrau

Oum Ali

Zouk Mikael, Libanongebirge, Libanon

Oum Ali, 49 Jahre alt, ist Schiitin aus dem Südlibanon. Sie heißt eigentlich Mona Al Dor, aber alle nennen sie Oum Ali: Mutter des Ali. Es ist im Libanon Tradition, die Frauen nach ihrem ältesten Sohn zu nennen. Oum Ali ist aber auch der Name einer Süßspeise.
Oum Ali wuchs im Dorf Majdalzoun bei ihrer Großmutter väterlicherseits auf, weil die Eltern sich trennten und wieder heirateten. Bei der Großmutter, die sie sehr liebte und »Mutter« nannte, lernte sie kochen. Zur Schule konnte sie nicht gehen, weil ihre palästinensische Mutter staatenlos war. Als Oum Ali neunzehn war, starb die Großmutter. Sie zog zu ihrem Urgroßvater, der Großbauer war und zehn Kilometer von der israelischen Grenze entfernt ein Madafe führte, einen schmucken Gasthof für Pilger und Händler, die zwischen der Türkei und Israel reisten. Oum Ali half in der großen Küche. In den Dörfern kannte man das Wort Meze nicht, aber man bereitete kleine Gerichte zu, wie gefüllte Weinblätter, frittierte Kartoffeln in Olivenöl, Kebbeh, oder salzlose Käserollen aus einem Teig mit Ghee, die etwa mit Fisch, Röstzwiebeln und Pinienkernen gefüllt wurden. Heute sind Pinienkerne sehr teuer geworden, und Oum Ali ersetzt sie, wie viele Libanesen, durch Kürbis- und Sonnenblumenkerne oder Cashewnüsse. Bei Abu Yassine, einem Bauern, lernte sie viel über Gemüse- und Obstanbau und Pflanzenmedizin.
1990, gegen Ende des Bürgerkriegs, wurde der Gasthof von Bomben der israelischen Armee zerstört und die Familie zog in ein Dorf in der Nähe. Um heiraten zu können, musste Oum Ali zuerst die libanesische Staatsangehörigkeit und Identitätskarte erhalten. Dafür brauchte sie ein Jahr und einen Anwalt. Mit 27 heiratete sie schließlich einen Taglöhner, der bei ihrem Vater arbeitete. Nicht aus Liebe, sondern weil sie von der Stiefmutter wegwollte. Das führte zum Bruch mit dem Vater. Er sprach erst wieder mit ihr, als ihr erster Sohn Ali zur Welt kam.
Die Distanz zur Familie ihres Vaters brachte Oum Ali etwas mehr Freiheit. Sie pflanzte Biogemüse und -obst an und stellte eigene Produkte her. Ihr Mann verdiente zu wenig, um die mittlerweile sechsköpfige Familie alleine zu versorgen. Als ihr Haus, wie einige Jahre zuvor das Madafe, zerstört wurde, zog die Familie in ein hübsches Haus im christlichen Dorf Zouk Mikael im Libanongebirge, wo Oum Alis Freundin und zukünftige Geschäftspartnerin Nelly Chemaly lebte. Mit Nelly gründete sie das Geschäft earth & co. 2006 exportierten sie Produkte wie Pickles, Olivenöl, Honig, Kichererbsen und Linsen nach Saudi-Arabien. Während des zweiten Libanonkriegs verloren sie ein Vermögen, weil ihr Lagerhaus zerstört wurde, und sie mussten das Geschäft aufgeben. Von der Hisbollah wollten sie keine Hilfe, um nicht in deren Schuld zu geraten. Oum Ali begann ihre eigenen Produkte zu verkaufen. Das Projekt Souk el Tayeb (►S. 66) half ihr, ohne Zwischenhandel bessere Preise zu erhalten, sodass sie ihre vier Kinder zur Schule schicken konnte.
Oum Ali mag alles außer Fleisch. Zu Hause entwickelt sie eigene vegetarische Kebbeh (►S. 128), macht glutenarmes Haferbrot oder Keshk el Fokara, einen Vegankäse aus fermentiertem Bulgur. Sie siedet eigene Seifen aus Öl von Oliven, Kokosnüssen, Lorbeer und unreifen Datteln, die gut gegen trockene Haut wirkt. Das Geschäft läuft. Sie produziert auf Auftrag und verkauft auf Märkten und Foodfestivals. Oum Ali schätzt die alten Traditionen, ihr missfällt jedoch, wie die Religionen politisiert wurden. Obwohl sie als Schiitin in einem christlichen Dorf lebt, mögen die Leute sie – mit ihrem Witz, unabhängig und stark, wie sie geworden ist.

Dolma und Sarma

Gefüllte Gemüse oder Blätter sind eine Spezialität des Orients. Die Begriffe Dolma und Sarma heißen »gefüllt« und »gerollt« und werden regional unterschiedlich verwendet. Sie gehören zu den Zeytinyağlı (Gerichte in Olivenöl). In Syrien heißen sie Mahashi. In Griechenland sind Dolmades oder Dolmadakia gefüllte Weinblätter. Die vegetarischen Füllungen bestehen in der Regel aus rohem Reis oder Bulgur mit Zwiebeln und Kräutern. Es gibt aber auch Hackfleisch-, Fisch-, Meeresfrüchte- oder Käsefüllungen. Dolmas und Sarmas werden meist in einer Brühe gegart und, mit Olivenöl und Zitronensaft beträufelt, kalt gegessen. Mit Fleisch- oder Fischfüllung werden sie auch warm gegessen. Gewisse Dolmas, wie gefüllte Calamares, Pilze oder Zucchiniblüten, werden auch gebraten, gegrillt, frittiert oder geschmort.

Dolma zubereiten

Gemüse werden nur bis zwei Drittel gefüllt, weil der rohe Reis oder Bulgur beim Kochen aufquillt. Blätter (siehe unten) werden mit Füllung belegt und zu kleinen Paketen gewickelt. Den Topfboden mit Wein-, Kohlblättern oder Zwiebelscheiben auslegen; sie verhindern, dass das Gemüse anbrennt. Die Dolmas werden eng aneinander in den Topf geschichtet oder gestellt. Geschichtete Dolma beschwert man mit einem Suppenteller, damit sie sich nicht öffnen. Der Topf wird bis knapp an den Gemüserand mit Wasser oder Brühe gefüllt. Manche Köchinnen geben etwas Säure (Zitronensaft, Sumak, Zitronensäure, Tomaten) und Olivenöl dazu. Bedeckt werden die Dolmas auf kleinem bis mittlerem Feuer 30–60 Min. gegart, bis sie weich sind. Gut dazu passt Joghurt oder ein Joghurtdip.

Zum Füllen eignen sich

Gemüse:
Paprika, frisch oder getrocknet
Auberginen, frisch oder getrocknet
Zucchini
Zucchiniblüten
Zwiebeln
Artischocken

Blätter:
Weinblätter
Weißkohlblätter
Mangoldblätter
Borretschblätter
Kirschblätter (für Bulgur)

Früchte:
Quitten
Äpfel

Meeresfrüchte:
Miesmuscheln
Calamares

Teig:
Yufka- oder Filoteig

Als Füllung eignen sich

Reis
Bulgur
Linsen
Brotbrösel
Trockenfrüchte wie Pflaumen oder Rosinen
Kräuter
Hackfleisch
Meeresfrüchte
Fisch

Weinblätter

Weinblätter sind leicht säuerlich im Geschmack, haben einen hohen Nährwert und viele Ballaststoffe. Sie können gebrauchsfertig vakuumiert oder eingerollt in Salzlake im Glas gekauft werden. Im Frühling und Sommer kann man junge, ungespritzte Weinblätter aber auch selber pflücken. Unbehandelte Reben findet man häufig in Privatgärten. Bekannt sind vor allem die gefüllten Weinblätter. Zum Füllen eignen sich aber auch andere Blätter (►S. 132). Sogar Kirschblätter werden mit etwas Bulgur gefüllt und gerollt.

Vorbereiten, aufbewahren und füllen

Eingelegte Weinblätter 10 Min. in eine Schüssel mit Wasser legen, um den Salzgehalt zu verringern und sie voneinander zu lösen. Alternativ unter laufendem Wasser voneinander lösen. Anschließend in einem Sieb abtropfen lassen.
Frische Weinblätter 3 Min. in heißem Wasser überbrühen und kalt abspülen. Sofort verwenden oder zum Aufbewahren bündelweise aufeinanderlegen, mit Salz bestreuen und einrollen. Die Rollen dicht in ein steriles Glas stellen, mit Salzlake auffüllen, verschließen und in den Kühlschrank stellen. Bei Gebrauch die Blätter wässern, um das Salz auszuschwemmen.
Zum Füllen den Blattstiel abknipsen und das Blatt mit den Rippen nach oben auf die Hand oder eine Unterlage legen. Etwas Füllung daraufgeben, die Seiten einschlagen und je nach gewünschter Größe zu einem dünnen oder dickeren Päckchen einrollen. Für sehr kleine Päckchen kann auch nur einen Teil eines Blattes verwendet werden. Geübte Köchinnen rollen die Blätter sehr flink in der Hand.

Weinblätter mal anders

Weinblätter können nicht nur mit Reis, Bulgur oder Hackfleisch gefüllt werden, sondern auch zum Beispiel mit Frischkäse, Fleischragout und Sardellen oder Sardinen (►S. 101, 227, 215).

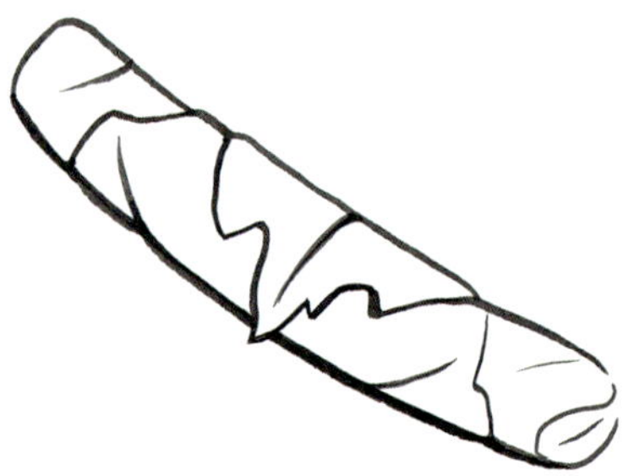

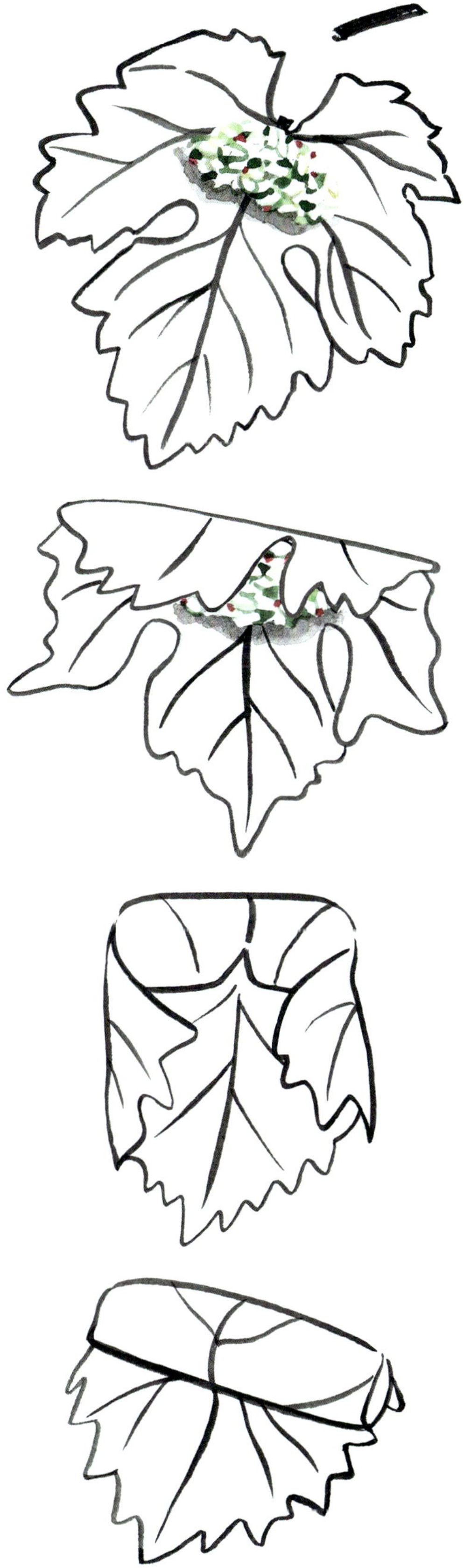

Dolmadakia avgolemono

GEFÜLLTE WEINBLÄTTER AN EI-ZITRONEN-SAUCE

Gule Uludag, Athen, Griechenland

40 Stück

etwa 50 Weinblätter

Füllung:
150 g Risotto- oder Baldoreis
2 Zwiebeln, fein gehackt
1–2 schmale Frühlingszwiebeln, in Röllchen
50 g Petersilie, fein gehackt
40 g Dill, fein gehackt
20 g frische Minze, fein gehackt
½ TL getrocknete Minze
75 ml Olivenöl
½ TL Pfeffer
1–1½ TL Salz
½ Zitrone, Saft

Sauce:
1 Ei
1 Zitrone, Saft
100 ml Brühe

1 Zitrone, in Scheiben, zur Dekoration

- Für die Füllung Reis in einem Sieb waschen und in eine Schale geben. Alle Zutaten der Füllung daruntermischen.
- Den Boden eines Topfes mit ein paar Weinblättern belegen.
- Stiele der Weinblätter entfernen.
- Jeweils 1 Blatt mit den Rippen nach oben auf die Hand legen. 1 TL Füllung beim Stielansatz auf das Weinblatt geben und einmal einklappen. Anschließend beide Blattseiten einklappen und bis zur Blattspitze einrollen.
- Die gerollten Weinblätter dicht nebeneinander in den Topf schichten.
- Knapp mit Wasser bedecken und mit einem Teller beschweren.
- Aufkochen und auf kleiner Hitze 60–80 Min. zugedeckt köcheln.
- Topf vom Feuer nehmen. Brühe in eine Schale abgießen.
- Für die Sauce das Ei schaumig schlagen. 50 ml heiße Brühe und Zitronensaft dazugeben und verquirlen.
- Die Weinblätter in einer Schale anrichten, die Sauce darübergießen und mit Zitronenscheiben dekorieren.

Weinblätter (► S. 134) lassen sich unter fließendem Wasser gut voneinander trennen.
Im Frühling und Sommer können unbehandelte, junge Weinblätter, roh oder mit kochendem Wasser überbrüht, verwendet werden.
In die Füllung passen auch Basilikum, Hackfleisch und fein gehackte Trockenfrüchte wie Rosinen oder Pflaumen.
Im Kühlschrank können die gefüllten Weinblätter gut ein paar Tage aufbewahrt werden.

Fleischlos gefüllte Weinblätter gehören in der Türkei zu den Zeytinyağlı (Gemüse in Olivenöl) und werden kalt serviert.
Avgolemono ist die Bezeichnung für die Ei-Zitronen-Sauce.

Gules Mutter hat die frischen Weinblätter ohne zu blanchieren gefüllt.

Börek, Burek oder Pita

Überall im ehemaligen Osmanischen Reich gibt es sie: gefüllte Yufka- oder Filoteigblätter, im Ofen gebacken oder frittiert. Ihren Ursprung haben die Pasteten und Krapfen auf dem Balkan, wo sie Burek und Pita genannt werden. Typische Zutaten für die Füllung sind Weißkäse, Hackfleisch, Kartoffeln, Spinat, Brennnesseln und anderes Gemüse oder Wildkräuter. Börek werden zum Frühstück, als Meze, Zwischenmahlzeit oder Hauptspeise warm oder kalt gegessen. Gut dazu passen Salat und Joghurt und, besonders zum Frühstück, Schwarztee. Es gibt unzählige Formen und Füllungen für Börek in allen Größen, die sich je nach Stadt, Region, Anlass oder Familientradition unterscheiden.
In Griechenland berühmt sind Spanakopita mit Spinat und Feta oder Tiropita mit Käse. Als Kleingebäck heißen sie in der Verkleinerungsform Tiropitakia oder Spanakopitakia. Nicht zu verwechseln mit dem arabischen Fladenbrot aus Hefeteig, das auch Pita heißt (►S. 157). Der Strudelteig aus Mehl und Wasser heißt in Griechenland Filo (Blatt), in der Türkei Yufka (dünn, brüchig). Filo und Yufka sind die Vorläufer des Blätterteigs. Dünn werden Filo und Yufka meist mehrlagig verwendet. Yufka ist für Börek auch dicker erhältlich. Am besten schmeckt er frisch. Die Teige werden auf Öl von Hand ausgezogen oder mit dem Oklava, einem Rundholz, ausgerollt. Im Buch finden sich unterschiedliche Rezepte für Teige und Zubereitungsarten.

Börekformen (türkisch)
Koy börek: »Dorfbörek«; Teigblätter werden auf einem Backblech mit Füllung und etwas Flüssigkeit in mehreren Lagen geschichtet und im Ofen goldbraun gebacken.
Kol böreği: »Armbörek«; ein Teigblatt wird mit Füllung bestreut, spiral- oder schlangenförmig eingerollt und im Ofen goldbraun gebacken.
Su börek: »Wasserbörek«; Teigblätter werden erst in Salzwasser blanchiert und dann in einer Backform mit Käse geschichtet und im Ofen gebacken.
Sigara böreği: »Zigarrenbörek«; dreieckige Teigblätter werden gefüllt, wie eine Zigarre eingerollt und in heißem Öl frittiert.
Muska böreği: »Dreieckbörek«; Teigblätter werden in Streifen geschnitten, mit etwas Füllung belegt, in mehreren Drehungen zu Dreiecken gefaltet und frittiert oder im Ofen gebacken.
Gül böreği: »Rosenbörek«; ein Teigblatt wird mit Füllung bestreut, eingerollt und vor oder nach dem Backen in Stücke geschnitten.

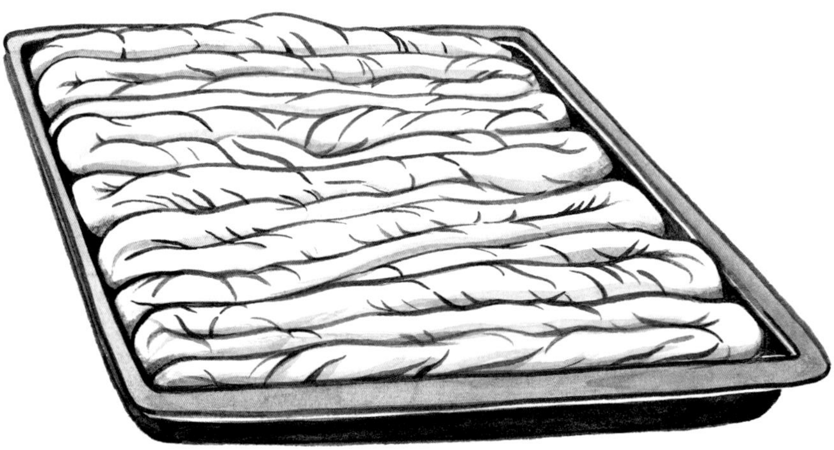

Sfakiani pita me meli ke sousami

KÄSEFLADEN MIT HONIG UND SESAM

Polixeni Alexopoulou, Restaurant Sempriko, Thessaloniki, Griechenland

4 Stück für 4–8 Portionen

Teig:
500 g Mehl
150 ml Wasser
150 ml Milch
30 ml Raki
1 TL Salz

Füllung:
150 g Ziegenfrischkäse
2 EL Honig
gerösteter Sesam

- Teigzutaten in einer Schüssel zu einem feuchten Teig kneten. Mit einem Tuch bedeckt 30 Min. ruhen lassen. 4 Ballen formen und wieder bedecken.
- Ziegenfrischkäse in 4 Teile schneiden und zu 4 Kugeln formen.
- Auf einer bemehlten Unterlage 1 Teigballen zu einem Fladen von etwa ø 10 cm ausrollen.
- Eine Käsekugel in die Mitte des Fladens legen. Den Teig lückenlos um den Käse herum schließen.
- Die gefüllte Teigkugel vorsichtig zu einem etwa 1,5 cm dicken Fladen ausrollen. Mit den anderen Teigballen gleich verfahren.
- Eine Pfanne trocken oder mit 1 TL Öl erhitzen. Auf mittlerer Hitze beidseitig je etwa 5 Min. goldbraun braten.
- Auf einem Teller mit Honig beträufeln, mit geröstetem Sesam bestreuen und warm als Meze oder als Nachspeise servieren.

Der Teig muss feucht sein, damit er sich gut um den Käse schließen lässt.
Die Füllung darf nicht zu trocken sein. Ist der Ziegenfrischkäse trocken, etwas Ricotta oder Joghurt beimischen.
Ziegenfrischkäse kann man durch halb Ricotta und halb Feta ersetzen.
Wird der Fladen als Nachtisch serviert, eignet sich als Füllung auch der ungesalzene Mizithra ▸S. 308

Polixeni verwendet Xinomizithra, einen Frischkäse aus Ziegen- oder Schafmilch. Besonders bekannt ist Xinomizithra von Kreta und von Sifnos.

Kulaq pite me djath

KLEINE BÖREK MIT KÄSEFÜLLUNG

Franciska Lazri, Firzë/Kriens, Kosovo/Schweiz

4 Stück

Teig:
250 g Halbweißmehl
1 TL Salz
150 ml Wasser
2 EL Sonnenblumenöl

Füllung:
200 g Beyaz Peynir 45–55% (türk. Weißkäse), zerbröckelt
100 ml Schlagsahne

- Mehl und Salz in eine Schüssel geben. Nach und nach Wasser in die Vertiefung in der Mitte gießen. Mit einer Hand zu einem Teig kneten und dabei immer wieder Mehl vom Rand dazunehmen.
- Anschließend den Teig auf einer bemehlten Arbeitsfläche in regelmäßigen Bewegungen geschmeidig kneten.
- Teig vierteln, je noch einmal durchkneten und zu 4 Ballen formen.
- Öl in eine kleine Schüssel gießen. Teigballen im Öl wenden und leicht flach drücken.
- Mit Folie bedeckt 30–45 Min. ruhen lassen.
- Ofen auf 200° vorheizen und ein Blech mit Backpapier belegen.
- Öl aus der Schüssel auf eine glatte Arbeitsfläche gießen und verteilen.
- Teigballen mit den Fingern flach klopfen.
- Von der Mitte aus ziehen und dehnen. Dann die Ränder ausziehen, bis der Fladen etwa ø 60 cm hat.
- Mit etwa 2 EL Schlagsahne beträufeln und zur Hälfte zusammenfalten.
- Mit Käse bestreuen.
- Den Teigrand locker längsseitig einklappen und den Fladen lose von beiden Enden einrollen. Vorsichtig auf das Blech heben.
- Mit den restlichen Teigballen gleich verfahren.
- Im Ofen 25 Min. backen. Die Börek sollen beidseitig goldbraun sein.

Das Teigdehnen braucht Übung, gelingt aber mit der Zeit immer besser. Dank Falten und Einrollen ist es nicht schlimm, wenn der Teig ein paar Löcher hat. Professionelle Börekbäcker dehnen den Teig, indem sie ihn ein paarmal durch die Luft schwingen. Porträt ▸ S. 276
Der Börek kann statt mit Käse auch mit gebratenem Hackfleisch gefüllt werden.

Mercimekli gül börek

ROSENBÖREK MIT LINSENFÜLLUNG

Satu Önder, Apartments Manzara Istanbul, Istanbul, Türkei

3 Rollen (etwa 15 Stücke)

1 Paket dünne Yufkateigblätter (30 × 40 cm)

Füllung:
160 g braune Linsen
2 Zwiebeln, gehackt
2 EL Sonnenblumenöl
1 Ei
80 g Petersilie, fein gehackt
40 g Dill
½ TL schwarzer Pfeffer
1 TL Kreuzkümmel
1 TL Pul Biber
100 ml Milch
50 ml Oliven- oder Sonnenblumenöl
50 ml Mineralwasser mit Kohlensäure
etwas Schwarzkümmel- oder Mohnsamen

Baklava-Yufka ist hauchdünn wie Filo- oder Strudelteig. Beim dickeren Börek-Yufka ist für dieses Rezept nur eine Lage nötig. Yufkateig ist in Supermärkten und orientalischen Lebensmittelläden erhältlich. In die Linsenfüllung passt auch zerkrümelter Weißkäse (Beyaz Peynir oder Feta).

- Linsen waschen und in einem Topf mit frischem Wasser etwa 40 Min. zugedeckt kochen.
- Abgießen und beiseitestellen.
- Öl in einer Pfanne erhitzen und Zwiebeln anbraten. Vom Feuer nehmen. Das Ei dazuschlagen und unter Rühren leicht stocken lassen.
- Gekochte Linsen, Kräuter und Gewürze dazugeben und mischen. Mit Salz abschmecken. Die Mischung sollte nicht zu trocken sein.
- Ein Blech mit Backpapier auslegen und Ofen auf 180° vorheizen.
- Milch, Öl und Mineralwasser in eine Schüssel gießen.
- Ein Yufkateigblatt auf einer trockenen Fläche auslegen. 2–3 EL Milch-Öl-Wasser-Gemisch darüberträufeln.
- Ein zweites Teigblatt darüberlegen und ein Drittel der Linsenmischung darauf verteilen, dabei etwas Rand frei lassen.
- 2–3 EL Milch-Öl-Wasser-Gemisch über die Linsen träufeln. Teigblätter längsseitig einrollen. Den Rand befeuchten und ankleben.
- Die Rolle auf das Blech legen, mit etwas Milch-Öl-Wasser-Gemisch bestreichen und mit Schwarzkümmel- oder Mohnsamen bestreuen.
- Mit den restlichen Teigblättern gleich verfahren, bis die Füllung aufgebraucht ist.
- Im Ofen etwa 30 Min. goldbraun backen. Gegen Ende der Backzeit wenden.
- Die Rollen in 6–8 cm breite Stücke schneiden.
- Lauwarm oder kalt mit Salat und Joghurt servieren.

Marathopitakia

FENCHELTASCHEN vegan

Maria Prassinos, Strandbar Kedros, Donousa, Griechenland

8 Taschen (12 × 12 cm)

Teig:
250 g Halbweißmehl
100 ml Wasser
1 EL Olivenöl
20 ml Anisschnaps (Ouzo, Rakı)
½ TL Salz

Füllung:
150 g Wildfenchelkraut, grob gehackt
(oder 300 g Fenchel, im Cutter fein gehackt)
3 Frühlingszwiebeln, in Röllchen
300 g Spinat, in Streifen
3 Knoblauchzehen oder etwas Schnittknoblauch, gehackt
3 EL Olivenöl

- Teigzutaten erst in einer Schüssel und dann auf einer Arbeitsfläche zu einem zähen Teig kneten. Kurz liegen lassen und noch einmal kneten.
- Teig in Frischhaltefolie wickeln und mind. 1 Std. kühl stellen.
- 2 EL Öl in einer Pfanne erhitzen und Wildfenchelkraut mit Zwiebeln und Knoblauch und ein wenig Wasser 10 Min. dünsten.
- Spinat hinzufügen. Mit Salz und Pfeffer abschmecken und kurz dünsten, bis der Saft reduziert ist. Beiseitestellen.
- Teig durch eine Pastamaschine bis zur zweitdünnsten Stufe drehen. Ab und zu mit Mehl bestäuben.
- Die 15 cm breiten Streifen in 30 cm Länge schneiden.
- Etwas Fenchelfüllung auf die eine Hälfte eines Teigstreifens legen. Teigränder mit Wasser bestreichen. Die andere Hälfte darüberklappen, Ränder andrücken und mit einem Teigrad schön schneiden.
- 1 EL Öl in einer Pfanne erhitzen und eine Tasche auf beiden Seiten auf mittlerer bis hoher Hitze in etwa 6 Min. goldbraun braten. Mit den weiteren Taschen gleich verfahren. (Oder 10 Min. bei 220° im vorgeheizten Ofen backen. Taschen auf ein mit Backpapier belegtes Blech legen und mit Öl bestreichen.)
- Auf einem Teller servieren. Dazu passt Salat.

Anstelle von Anisschnaps kann man einen Traubentrester wie Grappa verwenden.
Das Fenchelkraut kann durch Fenchelblüten, junges Kraut von Gemüsefenchel oder im Cutter fein gehackten Gemüsefenchel und Dill (20 g) ersetzt werden.

Die Dorffrauen machen mit diesem Rezept zu Hause gerollten Börek wie Wildkräuterbörek ► S. 23
Dazu den Teig zu einem runden Fladen ausrollen, mit der Füllung belegen, zu einer Roulade rollen, mit Öl bestreichen und im Ofen etwa 30 Min. backen.

Tiropita

KÄSEKRAPFEN

Kleomenis Zournatzis, Restaurant Cookoovaya, Athen, Griechenland

4 Krapfen

Teig:
250 g Hartweizenmehl
100 g Weißmehl
½ TL Salz
25 ml Olivenöl
25 ml Tsipouro oder Grappa
etwa 150 ml Wasser

Füllung:
150 g Feta, zerbröckelt
150 g Anthotyro, Ziger oder Ricotta
100 g Graviera oder Gruyère, grob gerieben
Pfeffer aus der Mühle

Der Tsipouro macht den Teig etwas knuspriger. Alternativ kann man Weinessig verwenden. Anthotyro ist ein salziger, fetthaltiger Molkenkäse. Er kann durch den Frischkäse Çökelek (►S. 101) ersetzt werden.
In die Krapfen passen auch die Füllungen der Fencheltaschen (►S. 144), Lauch-Karotten-Taschen (►S. 151) oder eine Hackfleischfüllung.

- Teigzutaten erst in einer Schüssel und dann auf einer bemehlten Arbeitsfläche zu einem geschmeidigen Teig kneten. Mit einem Tuch bedeckt 30 Min. ruhen lassen.
- Für die Füllung die drei Käsesorten mischen.
- Ofen auf 180° vorheizen.
- Teig zu 4 Ballen formen. Auf einer bemehlten Fläche zu ovalen, 1 mm dünnen Fladen ausrollen.
- Ein Viertel der Füllung auf eine Hälfte eines Fladens geben.
- Etwas Pfeffer darübermahlen.
- Den Fladen zuklappen, die Ränder leicht andrücken, überschüssige Teigränder abschneiden.
- Den Teigrand etwas einrollen, in kleine Falten legen und andrücken.
- Backblech mit Öl bestreichen und vorwärmen.
- Die Krapfen auf das Backblech legen, mit wenig Öl und Wasser besprenkeln und 20 Min. goldbraun backen.
- Falls nötig die Hitze kurz vor Ende erhöhen.
- Auf einem Teller servieren. Dazu passt Salat.

Die Zwiebelinsel

Donousa

Kleine Ostkykladen, Griechenland

Donousa gehört zu den kleinen Kykladeninseln und ist berühmt für Zwiebeln. Weil sie wenig Wasser brauchen, eignen sie sich für die trockene Insel. Es gibt wild lebende Ziegen und Kaninchen. Die Inseln betrieben früher Tauschhandel. So kamen Olivenöl und Zitronen aus Naxos und Honig und Zwiebeln aus Donousa. Jede Insel hat ihre Besonderheit und ihre Spezialitäten. Auf Donousa und dem nahen Amorgos war es üblich, mit Schweinefett und Essig zu kochen. Es gibt Würste, Schweine- und Ziegenfleisch. Typisch sind Parapuli: Kohlwickel mit Fenchel, Bulgur, Reis, Zwiebeln, Tomaten und einem Stückchen Fett gefüllt. Donousa ist eine bescheidene Insel ohne große Sehenswürdigkeiten und gerade deshalb reizvoll. Elektrizität kam erst in den 1980er- und der Hafen in den 90er-Jahren. Die Inselverwaltung plant bewusst nur kleine Tourismusprojekte. Im Winter beleben Rückkehrer die Insel ein wenig. Im Sommer campen junge Touristen und Festlandgriechen an den Stränden. Der arbeitslose Stavros zum Beispiel hilft in Restaurantküchen aus und lebt hier fast ohne Geld. Wie er, zurück in Athen, durch den Winter kommt, weiß er noch nicht.

Auf dem Weg zur **Strandbar** und zum **Restaurant Kedros** der Familie Prassinos ertönt Gesang aus der kleinen orthodoxen Kirche. Es ist der Feiertag der Madonna von Kythira. Kurz darauf kommen die schwarz gekleideten Kirchgängerinnen und der Priester, um zu frühstücken. Mutter Maria ist als gute Köchin bekannt. Weiter vorne am Strand wird nackt gebadet. Pragmatisch geht das nebeneinanderher. Dazwischen liegt der Garten von Maria Prassinos und ihren drei Söhnen. 8000 Quadratmeter Land haben sie vom Großvater geerbt. Vassilis war bis zur Krise Banker in Athen. Wer kündigte, erhielt einen Bonus. Nun investiert er das Geld ins Familienprojekt. Michalis hat Tourismus studiert und ist Vizebürgermeister auf Donousa. Elias hat Soziologie studiert. Schritt für Schritt wollen sie auf ihrem Land neue Ideen verwirklichen. In einem Jahr soll ihr Garten mit dem Biolabel DIO zertifiziert sein. Vassilis meint, es werde die erste DIO-Farm der Kleinen Kykladen. Neu ist die Aloe-Vera-Plantage. In Zusammenarbeit mit einer Firma wollen sie eine Kosmetiklinie entwickeln, um vom Tourismus unabhängiger zu werden. Im Sommer decken sie ihren Bedarf zum größten Teil aus dem Garten. Es gibt lokale Zwiebeln und Tomaten, die Holzgurke Xilagoura, Schlangenbohnen und viele weitere Gemüsesorten. Dazwischen wachsen Rosmarin, Oregano, Lavendel, Fenchel und Wildkräuter. In der Trockenheit des Sommers überleben die Pflanzen mit dem nächtlichen Tau und dank ihrer tiefen Wurzeln.

Die **Taverne I kori tou Michali** liegt eine halbe Stunde oberhalb des Livadi-Strandes mit wunderbarem Ausblick über das Meer. Bei Kyriaki Sigala, kurz Koula genannt, muss man in der Saison reservieren. Die Liebe zum Kochen hat die studierte Journalistin von ihrer Großmutter mütterlicherseits. Die Urgroßeltern kamen beim Völkeraustausch 1923 aus Smyrni (Izmir) nach Kreta. Als Koula mit neunzehn zum ersten Mal nach Donousa ins kleine Dorf Mersini kam, der Heimat ihres Vaters Michalis, wusste sie, dass sie hier eines Tages etwas auf die Beine stellen wollte. Vor acht Jahren eröffnete sie die Taverne und nannte sie I kori tou Michali, Michalis' Tochter. Sie kocht von März bis September und hat sechs Angestellte. Im Winter lebt Koula mit ihrem elfjährigen Sohn in Athen. Dann recherchiert und testet sie neue Rezepte und eigene Meze-Kreationen, wie die Firmani, Käsetaschen mit süß-scharfer Paprikakonfitüre (►S. 287) oder Gigantes, im Teig ausgebackene Riesenbohnen. Ziegenfleisch kocht Koula sehr langsam nur mit Olivenöl, Salz und Pfeffer und ihre wunderbaren Koteletts kommen von lokalen »Meer-Schweinen«.

Firmani

FETA IM FILOTEIG MIT CHILIKONFITÜRE

Kyriaki Sigala, Taverna I kori tou Michali, Donousa, Griechenland

4 Portionen

4 Filoteigblätter

Füllung:
4 Scheiben Feta aus Ziegen- oder Schafmilch à 50–100 g
etwas Olivenöl oder flüssige Butter
3 EL Sesam, geröstet
2 TL Sumak

2 EL Paprika-Chili-Konfitüre (►S. 287)
1 EL Sesam- und Schwarzkümmelsamen

- Ofen auf 200° vorheizen.
- 4 Filoteigblätter aufeinanderlegen und in etwa 15 × 30 cm große Streifen schneiden (insgesamt 12 Stück).
- Teigstreifen mit Öl bestreichen und jeweils 3 Stück aufeinanderlegen.
- In einem Teller Sesam mit Sumak mischen.
- Je eine Fetascheibe in Sesam und Sumak wenden, auf den Rand eines Teigstreifens legen und zu einem Päckchen falten.
- Auf einem mit Backpapier ausgelegten Blech 15 Min. goldbraun backen.
- Zum Servieren auf einem Teller mit Chilikonfitüre oder Honig beträufeln und mit Samen bestreuen.

Statt Paprika-Chili-Konfitüre passt auch flüssiger Honig mit etwas Pul Biber. Statt Öl kann Butter zum Bestreichen des Filo verwendet werden. Filo- oder Yufkateigblätter nach dem Öffnen sofort feucht bedecken, damit sie nicht brüchig werden.
Restliche Teigblätter können eingefroren werden.

FETA IM TONTÖPFCHEN

Zerbröckelten Feta mit derselben Menge geriebenem Graviera, kleinen Tomatenstücken, Oregano, Chili, Petersilie und etwas Olivenöl im Tontöpfchen 12 Min. im Ofen bei 200° backen.

Käsegerichte im Pfännchen oder Tontöpfchen zubereitet, heißen in Griechenland Saganaki.
Das klassische Saganaki sind in der Pfanne gebratene oder im Ofen gebackene panierte Feta-, Graviera-, Kefalotiri- oder Halloumistücke.

FETA MIT SESAMKRUSTE

Dreieckige Fetascheiben in Mehl, Ei und Sesam panieren und in einer Pfanne mit heißem Öl beidseitig goldbraun anbraten. Mit Honig beträufeln. Alternativ Sesam durch Grieß oder Brotbrösel ersetzen.

FETA IN DER FOLIE

Eine Scheibe Feta in Alufolie zwischen Tomatenscheiben legen, mit Oregano würzen und im Ofen oder auf dem Grill backen, bis die Folie sich aufbläst.

Pirasalı börek

TEIGTASCHEN MIT LAUCH-KAROTTEN-FÜLLUNG

Ayfer und Ali Eroğuz, Ayvalık, Türkei

20 Stück

5–8 dünne Yufkateigblätter (je 30 × 40 cm)

Füllung:
250 g Karotten, geschält, grob geraffelt
300 g Lauch, in Streifen von 2 mm
4 EL Olivenöl
1 TL Salz
20 g frische Minze, gehackt

1 Eigelb
1 EL Olivenöl
1 EL Wasser
Schwarzkümmelsamen oder Sesam

- 3 EL Öl in einer Pfanne erhitzen und Karotten kurz anbraten.
- Lauch dazugeben, kurz mitbraten und auf mittlerer Hitze 5 Min. zugedeckt garen.
- Mit Salz würzen und vom Feuer nehmen.
- Minze und 1 EL Öl daruntermischen.
- Ofen auf 200° vorheizen.
- Die Teigblätter in 8–10 cm breite Streifen schneiden.
- Ein Esslöffel Füllung auf den Rand eines Teigstreifen geben, zu einem Dreieck auffalten und etwa fünfmal in Dreieckform weiterwickeln. Den Teigrand mit Wasser bestreichen und zukleben.
- Mit den restlichen Teigstreifen gleich verfahren.
- Die Teigdreiecke auf ein mit Backpapier ausgelegtes Blech legen.
- Eigelb mit 1 EL Öl und Wasser vermengen und die Teigdreiecke damit bestreichen. Mit Schwarzkümmelsamen oder Sesam bestreuen.
- Etwa 10 Min. backen, bis die Teigtaschen goldbraun sind.
- Warm oder kalt servieren.

Diese dreieckigen Börek können unterschiedlich gefüllt werden, zum Beispiel mit Käse, Spinat, Kräutern, Kartoffeln, Fleisch oder süß mit Ricotta, Mandeln, Zimt und Zucker.

LAUCH UND KAROTTEN GEBRATEN Variante

Die Füllung ohne Teig mit etwas Olivenöl beträufeln und als Meze servieren.

LAUCH-KAROTTEN-JOGHURT Variante

Die Füllung mit gleichem Teil Joghurt und wenig Knoblauch mischen. Als Joghurtmeze servieren.

Bourekia satis

GEBRATENE HALLOUMI-MINZE-RAVIOLI

Thomas Thoma, Region Famagusta, Zypern

16 Stück

Teig:
250 g Halbweißmehl
¼ TL Salz
1½ EL Pflanzenöl
120 ml warmes Wasser

Füllung:
2 Zwiebeln, gehackt
2 EL Olivenöl
250 g Halloumikäse, gerieben
2 EL frische Minze, fein gehackt

- Teigzutaten erst in einer Schüssel und dann auf einer Arbeitsfläche zu einem zähen Teig kneten. Kurz liegen lassen und noch einmal kneten.
- Teig in Frischhaltefolie wickeln und mind. 1 Std. kühl stellen.
- 2 EL Öl in einer Pfanne erhitzen und Zwiebeln glasig anbraten.
- Vom Feuer nehmen und leicht abkühlen lassen.
- Den geriebenen Halloumi und die Minze daruntermischen.
- Ein Stück Teig flach drücken, auf beiden Seiten mit Mehl bestreuen und durch eine Pastamaschine bis zur zweitdünnsten Stufe drehen.
- Arbeitsfläche mit Mehl bestreuen. Teigstreifen darauflegen.
- In 4 cm Abstand jeweils 1 gehäuften Teelöffel Füllung daraufgeben.
- Den Teigstreifen längs darüberfalten und andrücken.
- Mit einem Raviolistecher oder Teigrad halbrunde Ravioli ausstechen. Darauf achten, dass die Ränder gut verschlossen sind.
- So weiterverfahren, bis Teig und Füllung aufgebraucht sind.
- In einem beschichteten Topf wenig Öl erwärmen. Ravioli hineinlegen und auf mittlerer Hitze jede Seite 2–3 Min. golden anbraten.
- Warm servieren.
- Dazu passen Salat, Gemüse, Joghurt.

Die Ravioli können auch in Brühe gekocht und mit Halloumikäse bestreut zubereitet werden.
Wer die Füllung milder möchte, kann einen Teil Ziger oder Ricotta hinzufügen.

Thomas Thoma war Kochdozent am Higher Hotel Institute Cyprus in Nikosia. Heute ist er pensioniert und gibt in einem Krankenhaus ehrenamtlich Kochkurse.

Fatayer »Orexi bites«

LIBANESISCHE TEIGTASCHEN MIT PAPRIKA UND FETA

Elena Zoe Savvides-Doghman, Droushia, Paphos, Zypern

Etwa 15 Stück

Teig:
125 g Vollkornmehl
125 g Weißmehl
½ TL Salz
2 EL Olivenöl
150 ml warmes Wasser

Füllung:
2 rote Paprika
100 g Feta, zerbröckelt
60 g Ricotta oder Ziger
½ TL Oregano
2 Prisen Salz

- Teigzutaten in einer Schüssel zu einem geschmeidigen Teig kneten.
- Mit einem Tuch bedeckt 30 Min. ruhen lassen.
- Ofen auf 200° vorheizen.
- Ganze Paprika auf einem mit Backpapier ausgelegten Blech 30 Min. weich backen.
- Abkühlen lassen. Stiel, Haut und Kerne entfernen.
- Paprikafilets in 1 cm große Würfel schneiden.
- Mit Feta, Ricotta, Oregano und Salz mischen.
- Arbeitsfläche mit Mehl bestreuen und den Teig zu einem 1 mm dünnen Fladen ausrollen.
- Mit einem Glas oder einer Ausstechform Kreise von 8–10 cm ausstechen.
- Ein Glas mit Wasser bereitstellen.
- Auf jede Teigrondelle einen gehäuften Teelöffel Füllung geben.
- Den Teigrand mit Wasser bestreichen und von drei Seiten so nach oben klappen, dass ein Dreieck entsteht. Ränder zusammenpressen.
- Teigtaschen auf ein mit Backpapier ausgelegtes Blech legen und etwa 20 Min. goldbraun backen.
- Lauwarm oder kalt servieren.

Fatayer sind libanesische Teigtaschen. In der Regel wird der Teig aus Weißmehl und Sonnenblumenöl gemacht. Typische Füllungen sind Käse mit Spinat oder Hackfleisch, es gibt aber viele Variationen.
Fatayer können unterschiedlich gefaltet werden, zum Beispiel als viereckige Körbchen ►S. 245
Ziger kann durch den Frischkäse Çökelek (►S. 101) ersetzt werden.

Elenas Mann Bassem ist Libanese. Die »Orexi bites« sind nach Elenas Cateringservice benannt und ihre persönliche Spezialität.

Pita

ARABISCHES FLADENBROT

Malaak Mohamed Hamadi, El Sekkeh, Libanon

16–20 Fladenbrote

1 kg Weiß- oder Halbweißmehl
100 ml Sonnenblumenöl
1 Ei
3 TL Trockenhefe
2 TL Salz
1 TL Zucker
500 ml warmes Wasser

- Teigzutaten erst in einer Schüssel und dann auf einer bemehlten Arbeitsfläche zu einem geschmeidigen Teig kneten.
- Teig mit einem feuchten Tuch bedeckt 30–60 Min. um das Doppelte aufgehen lassen.
- Aus dem Teig 16–20 Ballen formen und nochmals 15 Min. ruhen lassen.
- Ofen auf 250° vorheizen. Ein Backblech mit der Kehrseite nach oben im Ofen erhitzen.
- Arbeitsfläche mit Mehl bestäuben. Einen Teigballen vorsichtig aufnehmen und gleichmäßig zu einem 2 mm dicken Fladen ausrollen. Ausgerollte Fladen zwischen Tücher legen.
- Je 1–2 Fladen auf das Backblech legen und etwa 4 Min. backen.
- Bei gutem Gelingen blasen sich die Fladen vollständig auf. Die Brote sollen hell und weich bleiben.
- Fladenbrote in ein Tuch wickeln, damit sie nicht austrocknen.
- Als Beilage zu Meze servieren oder gefüllt oder gerollt als Sandwich essen.

Damit sich die Pitas ganz aufblasen, braucht es etwas Übung. Werden die Teigfladen belegt oder mit den Fingern eingedrückt, blasen sie sich nicht auf. Wichtig ist, schöne Teigballen zu formen und die Fladen gleichmäßig auszurollen.

Der traditionelle Pitateig wird ohne Öl und Eier gemacht
►S. 245
Pitas kann man einfrieren.

Manakish bil za'atar

FLADENBROT MIT ZATAR

Teig für Pita: siehe oben

1 EL Zatar (►S. 308)
2 EL Sonnenblumen- oder Olivenöl

- Teig zubereiten und Fladen ausrollen wie oben beschrieben.
- Zatar mit dem Öl mischen. 1 EL der Mischung auf dem Fladen verteilen.
- Im Ofen bei 220° etwa 4 Min. backen.

Die Zatar-Öl-Mischung kann auch nach dem Backen auf die Pitas gestrichen werden.
Im arabischen Raum heißen die belegten Fladen Manakish (Singular Manoushe).
Typisch sind Manakish bil za'atar, Lahm bi ajin (►S. 245) und Manakish bi jibneh mit Schmelzkäse. Sie werden auch als Fingerfood zubereitet.

Eliopita

ZYPRISCHES OLIVENBROT

Elena Zoe Savvides-Doghman, Droushia, Paphos, Zypern

10 Brötchen

200 g Weißmehl
200 g Vollkornmehl
1 Beutel Trockenhefe (7 g)
250 g schwarze Oliven, entkernt, in Scheiben
10 g grüner Koriander, gehackt
1–2 Frühlingszwiebeln, in Röllchen
200 ml Orangensaft
2 EL Olivenöl
etwas Sesam

Dieses Brot ist ein traditionelles Fastenbrot, das vor Ostern gegessen wird. Es wird gern auch mit Halloumi und frischer Minze zubereitet.
In Scheiben geschnittene Oliven sind in türkischen Lebensmittelläden im Glas erhältlich.
Das Brot kann auch mit weniger Oliven gemacht werden.

- Olivenscheiben aus dem Glas abspülen und abtropfen lassen.
- Alle Zutaten mit Ausnahme des Sesams erst mit einer und dann mit beiden Händen in einer Schüssel zu einem feuchten Teig kneten.
- Teig mit einem feuchten Tuch bedeckt 30–60 Min. ruhen lassen.
- Ofen auf 180° vorheizen.
- Längliche Brötchen formen, mit Sesam bestreuen und 30–40 Min. goldbraun backen.

OLIVENBROT AUS DER CAKEFORM Variante

- Statt Hefe 3 TL Backpulver und 100 ml Olivenöl nehmen.
- Alle Zutaten mit Ausnahme des Sesams in einer Schüssel zu einem sehr feuchten Teig rühren.
- Den etwas feuchteren Teig in eine geölte oder beschichtete Cakeform füllen und wie oben backen.
- Aus der Form nehmen, abkühlen lassen und zum Servieren in Scheiben schneiden.

Mit Backpulver benötigt der Teig keine Aufgehzeit, deshalb ist diese Zubereitungsart schneller.

Kritsinia haroupiou

KNABBERSTANGEN MIT JOHANNISBROTMEHL

Giorgina Skalidi, Bäckerei Ntourountous, Chora Sfakion, Kreta

Etwa 70 Stangen

500 g Weißmehl
75 g Johannisbrotmehl Carob
50 ml Raki oder Grappa
175 ml Weißwein
220 ml Olivenöl
50 g Zucker
6 g Backpulver
½ TL Salz
100 g Sesam

Das Johannisbrotmehl Carob ist süß. Es dient auch als Schokoladeersatz und ist im Reformhaus erhältlich.
Die Knabberstangen können mit unterschiedlichen Mehlsorten und auch salzig zubereitet werden.
Statt Sesam passen Sonnenblumenkerne, Kümmelsamen oder Mohnsamen etc.

- Alle Zutaten mit Ausnahme des Sesams erst mit einer und dann mit beiden Händen in einer Schüssel zu einem Teig kneten.
- Teig mit einem Tuch bedeckt 30 Min. ruhen lassen.
- Ofen auf 170° vorheizen und ein Blech mit Backpapier auslegen.
- Sesam in eine flache Schale geben.
- Teig halbieren und zu 2 langen, etwa 1 cm dicken und 15 cm breiten Fladen ausrollen.
- Anschließend mit einem Messer in etwa 5 mm breite (15–20 g) Streifen schneiden.
- Teigstreifen zu Stangen rollen und im Sesam wenden.
- Die Stangen nach Belieben spiralförmig drehen und in kleinem Abstand auf das Blech legen.
- 35 Min. backen.
- Diese leicht süßlichen Knabberstangen eignen sich gut zum Aperitif und können trocken und kühl aufbewahrt werden.

Von der Mathemathiklehrerin zur Flüchtlingsfrau

Jehan Suhkni

Aleppo, Syrien, und Ebikon, Schweiz

Vor 46 Jahren beschloss Frau Suhkni in Aleppo, ihre noch ungeborene Tochter nach Jehan as-Sadat, der ägyptischen Präsidentengattin, zu nennen. Ihre Tochter sollte eine starke Frau werden. Und es sollte sich zeigen, dass sie Stärke nötig haben würde. Jehan wuchs als zehntes von elf Kindern in einer gut situierten Familie auf. Als 2011 der Krieg kam, lebte sie mit ihrem ersten Mann und ihrem Sohn Nadim im eigenen Acht-Zimmer-Haus in Aleppo und arbeitete als Mathematiklehrerin an einer Privatschule, an der Alawiten, Sunniten, Christen, Kurden und Araber lernten und unterrichteten. Religiöse Feste, wie Weihnachten und das islamische Zuckerfest, wurden gleichermaßen gefeiert. Heute ist die Schule zerbombt und in Jehans Haus leben iranische Schiiten. Ihre Eltern sind gestorben. Die Geschwister leben verstreut in Syrien, Ägypten, im Libanon, in Kroatien, Deutschland und der Schweiz. Jehan erreichte zusammen mit ihrem Mann Ahmad nach einer dreijährigen Odyssee durch die Türkei und Griechenland die Schweiz. Ahmad sitzt im Rollstuhl, weil er bei einem Bombenangriff auf Aleppo querschnittgelähmt wurde. Kennengelernt haben sie sich bei der Freiwilligenarbeit für die freie syrische Armee. Sie sammelten Kleider, Geld, Medizin und Essen für die Menschen auf der Straße und errichteten Notspitäler. Ahmad war nach seiner Verletzung von seiner ersten Frau verlassen worden. Jehan heiratete ihn unter abenteuerlichen Umständen: in einem Auto, mit Trauzeugen von der Straße.

Nachdem Jehans Sohn aus erster Ehe für die Armee zwangsrekrutiert worden war und nur durch Lösegeld wieder freikam, schickte Jehan ihn in einem Lastwagentransport zu ihrem Bruder in die Schweiz. Zwei Jahre später, als Jehan und Ahmad nach unzähligen Anträgen und trotz Ahmads Verletzung kein Asyl bekommen hatten, flüchteten sie mithilfe von Schleppern über Lesbos und Athen ebenfalls in die Schweiz. Zusammen mit Familien und Frauen aus Eritrea, Afghanistan, Irak und Syrien wohnen sie im Hotel Löwen in Ebikon, das zu einer Asylunterkunft umfunktioniert worden ist. Jehan und die anderen Flüchtlingsfrauen kochen in der ehemaligen Hotelküche syrisch, eritreisch, irakisch und afghanisch. Am liebsten würde Jehan das Essen, das sie für das Kochbuch zubereitet, nach Medaja schicken. In diesem Vorort von Damaskus sterben die Leute, weil der Ort von den Regierungstruppen eingekesselt ist und ausgehungert wird. Ein Glas Milch koste dort jetzt etwa 200 Dollar, sagt sie.

Ihr Herz ist in Syrien und im ehemals wunderschönen Aleppo. Jehan erinnert sich an die schönen Zeiten. Ihrer Mutter sei es wichtig gewesen, dass ihre Töchter selbständig kochen lernten. Im Sommer genossen sie es, ein Barbecue im Freien zu machen, am Strand oder in einem schönen Garten. Am Schluss habe es immer Wassermelone und Tee gegeben, und es wurde Argila (Wasserpfeife) geraucht. Jehan hofft, dass sie eines Tages nach Aleppo und Syrien zurückkehren kann. Sie möchte eine kostenlose Schule gründen und helfen, ihr Land wieder aufzubauen. In der Schweiz, in ihrem neuen Leben, würde sie gerne ein arabisches Restaurant oder einen Laden mit arabischen Produkten eröffnen. Ab und zu macht sie köstliche syrische Buffets auf Bestellung. In der Küche vermisst sie am meisten das besonders schmackhafte Lammschwanzfett, das für ihre gegrillten Kubbeh unersetzlich ist.

Strapatsada

TOMATEN MIT RÜHREI

Thomas Thoma, Region Famagusta, Zypern

4 Portionen

600 g reife Tomaten
1 Zwiebel, fein geschnitten
4 EL Olivenöl
4 Eier
4 Brotscheiben
Salz, Pfeffer
etwas Kapern oder frischer Oregano

- Tomaten durch eine Reibe in eine Schüssel reiben. Die Haut bleibt dabei zurück.
- In einer Pfanne 2 EL Öl erhitzen und die Zwiebeln gut anbraten.
- Tomaten dazugeben und auf mittlerer Hitze etwa 10 Min. köcheln, bis der Saft reduziert ist.
- Eier verquirlen. Unter die Tomaten mischen und etwa 3 Min. rühren, bis sie stocken.
- Mit Salz und Pfeffer abschmecken.
- Brotscheiben toasten.
- Rührei darüber verteilen und mit Kapern oder Oreganoblättchen dekorieren. Oder in einer Schale servieren.

Das Gericht eignet sich zur Verwendung von sehr reifen Tomaten, die für Salat schon zu weich sind.
Gerne wird auch zerbröckelter Feta dazugegeben.

Das Gericht heißt auch Kagianas. Strapatsada wird zum Frühstück oder als ganze Mahlzeit gegessen werden. Es ähnelt dem türkischen Menemen, in dem noch Paprikastücke sind.

Aja

KLEINE PETERSILIENOMELETTEN

Jehan Suhkni, Aleppo/Ebikon, Syrien/Schweiz

8 Stück

4 Eier
100 g Petersilie, fein gehackt
1 Zwiebel, fein gehackt
1 Knoblauchzehe
½ TL Piment
½ TL Pul Biber
1 TL getrocknete oder frische Minze
½ TL Salz
2 EL Sonnenblumen- oder Olivenöl
1 Tomate, gewürfelt

- Petersilie mit den Zwiebeln in eine Schüssel geben.
- Knoblauch dazupressen und Gewürze hinzufügen. Mit Salz abschmecken.
- Eier in die Schüssel schlagen und alles gut miteinander verquirlen.
- In einer Pfanne Öl erhitzen. 1–2 Esslöffel Kräuter-Ei-Mischung hineingeben. Je nach Pfannengröße passen 3–4 kleine Omeletten auf einmal.
- Omeletten auf beiden Seiten goldbraun braten.
- Herausheben und auf einem Teller anrichten, nach Belieben mit Tomatenwürfeln und Petersilie dekorieren und warm oder kalt servieren.

Flora, Fauna und Meze

George Demetriades

Taverne Seven St. Georges, Geroskipou, Paphos, Zypern

1997 hat George Demetriades die Taverne Seven St. Georges eröffnet. Die sieben Georges sind er, seine fünf Söhne und der heilige Sankt Georg. Drei der Söhne leben bei der Mutter in Australien, die anderen beiden arbeiten in der Taverne. Ben bedient die Gäste, Damian ist der Koch und George macht alles Mögliche. Er gärtnert und produziert mit moderner Technologie Olivenöl und eigenen Wein. Es gibt hervorragende Weine auf Zypern, auch aus autochthonen Sorten. Weiter trocknet George Oktopus, räuchert Kräuterschinken und macht Chutneys. Jeden Tag bringt er von seinen Spaziergängen Algen, Muscheln, Pilze, Wildgemüse oder Samen mit. George ist ein wandelndes Lexikon. Auf Zypern gibt es 1953 Pflanzenarten. 143 sind endemisch – wie die wilde Kohlart Brassica hilarionis – 627 sind Wildkräuter und mehr als 70 sind essbare Pilze, weiß er. Er kümmert sich um die Gäste in der Taverne wie auch um die Kaninchen, Hühner und Wachteln im Garten. Gerade macht er aus Akazienblättern und Thymian einen antiseptischen Sud für ein krankes Kaninchen.

Im Garten stehen drei Lehmöfen für das »Räuberfleisch« Kleftiko. Räuberbanden haben im 19. Jahrhundert gestohlenes Ziegen- und Schaffleisch in einem versiegelten Erdloch gegart, damit kein Rauch oder Bratgeruch sie verriet. Stundenlang im eigenen Saft und ohne Luftzufuhr niedergegart, werden sogar die älteren Tiere zart. Auch Zitrusbäume finden sich im Garten. Auf Zypern sind das ganze Jahr reife Zitronen erhältlich, weil die verschiedenen Sorten zu unterschiedlichen Zeiten reif werden. Jede Familie hat ein paar Bäume. Bis zum Verbot in den 60er-Jahren wurde auch Hanf angepflanzt. Noch heute werden Hanfsamen im Osterbrot verwendet. Georges Mutter röstete sie mit etwas Wasser als Knabberei für die Kinder. George streut die Samen jeweils über den Rote-Bete-Salat, der zu jeder zyprischen Meze-Tafel gehört.

In der Taverne bringt Ben unzählige einfache Meze auf kleinen Tellerchen. Geröstete Karotten mit Thymian und Olivenöl (►S. 171), Blumenkohlröschen mit Koriander, Algen mit Wildfenchel und Zwiebeln, Pickles aus Selleriekraut und Kritamo, Spinat mit Ei oder Dorfsalat aus Lattich, Rotkohl und Tomaten. »Für Rohköstler, Vegetarier und Veganer kann ich über vierzig Gerichte zaubern«, sagt George. Jeder Tisch wird nur einmal pro Abend besetzt. George findet, die Gäste sollen Muße haben. Besonders die Großstädter benötigten mindestens eine halbe Stunde, um anzukommen. Zuerst würden alle sagen, sie würden nur wenig essen, erzählt George. Aber sobald aufgedeckt sei, gingen ihnen die Augen über, der Magen werde stimuliert und die, die keinen Hunger hätten, würden am meisten essen. »Zuerst kommen die Kria oretika – die kalten Vorspeisen –, dann im Wechsel warme Gemüse und Fleischgerichte. Und auch um jedes Hauptgericht gehören ein paar Satellitentellerchen. Dazu trinkt man Zivania, wie der griechische Traubentrester Tsipouro hier heißt, Konjak, Wein oder Bier. Zum Schluss kommen die Süßspeisen, wie der gebackene Filoteig mit Honig aus meiner Kindheit«, erklärt George. Übertrieben wird aber nicht: »Aufgetischt wird, bis die Gäste Stopp sagen. Nichts soll weggeworfen werden.«

RADIESCHEN MIT KRAUT

1 Bund Radieschen mit Kraut
Olivenöl

Frisches Radieschenkraut waschen und grob schneiden. 3 Radieschen halbieren und in Scheiben schneiden. Kraut und Radieschen in einer Pfanne mit etwas Öl 2 Min. anbraten. In einer Schale mit Salz abschmecken und mit Öl beträufeln.

JUNGE KOHLRABI- ODER ROTE-BETE-BLÄTTER

Kohlrabi- oder Rote-Bete-Blätter
Olivenöl

Grobe Stiele entfernen, Kraut in breite Streifen schneiden. In kochendem Salzwasser 1 Min. blanchieren und abgießen. In einer Pfanne mit etwas Öl kurz braten, bis sie gar sind. In einer Schale mit Salz und Pfeffer abschmecken und mit etwas Öl beträufeln.
Gut schmecken die Blätter auch in Kombination mit den Knollen.

AMARANT (VLITA)

Amarant, grüne Pflanzenteile
Olivenöl
Zitronensaft

Blätter waschen und nur leicht abgetropft mit etwas Öl braten, bis sie gar sind. In einer Schale mit Salz und Pfeffer abschmecken und mit Olivenöl und Zitronensaft beträufeln. Kalt servieren.
Auf dieselbe Art können auch Zucchini oder Kartoffeln zubereitet werden. In Griechenland wird Vlita gerne mit gegarten ganzen, kleinen Zucchini oder Kartoffeln gegessen.

SAISONALES GEMÜSE UND KRÄUTER VOM MARKT

Zu Meze werden gern rohes, klein geschnittenes Gemüse und ganze Kräuterzweige serviert. Dafür eignen sich zum Beispiel Lattich, Weißkohl (in Schnitzen), Tomaten, Radieschen, Paprika, Chilischoten, kleine Gurken, Frühlingszwiebeln, Karottenstäbchen, Knackerbsen, Kräuter und roh essbare Wildkräuter.

Gemüse waschen, rüsten, nach Belieben zuschneiden und (mit Ausnahme der Tomaten) in Zitronenwasser legen. Vor dem Servieren in einer Schale hübsch anrichten.

ROHER DISTELSALAT

200 g junge Distelblätter
1 Zwiebel, gehackt
½ Zitrone, Saft
2 EL Olivenöl

Distelblätter waschen und in feine Streifen schneiden. Mit den Zwiebeln mischen und mit Zitronensaft, Olivenöl und Salz abschmecken.
Von allen Distelsorten sind die jungen Blätter, die noch keine oder weiche Dornen haben, und die Knospen essbar (►S. 312). Junge Distelblätter eignen sich auch sehr gut für Mischsalate.

ROHER BLUMENKOHLSALAT

Blumenkohl, in Röschen geteilt
Pflanzenöl
Essig oder Zitronensaft

Blumenkohlröschen mit dem Gemüsehobel längs hobeln. Mit wenig Essig oder Zitronensaft und Öl beträufeln und mit Salz abschmecken.

ROHER ARTISCHOCKENSALAT

2 große frische Artischocken
2 EL Olivenöl
1 Zitrone, Saft

Eine Zitronenhälfte in eine mit Wasser gefüllte Schale auspressen. Blätter und Haare der Artischocken mit einem scharfen Messer entfernen. Böden und zarte Stielteile ins Zitronenwasser geben. Öl und Zitronensaft mischen und mit Salz und Pfeffer abschmecken. Artischocken in Scheiben schneiden und Sauce darüberträufeln.
Rohe Artischocken mit Salz und Zitrone sind ein traditionelles Meze auf Kreta. Dazu passen Rucola, Brunnenkresse, Sprossen, Frühlingszwiebeln oder gekochte Kichererbsen.

WEISSKOHLSALAT

Weißkohl, fein geschnitten
rote Paprika, fein gewürfelt
½ Knoblauchzehe
Olivenöl
Essig oder Zitronensaft
schwarze Oliven

Weißkohl mit Salz kneten, damit er weicher wird und das Salz aufnimmt. Die anderen Zutaten hinzufügen und gut mischen. Mit Oliven dekorieren.

ZWIEBELSALAT MIT SUMAK

1 rote Zwiebel, in Streifen
Olivenöl
Sumak
Petersilie (optional)
Zitronensaft

Rote Zwiebel in dünne Ringe schneiden und gut mit etwas Salz vermengen. Sumak, Petersilie, wenig Olivenöl und etwas Zitronensaft daruntermischen. Passt wunderbar zu Gegrilltem.

ORANGENSALAT MIT ZIMT UND OLIVENÖL

2 Blondorangen, in 12 Scheiben
½ rote Zwiebel (optional)
3 EL Olivenöl
1 TL Zimt

Orangenscheiben auf einen Teller legen. Zwiebel in Streifen schneiden und darüberlegen.
Mit Zimt und Salz bestreuen und mit Olivenöl beträufeln.

FENCHELSALAT MIT AVOCADO UND GRANATAPFEL

2 kleine Fenchel mit Kraut
1 saurer Apfel (z. B. Glockenapfel)
½–1 Avocado
½ Granatapfel, Kerne
3 EL Olivenöl
½ Zitrone, Saft

Fenchel und Kraut in feine Streifen schneiden oder hobeln. Apfel vierteln, entkernen und in dünne Scheiben schneiden oder hobeln. Fenchel und Äpfel mit Zitronensaft begießen. Mit Salz und Öl mischen. Avocado schälen, vierteln und in Scheiben schneiden. Mit den Granatapfelkernen unter den Salat heben. Abschmecken.

KAROTTEN MIT THYMIAN AUS DEM OFEN

250 g Karotten, geschält, in Stücken von 5 cm
Knoblauchzehen oder Zwiebelschnitze (optional)
2 TL Thymian
2 TL Rosmarinnadeln
50 ml Olivenöl

Ofen auf 180° vorheizen. Karotten in eine Auflaufform geben. Mit den Kräutern vermengen, mit Salz und Pfeffer abschmecken und mit Olivenöl und wenig Wasser begießen. Nach Belieben ganze ungeschälte Knoblauchzehen oder Zwiebelschnitze dazugeben. Mit Alufolie bedeckt 30–40 Min. backen. Warm servieren.

GESTAMPFTE KICHERERBSEN

Kichererbsen, sehr weich gekocht
Knoblauch
Olivenöl
Zitronensaft
Kochwasser

Knoblauch mit Salz mörsern und mit den gekochten Kichererbsen, Olivenöl, etwas Kochwasser und Zitronensaft nach Belieben stampfen. Warm oder kalt servieren.

MAISKÖRNER MIT ZITRONE UND KREUZKÜMMEL

2 Maiskolben
1 Zitrone
1 Prise Kreuzkümmelpulver

Maiskolben in ungesalzenem Wasser 20–30 Min. weich kochen. Zitrone schälen, vierteln und in dünne Scheiben schneiden. Maiskörner mit einem scharfen Messer vom Kolben schneiden. Mit Salz bestreuen und mit den Zitronenscheiben vermengen. Auf einem Teller mit Kreuzkümmel bestreuen und warm servieren.

LINSENPÜREE (MUJADDARA)

125 g braune Linsen
50 g Reis oder grober Bulgur
3 Zwiebeln, 1 in Achtel, 2 in Streifen
3 EL Olivenöl
1 TL Kreuzkümmel

Linsen mit den Zwiebelstücken in 800 ml Wasser 40 Min. weich kochen. Reis oder Bulgur mit Salz und Kreuzkümmel dazugeben und weitere 30 Min. kochen. Zunehmend rühren, je dicker die Masse wird, damit sie nicht ansetzt. Bei Bedarf Wasser hinzufügen. Vom Feuer nehmen, 2 EL Öl unterrühren, in eine Schale füllen und abkühlen lassen. Zwiebelstreifen in 1 EL Öl braun rösten und über die Linsen geben.

RICOTTA MIT OLIVENÖL UND SCHNITTLAUCH

Ricotta, Ziger oder Çökelek ►S. 101
Schnittlauch oder andere frische Kräuter
Olivenöl
Meersalz

Ricotta auf einen Teller geben. Mit Schnittlauch und Salz bestreuen und mit Öl begießen. Zu Vollkornbrot servieren.
Statt Schnittlauch passen auch Oregano, Thymian, Basilikum, Lavendel oder gehackte Frühlingszwiebeln.

EINFACHE KÄSEPASTE

frischer Ziegenkäse
Walnüsse, gehackt
Olivenöl

Ziegenkäse fein bröckeln und mit gehackten Walnüssen und Olivenöl mischen. Etwas Pfeffer darübermahlen. Auch ein wenig fein gehackte Schale einer Bioorange, Rosmarin oder Oregano passen gut dazu.

PANIERTER HALLOUMI

Halloumi, in Scheiben von 1 cm
Ei, verquirlt
Hartweizengrieß
Sesam oder Schwarzkümmelsamen
Honig oder Orangenzesten

Halloumischeiben mit Ei und Grieß panieren. Beidseitig anbraten. Mit Sesam oder Schwarzkümmelsamen bestreuen und etwas Honig oder Abrieb einer Orange darübergeben.

ZWIEBELSTANGEN MIT ZIGER

Zwiebelstangen mit Knospen, in Röllchen von 3 cm
Ziger oder Çökelek ►S. 101
Petersilie oder Fenchelkraut, gehackt
Olivenöl

Zwiebelröllchen 5 Min. in Öl anbraten. Sie sollen dabei noch grün bleiben. Kleine Zigerstücke daruntermischen. Mit Salz und Pfeffer abschmecken. Petersilie oder Fenchelkraut daruntermischen. Lauwarm servieren.

MARINIERTE GETROCKNETE TOMATEN

8–12 getrocknete Tomatenhälften
½ EL Granatapfelkonzentrat
50 ml Olivenöl
1 TL Oregano

Getrocknete Tomatenhälften mit 200 ml kochendem Wasser übergießen. 30 Min. ziehen lassen. Überschüssiges Wasser abgießen. Mit Granatapfelkonzentrat, Olivenöl und Oregano marinieren. Es passen auch andere Kräuter.

GEBRATENE ODER GEGRILLTE OLIVEN

20 große schwarze Oliven aus Kalamata
1 TL Thymianblätter
Olivenöl
Essig

Oliven in einer Pfanne mit 2 EL Öl 2 Min. auf großer Hitze anbraten, dabei die Pfanne rütteln, damit sie nicht anbrennen. In eine Schale geben und mit Thymian bestreuen. Mit Öl und Essig beträufeln. Warm servieren.
Die Oliven können auch in Folie verpackt gegrillt werden.

KARTOFFELN MIT ZWIEBELN UND SCHWARZEN OLIVEN

Kartoffeln, in Schnitzen
Zwiebeln, in schmalen Schnitzen
schwarze Oliven
Olivenöl
Meersalz

Kartoffeln mit etwas Olivenöl auf einem mit Backpapier ausgelegten Blech bei 200° im Ofen knapp weich backen. Kurz vor Schluss Zwiebeln und Oliven dazugeben. Mit Meersalz bestreuen und mit etwas Olivenöl beträufeln.

OFENGEMÜSE

1 Aubergine und 1 Zucchini, in Scheiben von 1,5 cm
1 Zwiebel, in Scheiben
1 Lauchstange, in Stücken von 3 cm
6 ungeschälte Knoblauchzehen
Olivenöl
Meersalz
Pul Biber
Thymian- und Lavendelblüten
Ziegenfrischkäse oder Labneh ▸ S. 98

Gemüsestücke in einer Schüssel mit etwas Salz und 2 EL Öl mischen. Ofen auf 180° vorheizen. Gemüse auf einem mit Backpapier ausgelegten Blech verteilen. 30–40 Min. backen. Nach der Hälfte der Zeit wenden. Aus dem Ofen nehmen und auf eine Platte geben. Mit Salz, Pul Biber, Thymian- und Lavendelblüten bestreuen. Mit Öl beträufeln. Mit kleinen Frischkäsestücken belegen.

Es gibt Meze, die isst man am besten vor Ort. Dazu gehören lokale Spezialitäten, Meeresfrüchte und Fisch – frisch gefangene Seeigeleier zum Beispiel, direkt aus der Schale, mit Zitronensaft und Olivenöl beträufelt auf einem Fischerboot zu genießen, kann kein Feinschmeckerlokal überbieten. Fisch und Meeresfrüchte sollten angesichts der Überfischung ein Festessen bleiben. Achten Sie beim Kauf auf nachhaltigen Fang (z. B. Angelfang, Körbe, Reusen) oder Zuchtfisch in Bioqualität. Friedfische aus ökologischen Aquakulturen sind weniger problematisch als Raubfische. Für viele Gerichte eignen sich als Alternative lokale Arten von Süßwasser- oder Meeresfischen.

In diesem Kapitel finden sich Rezepte für Meze mit Fisch, Fischeiern und Meeresfrüchten, roh, frittiert, gegrillt, gekocht oder gebraten, sowie für Salate, Pasten und kleine Eintöpfe.

Meze Fisch und Meeresfrüchte

Gavros marinatos

MARINIERTE ROHE SARDELLEN

Achilles Vakatasis, Athen, Griechenland

8–10 Portionen

500 g ganze Sardellen
2 EL grobes Meersalz
½ l Weißwein- oder Apfelessig
50 ml Sonnenblumenöl
4 Knoblauchzehen, gepresst
1 TL schwarze Pfefferkörner
3 Lorbeerblätter

- Sardellen waschen, Bauchseite mit dem Fingernagel öffnen. Kopf und Innereien entfernen und in ein Sieb legen.
- Salz dazugeben und 15 Min. abtropfen lassen.
- Sardellen mit kaltem Wasser abspülen. Aufklappen, Rückgrat mit Gräten und Schwanz herauslösen. Rückenflosse entfernen.
- In einer Schüssel mit Essig bedecken und 1 Std. ziehen lassen.
- Essig wechseln und nochmals 2 Std. ziehen lassen, bis das Fleisch weiß ist.
- Essig abgießen. Eine Lage Filets in eine flache Schale legen. Die zweite Lage quer darüberlegen und so weiterfahren.
- Knoblauch mit dem Öl mischen. Lorbeer und Pfefferkörner beigeben und das Knoblauchöl über die Sardellen gießen.

Die Säure bewirkt bei Eiweiß einen ähnlichen chemischen Prozess wie das Erhitzen.
Die Sardellen sind weniger sauer, wenn sie vor dem Servieren gewässert werden.
Mit Öl bedeckt können sie mindestens eine Woche im Kühlschrank aufbewahrt werden.
Mit frischem Brot serviert, ist dieses Rezept ein wunderbares Meze zu Bier oder Schnaps.
Zu Wein passen saure Meze hingegen weniger.

Çiğ balık

TÜRKISCHES CEVICHE

Ali Perret, Jazzclub Pannonica, Bodrum, Türkei

4 Portionen

250 g Wolfsbarschfilets, in Stücken von 2 cm
2 Zitronen, Saft
1–2 Knoblauchzehen
½ TL Salz
1 EL Olivenöl
Petersilie

- Fischstücke in einer Schale mit Zitronensaft gut bedecken und 2½ Std. bei Raumtemperatur ziehen lassen. Ab und zu wenden.
- Knoblauchzehen mit dem Salz mörsern und mit dem Öl mischen.
- Fische aus dem Zitronensaft heben, in eine Schale legen und das Knoblauchöl darüberträufeln. Mit Petersilie dekorieren.

Es wird empfohlen, Salzwasserfisch zum Rohessen vor der Zubereitung 2 Tage bei minus 20° einzufrieren. Der Fisch muss während des Verarbeitens kalt bleiben. Mit sauberen Händen arbeiten.
Für das Ceviche eignen sich auch Salzwasserfische wie Meeräsche, Dorade, Dorsch oder festfleischige Süßwasserfische wie Hecht, Forelle oder Felche.

Kleomenis Zournatzis

Restaurant Cookoovaya, Athen, Griechenland, www.cookoovaya.gr

Kleomenis Zournatzis, 39 Jahre, kommt aus Karditsa. Er studierte Politikwissenschaften und wurde dann Koch – wie schon sein Vater und Großvater. Sein Großvater hatte ein Tsipouradiko und später eine Taverne für Arbeiter und Angestellte. Kleomenis ist ein hervorragender Koch und führt mit vier Freunden das Gourmetrestaurant Cookoovaya. Cookoovaya ist die Eule – das Symbol für Kenntnis und Weisheit. Cookoovaya ist aber auch ein anderer Name für Dakos, das kretische Tomatenbrot mit Feta (▶S. 112). Jeder der Teilhaber hatte davor sein eigenes Restaurant, einer mit einem Michelin-Stern. Sie aßen zusammen, reisten zu internationalen kulinarischen Symposien und kochten gemeinsam als Engagement für Kinder und Migranten. Sie wurden Freunde und eröffneten 2015 das Cookoovaya im Zentrum von Athen. Die Küche ihrer Großeltern interpretieren sie auf moderne Weise. Sie arbeiten mit lokalen Produzenten als Partner. So backen sie Brot aus Mehl von alten Getreidesorten, die ein Bauer für sie anpflanzt. Meze werden auf moderne Art als Vorspeisen serviert. Wolfsbarsch wird zum Beispiel mit Rote-Bete-Saft mariniert und als Carpaccio serviert (▶S. 181). Griechenland hat eine lange Tradition, kleine Fische roh einzulegen. Auch werden bestimmte Fische und Muscheln roh mit Zitronensaft gegessen.
Kleomenis schreibt regelmäßig für das Gourmetmagazin *Gastromonos*. So hat er gerade darüber geschrieben, dass sich der Fleischkonsum pro Kopf auf Kreta mehr als verzwanzigfacht hat.
Es ist eine Augenweide, wie Kleomenis mit den Speisen hantiert. Das Geheimnis oder die Grundlage der Kochkunst, sagt er, sieht man bei den alten Leuten. Ihr Essen ist gut, weil sie Aufmerksamkeit, Zeit und Liebe dazugeben.

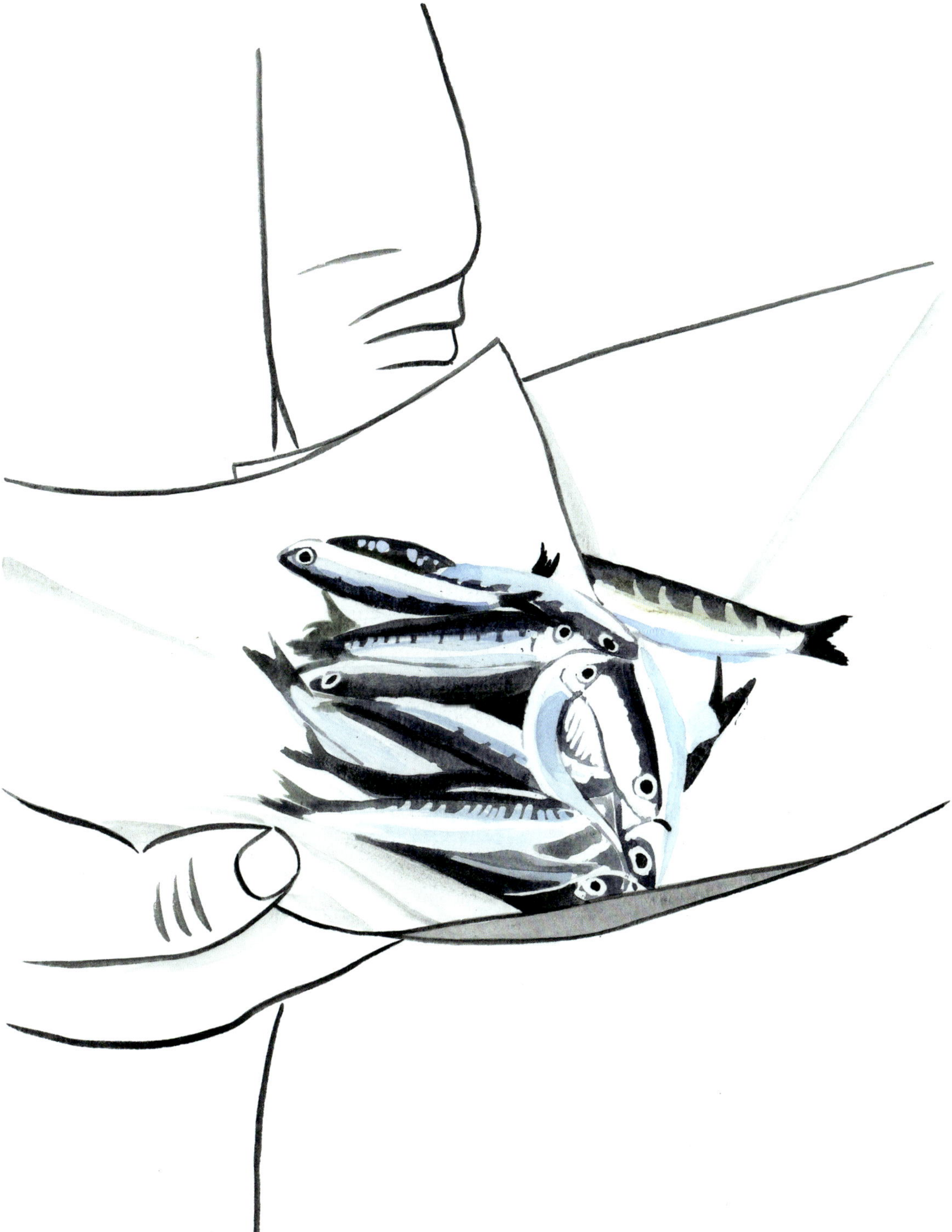

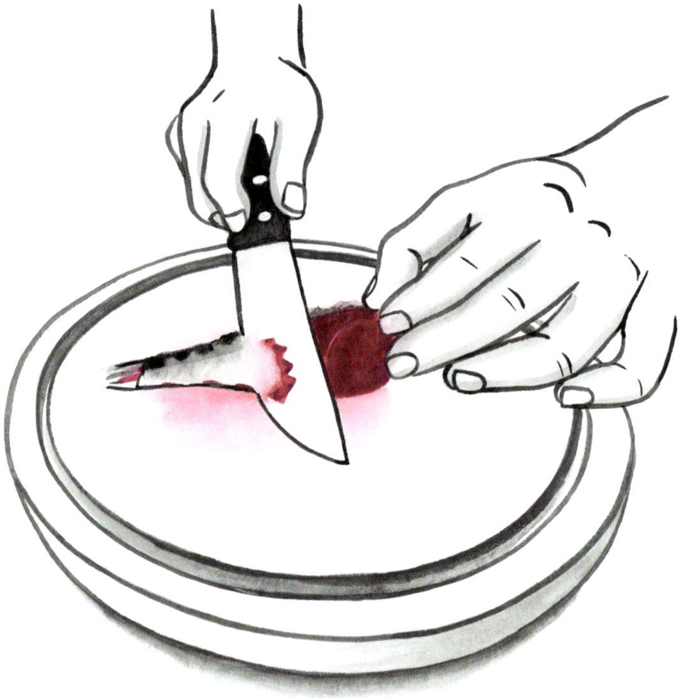

Omo lavraki marinato

ROHER WOLFSBARSCH IN ROTE-BETE-SAFT

Kleomenis Zournatzis, Restaurant Cookoovaya, Athen, Griechenland

4 Portionen

2 Wolfsbarschfilets (200–300 g), mit Haut
1 rohe Rote Bete, geschält, in Stücken
1 EL Olivenöl
Zitronensaft
10 g Schnittlauch, geschnitten
2 Prisen Fleur de Sel

- Rote-Bete-Stücke in einer Saftmaschine entsaften oder mit 100 ml Wasser im Cutter zerkleinern. Das Mus durch ein Sieb pressen und in eine flache Schale gießen.
- Fischfilets mit der Haut nach oben in den Saft legen. Pro 1 cm Filetdicke 15 Min. im Kühlschrank marinieren.
- Fischfilets auf Küchenpapier abtropfen lassen und mit der Haut nach unten auf ein Schneidebrett legen.
- Mit einem scharfen Messer oder Lachsmesser schräg gegen den Schwanz hin dünne Scheiben schneiden.
- Scheibe für Scheibe auf einem Teller von außen nach innen zu einer Blume legen.
- Mit wenig Olivenöl und ein paar Tropfen Zitronensaft beträufeln. Etwas fein gehackte Rote Bete, Schnittlauch, Fleur de Sel und Pfeffer darüberstreuen. Falls die Rote Bete mit Stiel und Blättern gekauft wurde, können die zarten Teile ebenfalls fein gehackt über den Fisch gestreut werden.
- Mit Brot servieren.

Das Fleisch von Wolfsbarsch aus Wildfang ist magerer und muskulöser als von Zuchtfischen und kann deshalb besser aufgeschnitten werden.
Es wird empfohlen, Salzwasserfisch zum Rohessen vor der Zubereitung 2 Tage bei minus 20° einzufrieren. Der Fisch muss während des Verarbeitens kalt bleiben. Mit sauberen Händen arbeiten.
Es eignen sich auch festfleischige Filets mit Haut von Süßwasserfischen wie Forelle oder Felche.
Der Rote-Bete-Saft gibt dem Fisch einen leicht süßen und erdigen Geschmack. Mit dem übrig bleibenden Mus kann man einen kleinen Salat oder, mit Joghurt und Salz, einen schnellen Dip zubereiten.

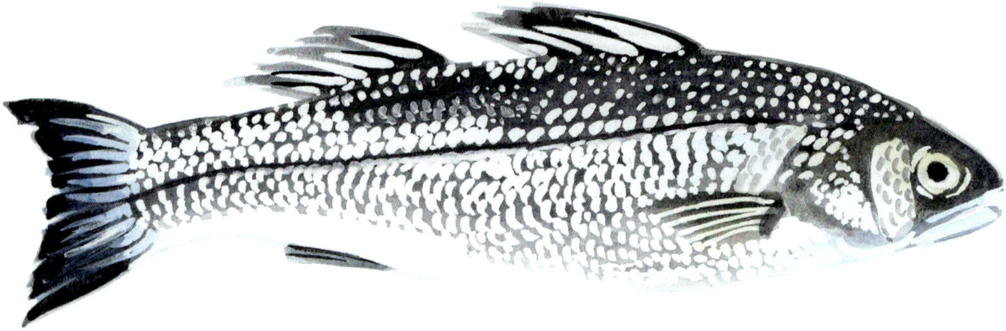

Omoi keftedes

FISCHTATAR-KÖPFCHEN

Kleomenis Zournatzis, Restaurant Cookoovaya, Athen, Griechenland

4 Portionen

200 g Wolfsbarsch- oder Felchenfilets
1/3 Salatgurke, geschält, entkernt
1/2 Avocado
2 schmale Frühlingszwiebeln
1/4 Chilischote oder eine Prise Pul Biber
1/2 Biozitrone, Abrieb und Saft
1/2 TL Fleur de Sel
Pfeffer
2 EL Olivenöl
Kapern
frischer Dill

- Frische Fischfilets 30 Min. im Gefrierschrank anfrieren lassen. Falls gefrorene Fischfilets verwendet werden, nicht vollständig auftauen. Sie lassen sich besser schneiden und bleiben beim Verarbeiten kalt.
- Fischfilets mit einem scharfen Messer in 5 mm kleine Würfel schneiden und in den Kühlschrank stellen.
- Gurke und Avocado in dünne Streifen und dann zu 3 mm kleinen Würfeln schneiden.
- Von den Frühlingszwiebeln das Weiße und wenig Grün fein hacken.
- Chilischote entkernen und fein hacken.
- Fisch, Avocado und Gurken mit etwas Chili, Zitronenschale, Zitronensaft, Salz und Pfeffer mit einer Gabel vermengen. Abschmecken.
- Für eine Portion eine Espressotasse mit Öl einfetten, das Fischtatar hineinfüllen und auf einen Teller stürzen.
- Zum Servieren mit Kapern und einem Dillzweig dekorieren und mit Olivenöl beträufeln.

Es wird empfohlen, Salzwasserfisch zum Rohessen vor der Zubereitung 2 Tage bei minus 20° einzufrieren. Der Fisch muss während des Verarbeitens kalt bleiben. Mit sauberen Händen arbeiten.
Es eignen sich auch Süßwasserfische wie Zander, Forelle, Saibling oder andere Salzwasserfische wie Lachs. Die Basis des Rezepts sind Fisch, Säure und Gewürze. Mit den weiteren Zutaten kann gespielt werden. Es passen zum Beispiel auch Tomaten, Kapern, Oregano oder Orangenschale.

Usulü portakal suyuna ciğ karides

GARNELEN IN ORANGENSAFT

Hande Solakoğlu, Meyhane Argos, Ayvalık, Türkei

4 Portionen

12–16 mittelgroße Garnelen
1 Bioorange, Saft und ein wenig Schale
etwas Schnittknoblauch oder 2 Knoblauchzehen, fein gehackt
20 ml helle Sojasauce
2 TL Sambalsauce (▸Rezept unten) oder Sambal oelek
Pfeffer
ein paar Blätter Koriander oder Petersilie, gehackt

- Garnelen schälen, Schwanzspitze dranlassen, den dunkelroten Darm entfernen. In eine Schale legen.
- Orangenschale fein schneiden.
- Orangensaft, -schale, Knoblauch, Sojasauce und Sambalsauce miteinander vermengen und mit frisch gemahlenem Pfeffer abschmecken. Die Marinade über die Garnelen gießen und 2–3 Std. im Kühlschrank ziehen lassen.
- Wer die Garnelen nicht roh mag, kann sie vor dem Marinieren kurz in Butter sautieren.
- Garnelen mit der Sauce auf einen Teller geben und nach Belieben mit Koriander oder Petersilie bestreuen.
- Mit getoastetem Fladenbrot servieren.

Fragen sie beim Fischhändler nach Garnelen in Qualität zum Rohessen. Achten Sie auf Biozucht oder nachhaltigen Wildfang. Es eignen sich auch tiefgekühlte Garnelen, die am selben Tag im Kühlschrank aufgetaut werden.
Die Säure bewirkt bei Eiweiß einen ähnlichen chemischen Prozess wie das Erhitzen.
Statt Orangensaft kann auch Mandarinen- und Zitronensaft gemischt verwendet werden.
Ohne scharfe Sauce benötigt die Marinade Salz.

Argos sambal

SAMBALSAUCE VON ARGOS

Hamdi Döker, Meyhane Argos, Ayvalık, Türkei

Für 500 ml Sauce

20 rote frische Chilischoten, entkernt, in Stücken
10 Knoblauchzehen
80 ml Apfelessig
300 ml Olivenöl
2 TL Salz

- Alle Zutaten mit dem Stabmixer pürieren und abschmecken. Die Menge der Chilis kann je nach Schärfe und Größe variieren.
- In einer kleinen Schale servieren. Zum Aufbewahren in ein ausgekochtes Glas füllen.
- Die Sauce passt neben den Garnelen zu anderen Meeresfrüchten, Siedfleisch, gegrilltem Fisch oder Pasta.

Diese Sauce am besten im Sommer oder Frühherbst, wenn frische reife Chilis erhältlich sind, zubereiten.
Sie kann ungeöffnet und gekühlt ein paar Monate aufbewahrt werden.

Frische Fische

Nikos Michail

Restaurant Argoura, Kalithea, Athen, Griechenland

Nikos Michail kommt aus Argoura auf Euböa, nach Kreta die zweitgrößte Insel Griechenlands. Schon als Kinder fischten sie dort im Meer und bereiteten die Fische selbst zu. Frische Produkte und qualitativ hochwertige Zutaten sind ihm bis heute das Wichtigste geblieben. Zoi, seine Frau, ist als Griechin in Istanbul aufgewachsen. Nikos absolvierte eine Ausbildung zum Koch und arbeitete dann für eine große Cateringfirma. Zu Beginn der Krise wurde er entlassen – und genau das half ihm, einen neuen Schritt zu wagen. Mit der Abfindungssumme mietete er ein ehemaliges Kafenio und richtete es nach seinem Geschmack ein. Mehrmals stand er schon beinahe vor dem Aus, aber dank seines guten Rufs kann er sich bislang mit seinen acht Angestellten halten. Das ganze Team – Nikos, Sotiris, Vaso, Dimitris, Apostolis, Anilla und Nora – bewegt sich in der kleinen Küche und im Service wie Fische im Wasser. Nikos hat ein Lieferantennetzwerk aufgebaut, das sich über ganz Griechenland erstreckt. Auf dem Markt in Kalithea sucht er den Fisch selber aus, danach bestimmt er das Tagesmenü. Ein Lieferant bringt Produkte aus Kreta und Tarama, gesalzenen Fischrogen vom Dorsch aus Island. Ein Fischer bringt einen lebendigen Hummer, genug für sechs Personen, ein seltener Fang. Ein Käseproduzent bringt Touloumotiri (türkisch Tulum) aus Ikaria, ein ursprünglich von Nomaden hergestellter Ziegen- oder Schafkäse in Ziegenhaut. Das Fell ist nach innen gedreht, damit Luft an den Käse gelangt. Das Schweinefleisch kommt, wenn möglich, von Schweinen, die mit Johannisbrot gefüttert wurden. Aus Johannisbrotmehl macht Nikos ein dunkles, leicht süßliches Brot. Oliven und Kapern legt er selber ein. Im Kamin über dem Herd hängen Oktopusarme zum Trocknen. Im März/April gibt es manchmal Oktopuseier, die größer als ein Hühnerei sein können. Sie werden gesalzen, in der Sonne getrocknet und gegrillt. Auf der Menükarte steht bescheiden Risotto mit Sepia, Fischeiersalat mit Süßkartoffeln oder Shrimps auf Fava – und dann kommen wahre Gourmetteller daher! Alles wird frisch zubereitet. Zum Abschmecken bereit stehen ein Konzentrat aus Meeresfrüchteschalen, frittierte Cherrytomaten und Kräuterzweige, Zitronensaft mit Olivenöl oder Basilikum mit frischem Knoblauch und, als Finish, ein Blättchen vom Basilikumtopf auf dem Tresen. Zum Schluss gibt es Moustalevria, einen traditionellen Pudding aus weißem Traubensaft, Mehl, Olivenöl und Walnüssen.

Taramosalata

FISCHROGENDIP MIT SÜSSKARTOFFELCHIPS

Nikos Michail, Fischrestaurant Argoura, Athen, Griechenland

4 Portionen

50 g frischer oder gesalzener Fischrogen (Tarama)
100 g gekochte Kartoffeln oder Süßkartoffeln
1 Schalotte oder kleine Zwiebel, gehackt
2 EL Zitronensaft
100 ml Sonnenblumen- oder mildes Olivenöl

Süßkartoffelchips:
1 Süßkartoffel, geschält
1–2 EL Olivenöl

- Kartoffeln, Zwiebeln und Zitronensaft mit dem Stabmixer pürieren. Langsam Öl hinzugießen und zu einer dickflüssigen Crème mixen.
- Fischrogen unterrühren. Nach Belieben nochmals mixen oder so belassen. In eine kleine Schale füllen.
- Für die Chips eine Süßkartoffel mit dem Gemüsehobel in dünne Scheiben schneiden. In einer Schüssel mit dem Öl vermengen. Auf einem mit Backpapier ausgelegten Blech ausbreiten im vorgeheizten Ofen bei 150° 30–40 Min. knusprig backen (sie sollen orangefarben bleiben).
- Zum Servieren Süßkartoffelchips in den Fischrogendip stecken.
- Dazu passen Röstbrot, frisches Fladenbrot oder rohes Gemüse. Auch gebratene Garnelen oder Fisch passen gut zu Taramosalata.

Tarama ist eine Paste aus gesalzenen Fischeiern. Üblich ist Rogen von Kabeljau, Meeräsche oder Karpfen. Qualitativ gute Paste hat einen Eieranteil von mind. 90 %. Die rötliche Farbe ist meist künstlich und kann mit Rote-Bete-Saft erzeugt werden. Alternativ gibt es im Handel Lachs-, roten Seehasen- und Forellenrogen. Je nach Region ist saisonal frischer Kleinfelchen-, Brachsen-, Rotaugen- oder Hechtrogen erhältlich. Fischrogen kann eingefroren werden.

Als vegane Variante schmeckt der Dip mit einem guten Öl auch ohne Fischrogen.

Taramosalata ist ein klassisches griechisches Meze. Die Variante mit Süßkartoffeln ist eine Kreation von Nikos.

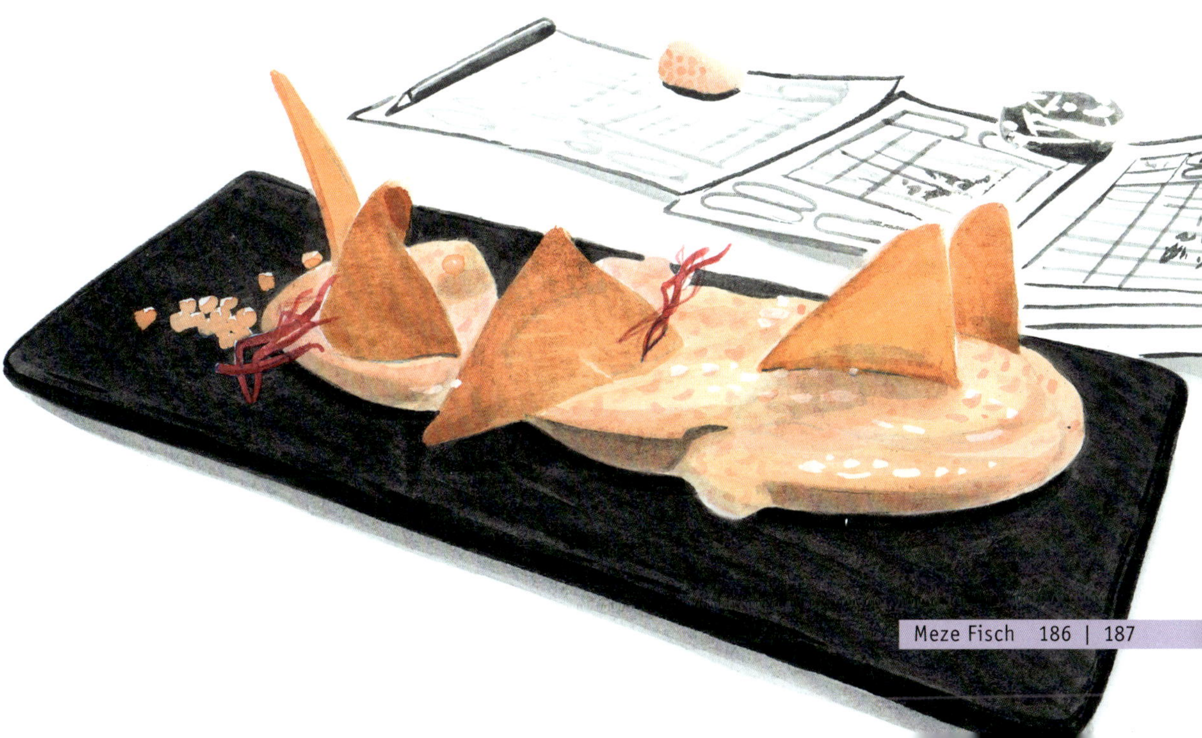

Tajen

WEISSFISCH IN SESAMSAUCE

Mouhanna Ismael, Restaurant Al Mokhtar, Nesnaya, Libanon

4 Portionen

200 g Weißfischfilet (z. B. Pangasius, Seehecht)
½ TL Salz
2 EL Olivenöl
½ Zitrone, Saft

Tarator-Sauce:
4 EL Tahina
1–2 EL Zitronensaft
100 ml Wasser
½ Knoblauchzehe
¼ TL Salz
½ Zwiebel, in feinen Streifen
1 Msp. Pfeffer oder Chili
1 Prise Kreuzkümmel (optional)

1 EL geröstete Pinienkerne oder Mandelstifte
1 EL Koriandergrün oder Petersilie, fein gehackt
4 dünne Zitronenscheiben

- Ofen auf 220° vorheizen.
- Fischfilet salzen. Mit 1 EL Öl und Zitronensaft in Alufolie packen und je nach Dicke 10–15 Min. im Ofen backen. Beiseitestellen.
- Für die Sauce Tahina, Zitronensaft und Wasser gut verrühren.
- Knoblauch mit Salz mörsern und dazugeben.
- Zwiebeln in einer Pfanne mit 1 EL Öl goldbraun braten.
- Mit Pfeffer oder Chili und Kreuzkümmel würzen.
- Hitze reduzieren, Sauce dazugießen und 2 Min. köcheln.
- Bei Bedarf mehr Wasser unterrühren, bis eine cremig-flüssige Sauce entsteht. Mit Gewürzen und Zitronensaft abschmecken.
- Pinienkerne oder Mandelstifte in einer Pfanne ohne Öl goldbraun rösten.
- Fischfilet in Stücken in eine Schale legen und die Sauce darübergießen.
- Geröstete Nüsse und Kräuter darüberstreuen. Mit Zitronenscheiben dekorieren und warm servieren.

Weißfische vom Meer sind meist Dorschartige Fische mit weißem Fleisch. Sie können gut durch Süßwasserfische wie Forelle, Zander oder Barsch ersetzt werden.
Tahina mit Säure und Wasser gemischt emulgiert zu einer milchigen Sauce.

Die Sauce Tarator aus Knoblauch, Tahina und Zitronensaft wird als Dip zu Fisch und vielen weiteren Gerichten serviert. Typisch ist sie zu Falafel (►S. 123) oder Hackfleischklößchen.

Balık köftesi

FISCHFRIKADELLEN

Hüseyin Tüzün, Datça, Türkei

4–8 Portionen

400 g Makrelen- oder Hechtfilets
30 g Semmelbrösel
½ Biozitrone, Abrieb und Saft
1 Zwiebel, fein gehackt
2 Eier
20 g Petersilie
10 g Dill, fein gehackt
½–1 TL Salz
½ TL Pfeffer
50 ml Pflanzenöl

- Fisch in kleine Stücke hacken oder durch die grobe Lochung eines Fleischwolfs drehen.
- Mit Semmelbröseln, Zitronenschale, Zwiebeln, Ei, Kräutern und den Gewürzen gut vermischen. Abschmecken. Nach Bedarf etwas mehr Semmelbrösel hinzufügen.
- Aus der Masse kleine Frikadellen formen.
- Pflanzenöl in einer Pfanne erhitzen und die Frikadellen beidseitig je 2–3 Min. auf mittlerer Hitze goldbraun braten.
- Herausnehmen und auf Küchenpapier abtropfen lassen.
- Warm oder kalt servieren. Dazu passen geröstete grüne Spitzpaprika (▶Rezept unten), Ofengemüse oder Salat.

Für die Frikadellen eignen sich auch Felchen oder Süßwasser-Weißfische wie Hasel, Rotauge, Rotfeder, Barbe oder Brachse. Die Weißfische dreht man wegen ihrer feinen Gräten am besten durch den Fleischwolf.
Statt Semmelbröseln eignet sich auch trockenes Brot, das eingeweicht, ausgepresst und fein gehackt wird.
Statt Dill kann auch Minze oder nur Petersilie verwendet werden.

GERÖSTETE SPITZPAPRIKA Beilage

8–12 schmale grüne oder rote Spitzpaprika, mild oder halbscharf
Olivenöl

- Ofen auf 200° vorheizen. Blech mit Backpapier auslegen.
- Paprika waschen, abtropfen lassen und in etwas Öl wenden.
- Auf das Blech legen und im Ofen etwa 20 Min weich backen.
- Herausnehmen, in eine Schale legen und mit Salz bestreuen.

Geröstete Paprika, auf Türkisch Biber kösleme, passen als Beilage zu vielen Gerichten, auch mit Joghurt, etwas Knoblauch und Salz.
Spitzpaprika ▶S. 308

Kochen und Chaos

Achilles Vakatasis

Athen, Griechenland

Achilles Vakatasis, 26 Jahre, Heavy-Metal-Fan, ist Koch und arbeitet im Mezedopolia Bousoulas. Er heißt eigentlich Achilleas, nennt sich aber – wie viele junge Griechen – auf Englisch Achilles. Achilles begann im Restaurant seines Bruders zu arbeiten und lernte zwei Jahre lang Koch an einer Gastronomieschule. Drei seiner Urgroßeltern kamen aus Konstantinopel nach Piräus. Die meisten Griechen nennen Istanbul noch heute Konstantinopel, wie die Stadt bis 1930 hieß. Als sein heute 88-jähriger Onkel mit zwanzig nach Piräus kam, war das Leben mit den vielen Migranten und Migrantinnen hart und gefährlich. Unter den armen und verarmten Bevölkerungsschichten herrschten eigene Regeln und Bräuche. Sie waren die Anarchisten. Die wohlhabenden Griechen standen dem Faschismus, der Polizei und dem Staat nahe. Aus Konstantinopel kamen viele gebildete Griechen, und insbesondere die schön gekleideten und geschminkten Istanbuler Damen waren in den Augen der armen Griechen Huren.

Das Athener Quartier Exarchia ist heute noch ein Zentrum für autonomen und anarchistischen Lebensstil. Wie auch viele Quartiergruppen engagieren sich autonome Gruppen besonders jetzt, in Krisenzeiten, in Flüchtlings- und Selbsthilfeprojekten. Wir besuchen die besetzte Villa Zografu, eine schöne Villa mit Park, die lange leer stand. Etwa achtzig Aktivisten organisieren hier ein Kulturprogramm, das allen offensteht. Im Garten wird Gemüse angepflanzt. Es gibt eine offene Küche, wo Mitglieder an den Wochenenden Gratisessen kochen, es werden Sprach- und Musikkurse angeboten – wie zum Beispiel für Rembetiko, der wieder in Mode ist – oder Schach-, Pingpong- und Fußballturniere ausgetragen.

Achilles hat die griechische Küche studiert und erzählt: Die heutige Küche ist vom Osmanischen Reich beeinflusst. Die antiken Griechen kochten mit Getreidesamen, Honig, Trauben, Nüssen und Fleisch. Der Weizen kommt ursprünglich aus Anatolien. Auch die griechische Göttin Dimitra trägt eine Weizenähre im Arm. Es gibt eine Form von Pasta, die nicht von China, sondern aus Griechenland nach Mitteleuropa kam. Sie ist aus flüssigem Teig gemacht und heißt Laganon – vergleichbar mit unseren Spätzle. Über die Einführung der Kartoffel in Griechenland kennt Achilles eine Anekdote: Die ersten Kartoffeln wurden in einem Lastwagen nach Griechenland gebracht, um die Hungernden zu ernähren. Diese trauten sich nicht, die Kartoffeln zu essen, weil sie sie für Tierfutter hielten. Da hatte einer die Idee, Wachen um den Wagen zu postieren. Die Griechen kamen und stahlen die Kartoffeln, weil sie dachten, dass nur etwas Wertvolles bewacht sein kann.

Achilles sagt, Meze waren günstige Gerichte für arme Leute. Heute sind sie in der ganzen Gesellschaft in Mode gekommen. Zur Zeit von Achilles' Großvater gab es in den Kafenios vor allem Oliven, Tomaten, Käse, gebratene Sardinen, Calamares, Zucchini und Auberginen. Es gibt keine bestimmte Zeit, um Meze zu essen. Das kann nachmittags oder um drei Uhr nachts sein. Bei der Meze-Kultur ist das Zusammensein mit Freunden, bei dem man die Probleme eine Zeit lang vergessen kann, wichtiger als das Essen. Als wir bei Achilles zu Hause kochen, sprudelt die Tomatensauce über und er ruft ganz anarchistisch: »Ich liebe das Chaos!« – und das meint er ganz im ursprünglichen Sinn, dass aus dem Chaos Schöpfung und Kreativität entstehen.

Sardeles sto fourno

SARDINEN IM OFEN

Achilles Vakatasis, Athen, Griechenland

4 Portionen

500 g Sardinen (1–2 pro Person)
3 Knoblauchzehen, fein gehackt
1 TL Oregano
50 ml Olivenöl
80 ml Weißwein
½ Zitrone, Saft

Statt Oregano kann Petersilie verwendet werden.
Die Sardinen schmecken auch kalt oder mit ein paar mitgebackenen Tomatenscheiben.

- Falls die Sardinen noch nicht küchenfertig sind, putzen: Schuppen entfernen, Bauch vom Schwanz her aufschneiden, Innereien und Kopf entfernen. Waschen und abtropfen lassen.
- Ofen auf 160° vorheizen.
- In einer Schüssel Sardinen mit Knoblauch, Oregano, Salz und Pfeffer bestreuen und darin wenden.
- Eine Auflaufform mit etwas Öl einfetten und die gewürzten Sardinen hineinlegen.
- Mit Öl, Weißwein und Zitronensaft begießen und mit Alufolie abdecken.
- 20 Min. bei 160° im Ofen backen, dann die Folie entfernen und weitere 5 Min. bei 180° backen.
- Warm servieren.

Fileto barbouni me fava ke kyvakia psomiou

ROTBARBENFILETS MIT FAVA UND KNUSPRIGEN BROTWÜRFELN

Labros Dakas und Giannis Loukakos, Taverna Pezodromos, Thessaloniki, Griechenland

4 Portionen

Griechische Fava ►S. 95, Aufwand 1–1½ Std.

300 g Rotbarbenfilets (mind. 4 Filets)
2 Zwiebeln, in Ringen
3 EL Olivenöl
2 EL Mehl
1 TL Oregano
½ TL Meersalz
½ Zitrone, Saft
200 g Malz- oder Vollkornbrot, in Würfeln von 3 cm
1 EL Olivenöl
2 EL Kapern
1 rote Zwiebel oder Schalotte, in Ringen

- Ofen auf 220° vorheizen.
- 2 EL Öl in eine Auflaufform geben. Mit Zwiebelringen auslegen.
- Fischfilets im Mehl wenden. Mit Oregano und Salz würzen und auf die Zwiebeln legen. Mit Zitronensaft und 1 EL Öl beträufeln.
- Fischfilets je nach Dicke 5–10 Min. im Ofen backen.
- Währenddessen die Brotwürfel in einer Pfanne mit 1 EL Öl rundum goldbraun rösten.
- Für eine Portion 3 EL lauwarme Fava in einen Suppenteller geben.
- Ein Fischfilet und ein paar Brotwürfel darauflegen.
- Mit Kapern und den gegarten oder rohen Zwiebelringen dekorieren und warm servieren.

Es eignen sich auch andere festfleischige Salzwasserfische wie Rotbarsch, Seeteufel, Makrele oder Lachs oder Süßwasserfische wie Hecht, Zander, Forelle, Saibling oder Felche.
Die Fischfilets können auch im Mehl gewendet und gebraten werden.
Die Brotwürfel können alternativ mit etwas Olivenöl beträufelt bei 200° im Ofen gebacken werden. Einmal wenden und herausnehmen, wenn sie rundum goldbraun sind.

Meze im Volos-Stil

Tsipouradiko O Tzimis

Volos, Griechenland

Volos liegt am Meer, auf halber Strecke zwischen Athen und Thessaloniki, in der Region Thessalien. Die Hafenstadt ist berühmt für ihre Meze und Tsipouradikos, wie die Tavernen hier heißen. Die Meze sind zum allergrößten Teil aus Fisch und Meeresfrüchten. Traditionell wurden Meze inklusive zur Bestellung eines alkoholischen Getränks gereicht. Nach der Stadt nennt man das in Griechenland den Volos-Stil. Diese Tradition findet man nicht mehr in den Fischtavernen am Meer, die touristisch geworden sind. Die ursprünglichen Tsipouradikos, wo die Einheimischen hingehen, liegen versteckter im Quartier Nea Ionia. Neu-Ionien ist ein typischer Name für ein Quartier, das 1923, nach dem Bevölkerungsaustausch zwischen der Türkei und Griechenland (►S. 300), für die Flüchtlinge aus Anatolien entstanden ist.

In Nea Ionia führt Katarina mit ihrem Mann Dimitris das Tsipouradiko O Tzimis (Bei Jimmy). Zu jedem Glas Tsipouro mit Anisaroma erhalten wir im Preis inbegriffen zwei Meze des Hauses. Je mehr Leute zusammensitzen und Runden bestellen, desto vielfältiger wird die Auswahl. Wir essen gebratene Oktopusstücke auf Kritamo-Pickles (►S. 74), geräucherten Fisch auf Kartoffelsalat, frittierten Dorsch im Bierteig mit Tzatziki, roh eingelegte Sardellen und als Extra gekochte Endivie in Olivenöl (►S. 13). Dazu gibt es geröstetes Knoblauchbrot und eine große Flasche Wasser. Und mit der Rechnung kommt noch etwas Süßes.

Katarina erzählt, dass die griechischen Flüchtlinge aus der Türkei die bescheidene griechische Küche mit vielen Gerichten bereichert haben. Sie kocht, was sie und Dimitris selber gerne mögen und will ihren beiden Söhnen beibringen, was gutes Essen aus guten Zutaten ist. Für sie sind Meze einfache Speisen, häufig mit einem kräftigen, salzigen oder sauren Geschmack, aus qualitativ hochwertigen Zutaten. Und vor allem geht es darum, gute Gesellschaft zu haben, Witze und Geschichten zu erzählen und zu lachen. So kommt es, dass Katarina auch gerne Meze isst, obwohl sie – dem Volos-Stil ungetreu – keinen Tsipouro trinkt.

Balık veya ada çorbası

FISCH- ODER INSELSUPPE VON LIMNI

Vedia Türün, Foça, Türkei

4 Portionen

500 g ganze Rotbarben
1 Zwiebel, geviertelt
ein paar Petersilienstängel
1 Selleriestange, in Stücken
1,5 l Wasser
35 g Risottoreis oder 3 geraffelte Kartoffeln
2 EL Olivenöl
1 Ei
1 EL Mehl
½ Zitrone, Saft
Salz
10 g Dill, gehackt

Für Fischsuppen eignen sich viele, besonders auch günstige Fische, zum Beispiel Meeresfische wie Drachenkopf, Knurrhahn, Wolfsbarsch, Petersfisch, Dorade, Dorsch, Sardinen, oder Süßwasserfische wie Weißfische (▶ S. 308), Aal, Hecht, Saibling, Forelle, Felche oder Zander.

- Fische mit Zwiebeln, Petersilienstängeln und Selleriestangen in einen Topf geben. Mit Wasser bedecken und aufkochen. Je nach Fischgröße 10–20 Min. auf mittlerer Hitze köcheln.
- Topf vom Feuer nehmen und kurz stehen lassen.
- Fischsud in einen Topf absieben. Die Fische beiseitestellen und etwas abkühlen lassen.
- Reis oder Kartoffeln und Öl in den Sud geben und auf mittlerer Hitze weich kochen.
- Das Fischfleisch von den Gräten lösen und in eine Suppenschüssel oder vier Suppenteller verteilen.
- Ei mit einer Gabel verquirlen. Mehl und Zitronensaft dazugeben und gut verrühren.
- Den Fischsud vom Feuer nehmen. Das verquirlte Ei mit 4 EL Sud verrühren und unter Rühren zum Fischsud geben. Das Ei soll nicht gerinnen. Mit Salz abschmecken.
- Die Suppe über die Fischstücke in die Teller gießen. Mit Dill bestreuen und servieren.

Oktopus

Die Zubereitungsarten für Oktopus sind vielfältig. Oktopus kann im eigenen Saft, in Wasser, Essig, Wein oder Olivenöl gegart werden, man findet ihn aber auch gekocht, gegrillt, geräuchert oder als Carpaccio aufgeschnitten. Die Griechen mögen den Oktopus »mit Biss«, die Türken und Mitteleuropäer hingegen zart. Typische Oktopus-Meze sind Oktopus vom Grill, Oktopussalat, Oktopusklößchen oder Oktopusragout im Tontopf. In islamischen Ländern ist der Konsum von Tintenfisch nicht sehr verbreitet, da die Tiere als haram (verboten) gelten.
In Griechenland wird der Oktopus traditionell geschlagen, um ihn zarter zu machen. Das Einfrieren oder Trocknen an der Sonne hat eine ähnliche Wirkung. Andreas Tzogios von der Insel Kithnos sagt: »Oktopus benötigt weniger Kochzeit, wenn er geschlagen wird. Gleich nach dem Fang wird der Oktopus bis zu hundertmal auf Stein oder gegen einen Felsen geschlagen. Danach wird er hin- und hergerieben, bis er schäumt und die graue Haut abgerieben wird. Je weißer, desto zarter wird er.«

Sepia und Kalmar
Die Sepia ist weiß und dickfleischig. Sepiatinte ist im Handel separat in kleinen Beuteln (Nero di Seppia) erhältlich. Der Kalmar hat eine lila-rosa Haut und eine runde Tube, die gefüllt oder in Ringen frittiert wird. Beide können wie Oktopus gekocht, gebraten, frittiert und als Salat zubereitet werden.

Ahtapot

OKTOPUS GEKOCHT

Hüseyin Pehlivan, Bar Polente, Insel Bozcaada, Türkei

4 Portionen

500 g Oktopus
1 Zwiebel, mit Lorbeer und Nelke besteckt
25 ml Olivenöl
100 ml Rotwein oder 25 ml Essig
100 ml Wasser

Sauce:
50 ml Olivenöl
1 Zitrone, Saft
etwas Petersilie
schwarzer Pfeffer

- Oktopus putzen: Schnabel und Augen entfernen und waschen.
- In einem Topf 100 ml Wasser erhitzen, Öl, Rotwein und Gewürzzwiebel hineingeben und den Oktopus 1 Std. zugedeckt auf kleiner Hitze garen.
- Herausnehmen, abtropfen lassen und in Stücke schneiden.
- Für die Sauce alle Zutaten verrühren.
- Oktopus mit der Sauce übergießen und lauwarm servieren.

Falls gefrorener Oktopus verwendet wird, das Auftauwasser beim Kochen mit verwenden. Er wird geschmackvoller. In wenig Flüssigkeit gekochter oder gebratener Oktopus benötigt kein Salz. Kleine, junge Oktopusse können im eigenen Saft gegart werden und benötigen weniger Kochzeit.
Gekochte Oktopusstücke können in einem Glas mit Essig, Oregano und etwas Olivenöl im Kühlschrank aufbewahrt werden.

OKTOPUSSALAT

Vom gekochten Oktopus die Haut abziehen und in mundgerechte Stücke schneiden. In Olivenöl, Essig, Salz, Pfeffer und Knoblauch ziehen lassen. In den Salat passen sehr gut Zwiebeln, Knoblauch, frische Kräuter, Chili, Fenchel, Staudensellerie, Paprika oder gekochte Kartoffelstücke.

GEKOCHTER OKTOPUS GEGRILLT ODER GEBRATEN

Tentakel vom gekochten Oktopus auf dem Grill oder in der Pfanne rundum knusprig braten. Mit Olivenöl, Oregano, Zitrone und Pfeffer servieren. Dazu passt Taramosalata (►S. 187) und Salat.

ROHER OKTOPUS GEGRILLT ODER GEBRATEN

Ofen auf 100° Umluft vorheizen. Rohe Oktopusarme 45 Min. im Ofen trocknen lassen. In einer Pfanne mit Öl oder auf dem Grill beidseitig knusprig braten.

In Griechenland wird Oktopus auch roh auf den Grill gelegt. So behält er seinen »Biss«.

Genossenschaftsrestaurant Sempriko

Polixeni Alexopoulou

Thessaloniki, Griechenland

Seit der Krise werden in Griechenland viele Genossenschaftsprojekte gegründet. Junge Leute tun sich zusammen, weil es nahezu unmöglich ist, Bankkredite zu erhalten. Besonders in Athen sind so viele Restaurants, Buchläden oder Handwerkerkollektive entstanden. Das Genossenschaftsrestaurant Sempriko wurde 2012 von zwölf Personen gegründet. Im Laden neben dem Restaurant werden eigene eingemachte Produkte verkauft. Polixeni Alexopoulou ist zusammen mit Ilias Agoropoulos Teil der fünfköpfigen Leitung, die das Restaurant neu als verkleinertes Kollektiv leitet. Die 38-jährige Psychologin hat früher mit Kindern aus schwierigen familiären Verhältnissen gearbeitet. Auf der Suche nach einer neuen Tätigkeit ist sie im Sempriko eingestiegen und hat das Kochen direkt an der heißen Platte gelernt. Viele Produkte, wie Olivenöl, bezieht das Sempriko direkt von den Produzenten. Käsespezialitäten werden von den Inseln geliefert. Ein Bauer bringt gerade frischen Kritamo (Meerfenchel), den Polixeni kurz blanchiert als Salat mit Feta, Cherrytomaten und Oliven serviert (▸S. 75). »Papara« – so sagen die Griechen, wenn man Brotstücke in die Sauce tunkt, bis der Teller blank ist.

Chtapodi stifado

OKTOPUS IM TOPF

Nikos Michail, Fischrestaurant Argoura, Athen, Griechenland

4 Portionen

500 g Oktopus
4 EL Olivenöl
250 g Schalotten oder kleine Zwiebeln
80 ml trockener Weißwein
300 g Kartoffeln, geschält, in Stücken
1 Tomate, in kleinen Würfeln
ein paar frische Rosmarinnadeln
½ TL Oregano
1 Lorbeerblatt
Salz, Pfeffer

Oktopus im eigenen Saft gegart benötig kein Salz.
Der Oktopus wird zarter, wenn man ihn 1 Std. stehen lässt oder wieder erwärmt.
Stifado ist in der Regel ein Hauptgericht, das als kleine Portion auch als Meze serviert werden kann. Auch ein paar Pilze passen dazu.

- Oktopus putzen: Schnabel und Augen entfernen, vom Kopf und im oberen Teil die Haut abziehen und waschen. An den Fangarmen kann die Haut dranbleiben. In mundgerechte Stücke schneiden.
- Schalotten oder Zwiebeln schälen und je nach Größe ganz belassen oder vierteln.
- Die Oktopusstücke in einem Topf in 2 EL Öl langsam erwärmen und 10 Min. auf mittlerer Hitze im eigenen Saft kochen. Ab und zu rühren.
- Schalotten oder Zwiebeln dazugeben und weitere 5 Min. köcheln, bis sie Farbe angenommen haben.
- Wein dazugießen und 10 Min. weiterkochen, bis der Saft etwa zur Hälfte reduziert ist.
- Kartoffeln, Tomaten, Rosmarin, Oregano und Lorbeer dazugeben. Mit Pfeffer abschmecken.
- Auf mittlerem Feuer zugedeckt etwa 30 Min. weiterkochen. Wenn nötig mit Salz abschmecken.
- Vom Feuer nehmen, 2 EL Öl dazugießen und zudecken.
- 10 Min. ziehen lassen und warm servieren.

Ahtapot pilavı

OKTOPUSREIS

Erhan Şeker, Restaurant Zeytin Bağı, Çamlıbel Köyü, Edremit, Türkei

4 Portionen

4–6 kleine Oktopusse (500–700 g)
3 Lorbeerblätter
1 Zweig Rosmarin
6 schwarze Pfefferkörner
50 ml Apfelessig
200 g Risottoreis (Baldo)
2 EL Korinthen
1 Zwiebel, fein gehackt
50 ml Olivenöl
½ TL Zimt
½ TL Piment
Salz, Pfeffer

- Oktopus putzen: Schnabel und Augen entfernen und waschen.
- Ganze Oktopusse in einen Topf geben und auf kleiner Hitze zugedeckt im eigenen Saft 5 Min. garen. Bei größeren Oktopussen etwas Wasser hinzufügen.
- Lorbeer, Rosmarin, Pfefferkörner und Essig dazugeben und auf kleiner Hitze zugedeckt 40 Min. kochen.
- Oktopusse im Sud etwas abkühlen lassen. Größere Oktopusse herausnehmen und in Stücke schneiden. Sud beiseitestellen.
- In einer Schüssel Reis und Korinthen mit 500 ml heißem Wasser übergießen und ein paar Minuten stehen lassen.
- In einer weiten Pfanne das Öl erhitzen und die Zwiebeln glasig braten.
- Reis und Korinthen abgießen und mit Zimt, Piment, Salz und Pfeffer in die Pfanne geben.
- Oktopusse über dem Reis verteilen und auf mittlerer Hitze etwa 3 Min. weiter braten.
- Oktopussud und heißes Wasser (insgesamt 600 ml) dazugießen. Zugedeckt etwa 15 Min. köcheln. Ab und zu den Reis probieren. Die Flüssigkeit soll weitgehend absorbiert sein und der Reis noch Biss haben.
- Warm oder kalt als Meze oder in doppelter Menge als warmes Hauptgericht servieren.

Chtapodi kritharaki

OKTOPUS MIT GRIECHISCHEN NUDELN

Andreas Tzogios, Insel Kithnos, Griechenland

4 Portionen

500 g Oktopus, gekocht ►S. 199
1 Zwiebel, gehackt
2 Knoblauchzehen, gehackt
3 EL Olivenöl
200 ml Weißwein
1 Spritzer Ouzo (optional)
150 g Kritharaki (Nudeln in Getreideform)
2 Tomaten, geschält, in kleinen Würfeln
½ TL Oregano
Salz, Pfeffer

- Gekochten Oktopus in große Stücke schneiden.
- 2 EL Öl in einer Pfanne erhitzen und erst die Zwiebeln, dann den Knoblauch anbraten.
- Oktopus dazugeben und kurz weiterbraten. Mit Weißwein und nach Belieben Ouzo ablöschen.
- Nudeln, Tomaten und 1 EL Öl dazugeben. Alles miteinander vermengen und 10 Min. zugedeckt kochen. Bei Bedarf Wasser hinzufügen. Mit Oregano, Salz und Pfeffer abschmecken.
- Vom Feuer nehmen und 10 Min. ziehen lassen, damit die Nudeln die Flüssigkeit absorbieren können. Sie sollen al dente sein.
- Etwas Olivenöl darübergießen, rühren und warm als Meze oder in doppelter Menge als Hauptgericht servieren.

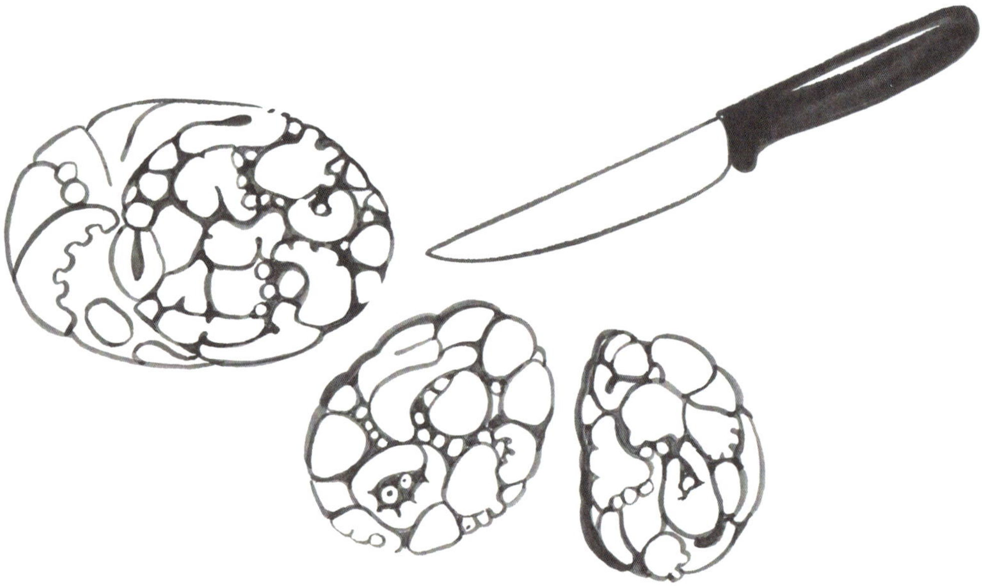

Chtapodi carpaccio

OKTOPUS-CARPACCIO

Nikos Michail, Fischrestaurant Argoura, Athen, Griechenland

4 Portionen

500 g Oktopus
1 Zwiebel, geschält, in Viertel
½ Fenchel, in Stücken
1 TL Pfefferkörner
Klarsichtfolie

Sauce:
ein paar Tropfen Balsamico oder Apfelessig
etwas Olivenöl
Oregano

kleine Tomatenwürfel
fein geschnittene Endivie

Falls gefrorener Oktopus verwendet wird, das Auftauwasser beim Kochen mit verwenden. Als Dekoration passen auch fein gehobelter Fenchel oder Stangensellerie und rosa Pfeffer. Variante Sauce: 1 TL süße Chilisauce, 2 TL Sojasauce, 1 TL Koriandersamen, 4 TL Olivenöl.

- Oktopus putzen: Schnabel und Augen entfernen und waschen.
- Oktopus in einen Topf geben und langsam erhitzen, bis die eigene Flüssigkeit austritt.
- Zwiebel, Fenchel, Pfefferkörner und wenig Wasser dazugeben und 30 Min. bei geschlossenem Deckel kochen. Oktopus während des Kochens einmal wenden.
- Vom Feuer nehmen und abkühlen lassen.
- Klarsichtfolie auf einer Fläche auslegen. Oktopus zu einem Ballen pressen und ganz eng in die Folie wickeln.
- Über Nacht in den Kühlschrank legen oder ein paar Stunden im Gefrierschrank anfrieren lassen. Der Saft geliert und hält den Oktopus zusammen.
- Oktopus mit einem scharfen Messer wie eine dicke Wurst in dünne Scheiben schneiden. Je dünner, desto besser.
- Die Scheiben auf einem flachen Teller anrichten. Mit Essig und Olivenöl beträufeln. Oregano und frisch gemahlenen Pfeffer darüberstreuen. Mit Tomatenwürfeln und fein geschnittener Endivie dekorieren.

»Warum bist du in Bodrum, wenn du in Eile bist?«

Ali Perret

Jazzclub Pannonica, Bodrum, Türkei, facebook: pannonicajazz, ali perret's du.du

Alis Mutter war eine schlechte Köchin, dem Vater war Essen nicht wichtig und die Schwester war noch zu klein: So wurde Ali schon mit neun Jahren zum Koch der Familie. Alis Vorfahren väterlicherseits wanderten von Genf nach Amerika aus. Seine Mutter kommt aus Istanbul. Als Ali sechs Jahre alt war, reiste die Familie auf einem Frachtschiff aus New York nach Istanbul, weil die Mutter Heimweh hatte. Ali erinnert sich noch heute an die Silhouette von Istanbul bei der Ankunft. Er verliebte sich sofort in die Stadt. Ali studierte Klavier und Komposition in Istanbul und später Jazz in Boston.
Mit 29 kaufte Ali sein erstes Segelschiff und taufte es »Yaşantı«, auf Deutsch »das Leben genießen«. Yaşantı ist auch Alis Übername in Bodrum. 1993 begann er, im Sommer »blaue Touren« (►S. 82) für Freunde und Gäste anzubieten. Bis jetzt segelt er mit seiner Ökoyacht kleine Buchten an und kocht für die Gäste. Im Winter komponierte und unterrichtete er in Istanbul. 1998 gründete Ali die erste universitäre Jazzausbildung an der Bilgi-Universität und begann sich für den legendären Musikclub Babylon zu engagieren. Seit 2013 führt er den Jazzclub Pannonica in Bodrum, zu der auch ein Bistro gehört. Der Name ist eine Hommage an Pannonica de Koenigswarter, Förderin des modernen Jazz. Er verbindet Essen mit der Musik. Nachdem er seine Gäste mit leckeren Meeresfrüchte-Meze bewirtet hat, setzt er sich ans Piano und wir erleben das erste Konzert seiner neu gegründeten Gruppe DU.DU, die improvisierten anatolischen Jazz spielt. Suren Asatryan aus Armenien spielt Duduk, Berkant Çakıcı mit syrisch-türkischen Wurzeln Perkussion, Oğuz Büyükberber aus Kayseri spielt Bassklarinette, die Griechen Apostolis Sideris und Giannis Poulios Kontrabass und Geige. Alis neuste Komposition und das gleichnamige Album *On the Move* thematisiert die syrische Flüchtlingskrise, mit der er in Bodrum direkt konfrontiert war. Es ist eine Auseinandersetzung mit dem Leid der Migranten. Wir möchten nach diesem Konzert nicht mehr weg und bleiben in dieser Nacht sitzen. Leider musste Ali das Pannonica im Sommer 2016 schließen. »Der Putsch, die immer restriktivere Politik der Regierung und die Terrorgefahr schaden dem Tourismus und die Einheimischen sind mehr an Sport oder Essen als an Jazz interessiert«, sagt Ali. Aber sicher ist: Im Sommer wird Ali wieder um die kleinen Buchten von Bodrum segeln – mit oder ohne Gäste.

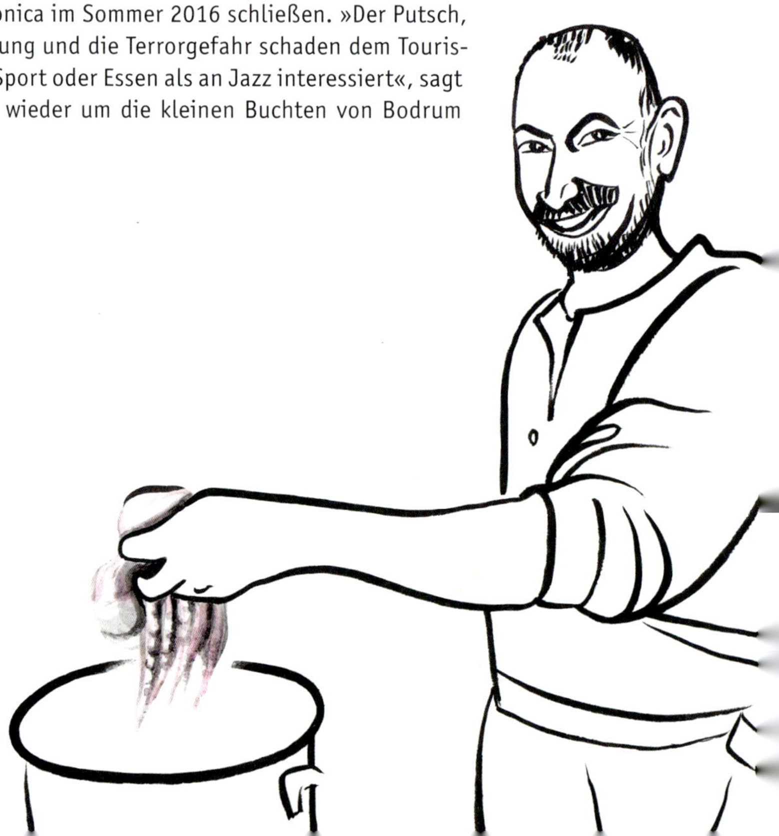

Kalamar salatası

CALAMARESSALAT MIT DER TINTE

Ali Perret, Jazzclub Pannonica, Bodrum, Türkei

4 Portionen

750 g Calamares, geputzt, in Stücken von 2–3 cm
4 g Sepiatinte
150 ml trockener Rotwein
2 Knoblauchzehen, gepresst
2 EL Olivenöl
1 EL Balsamico
1 Handvoll Basilikumblätter, in Streifen

- In einem Topf 100 ml Wasser, Rotwein und Tinte aufkochen.
- Calamares dazugeben und etwa 1 Std. auf mittlerer Hitze weich kochen.
- Knoblauch mit Olivenöl und Balsamico verrühren.
- Calamares mit etwas Saft in eine Schüssel geben. Sauce daruntermischen, mit Basilikum dekorieren und servieren.

Calamares putzen: Kopf greifen und mitsamt den Innereien herausziehen. Rückgrat herausziehen. Augen und Schnabel von den Tentakeln abschneiden. Lila Haut unter fließendem Wasser abziehen. Mantel gut ausspülen.
In den Salat passen auch Zwiebelringe oder kleine Paprikastücke.

Kalamar tava

FRITTIERTE CALAMARES

Von einem Koch auf der Straße, Ägäis, Türkei

4 Portionen

400 g Calamares, geputzt, in Ringen
½ TL Salz
¼ TL Natron
150 ml Mineralwasser
etwas Mehl
500 ml Frittieröl
1 Zitrone, in Schnitzen

- Calamaresringe in einer Schüssel mit Salz und Natron mischen, Mineralwasser darübergießen und ein paar Stunden kaltstellen.
- Einen Teller mit Mehl füllen, einen zweiten mit Küchenpapier auslegen.
- In einem Topf Öl auf 170° erhitzen (▸ Frittieren S. 117).
- Einen Calamaresring mit einer Gabel aus der Schüssel heben, ohne abzuspülen im Mehl wenden und ins Öl geben. Etwa 2 Min. golden und knusprig frittieren. Mit einem Schaumlöffel herausheben und auf Küchenpapier abtropfen lassen. Calamares portionsweise frittieren.
- Mit Zitronenschnitzen dekorieren und servieren.
- Dazu passt die Walnuss-Knoblauch-Sauce Cevizli Tarator (▸ S. 121).

Calamares werden in Wasser mit Natron, Mineralwasser oder Milch eingelegt, um sie zarter zu machen.
Auf dieselbe Art können auch Garnelen und kleine Fische frittiert werden.

Saganaki me garides

GARNELEN MIT FETA IM TONTÖPFCHEN

Antonis Attouni, Taverna Kyklos, Protaras, Zypern

4 Portionen

20 rohe Garnelen
1 Zwiebel, fein gehackt
1 grüne oder rote Paprika, fein gewürfelt
4 EL Olivenöl
2 Tomaten, geschält, fein gehackt
2 Knoblauchzehen, in dünnen Scheiben
100 ml Weißwein
½ Chilischote, fein gehackt (optional)
150 g Feta, fein gewürfelt oder zerbröckelt
1 TL Oregano

Garnelen können schon geputzt mitsamt Schwanzspitze gekauft werden.
Das Gericht wird auch ohne Weißwein zubereitet.

Saganaki (► S. 308) – »kleines Pfännchen« – kann auch auf dem Herd zubereitet werden.

- Garnelen schälen, Schwanzspitze dranlassen, den dunkelroten Darm entfernen.
- Ofen auf 200° vorheizen.
- Zwiebeln und Paprikastücke in 1 EL Öl kurz anbraten.
- Tomaten und Knoblauch dazugeben, kurz weiterbraten.
- Mit Weißwein ablöschen und mit Salz und Pfeffer abschmecken.
- Mit den Garnelen und dem gehackten Chili in eine Gratinform oder vier Tontöpfchen verteilen.
- Mit 2–3 EL Öl beträufeln und im Ofen 10 Min. backen.
- Ofen ausschalten. Garnelen mit Fetastückchen und Oregano bestreuen und 5 Min. im noch heißen Ofen stehen lassen.
- Warm mit Fladenbrot servieren.

Midia ahnista me mastiha

MIESMUSCHELN MIT MASTIX

Kleomenis Zournatzis, Restaurant Cookoovaya, Athen, Griechenland

4 Portionen

1 kg Miesmuscheln
2 EL Olivenöl
1½ rote Zwiebeln, fein geschnitten
2 Frühlingszwiebeln, fein gehackt
2,5 g Mastix
2 Prisen Zucker
Dill, gehackt
1 Zitrone, Saft
100 ml Olivenöl
50 g Feta, zerbröckelt (optional)

Die Muscheln sind am saftigsten, wenn sie kurz nachdem sie sich geöffnet haben vom Feuer genommen werden.
Statt den Mastix zu mörsern, kann man auch 70 ml Mastiha (Likör ▶ 266) verwenden.
Das Gericht schmeckt auch ohne Mastix.

- Muscheln waschen, Haare entfernen und in eine Schüssel mit kaltem Wasser legen.
- 2 EL Öl in einem großen Topf erwärmen. Zwiebeln und Frühlingszwiebeln glasig braten.
- Mastixstücke mit dem Zucker in einem Mörser fein zerstoßen.
- Muscheln und gemahlenen Mastix in den Topf geben.
- Auf großer Hitze zugedeckt etwa 3 Min. kochen, bis die Muscheln sich öffnen. Topf schütteln und vom Feuer nehmen.
- Dill, Zitronensaft und Öl dazugeben.
- Muscheln mit der Kochflüssigkeit in eine Schüssel füllen und mit Olivenöl übergießen.
- Zerbröckelten Feta in einem Schälchen zu den Muscheln servieren.
- Dazu passen Brot, Röstbrot, Pommes frites, Patata harra oder Patata magmura (▶ S. 63).

Bozcaada

Dardanelleninsel, Türkei

Bozcaada (griech. Tenedos) und Gökçeada (Imvros) sind die einzigen ägäischen Inseln, die zur Türkei gehören. Die Türken waren keine Seefahrer und haben wenig Erfahrung mit Inselverwaltung. Lange gab es auf beiden Inseln nur Generatoren für die Stromerzeugung. Erst um 2006 begannen Touristen Bozcaada, auf Deutsch »die bräunliche Insel«, wiederzuentdecken. Küstenorte wie Bodrum, Alaçatı, Çesme sind weitgehend abgegrast und überbaut.

Hüseyin Pehlivans Bar Polente ist im Sommer ein Hotspot für junge Städter. Leuchtturm, wie die Bar auf Deutsch heißen würde, ist bekannt für seine Drinks und hausgemachten Liköre aus unreifen Trauben, Mohn, Maulbeeren, Granatapfel und mehr. Typische Meze hier sind Sardinen, Oktopus und Seeigeleier. Im März hat Hüseyin Zeit. Wir fahren mit seinem Boot hinaus, um Seeigel zu fangen. Ein Taucher holt sie vom Grund. Essbar sind die Eier der Weibchen mit den rötlichen und runderen Schalen. Die Männchen haben grüne und flachere Schalen. Mit einer Schere schneidet man die Seeigel auf und spült sie aus. Am Besten schmecken sie direkt aus der Schale, mit Olivenöl und Zitronensaft. Eine besondere Spezialität der Dardanellen sind Tuzlu sardalya, in Salz eingelegte Sardinen. In Gallipoli, auf dem Festland, stehen die Sardinenfabriken. Aber Hüseyin legt seine Sardinen selber ein. Er schichtet sie, eingesalen und mit dem Bauch nach oben, in ein Gefäß und beschwert sie. Nach einer Woche geben sie Öl ab, das weggegossen wird. Nach einem Monat sind sie essbar und gut ein Jahr haltbar. Zum Servieren wäscht Hüseyin das Salz ab, nimmt sie aus, legt sie eine halbe Stunde in Essig und beträufelt sie mit Olivenöl. Sie schmecken nicht nur gut, sondern machen wegen ihres Ölgehalts auch weniger schnell betrunken.

Man nennt ihn immer noch **Kaptan Özcan,** obwohl der siebzigjährige Özcan Akbıyık die Insel Bozcaada seit zehn Jahren nicht mehr verlassen hat. Ganz im Gegensatz zur kleinen weißen Hündin, dem Insel-Maskottchen, die täglich mit der Fähre ihre Verehrer auf dem Festland besucht. Kaptan Özcan ist berühmt für seine Tomatensauce. Er erzählt von seiner Liebesaffäre mit Tomaten. »Ich esse nur Tomaten, Olivenöl und Zitronen, keinen Zucker, kein Salz, und ich nehme keine Medikamente. Besonders gekochte Tomaten sind gesund und schützen die Haut wie eine UV-Protektion.«

Wegen eines Unfalls musste er einmal für Untersuchungen ins Spital. Der Arzt fragte: »Woher kommen Sie?« – »Aus Bozcaada«, antwortete Kaptan Özcan. »Und was machen Sie?« – »Rakı trinken.« – »Ihre Werte sind so gut«, sagte der Arzt, »ändern Sie nichts!« Dass er nur Tomaten esse, habe er dem Arzt verheimlicht. »Aber in jedem Meyhane hier wissen sie das und servieren mir Tomaten«, erzählt Kaptan Özcan. »Dann kommt ein Glas Tee und ein Rakı. Auf jeden Rakı folgt ein Tee. Rakı ist stark wie Muhammed Ali und muss respektiert werden. Um ihn zu genießen, muss man sich und den Rakı kennen. Die Meze dazu müssen leicht sein. Das Rezept meiner Tomatensauce kann ich nicht verraten, weil ich betrunken sein muss, bevor ich mit meinen Tomaten sprechen kann. Ich frage sie dann: ›Was braucht ihr? Vielleicht noch etwas Kreuzkümmel? Ja?‹ Und dann gebe ich noch etwas Kreuzkümmel bei.«

GARNELEN MIT WEISSEN BOHNEN IM OFEN

400 g Garnelen
200 g gekochte weiße Riesenbohnen
8 Knoblauchzehen, in Scheiben
200 ml Olivenöl
1 Chilischote, gehackt

Ofen auf 220° vorheizen. Alle Zutaten miteinander in eine Gratinform oder einen Tontopf geben. 15 Min. im Ofen backen. Mit Brot servieren.

GARNELEN IN ENGELSHAAR ODER YUFKATEIG

12 große rohe Garnelen, geschält, mit Schwanz
Engelshaar (Tel Kadayif) oder dünner Yufkateig
2 Knoblauchzehen, gepresst
50 ml Olivenöl
½ Zitrone, Saft
½ TL Pul Biber
Öl zum Braten

Garnelen 30 Min. in Knoblauch, Öl, Zitronensaft und Pul Biber marinieren. Engelshaar entwirren und mit wenig Öl mischen. Einen kleinen Strang Engelshaar oder ein Stück Yufkateig auf eine Unterlage legen. Eine Garnele darauflegen und einwickeln. So weiter verfahren. Im vorgeheizten Ofen bei 200° beidseitig goldbraun backen oder in einer Pfanne mit genügend Öl rundum braten. Nicht benötigte Teigfäden luftdicht einpacken und einfrieren.

SEEIGELEIER AUS DER SCHALE

ganze weibliche Seeigel
Zitronen
Olivenöl

Seeigel mit einer Schere rund um die Öffnung aufschneiden. Mit Wasser gut ausspülen, sodass nur die orangefarbenen Eier in der Schale verbleiben. Mit Zitronensaft und Olivenöl beträufeln. Mit Weißbrot direkt aus der Schale essen. Nur die weiblichen Seeigel haben Eier. Sie haben eine rötliche Schale. Saison ist März bis Juni.

GEBRATENER OKTOPUS MIT KARTOFFELN

500 g Oktopus
500 g Kartoffeln, in Schnitzen
3 Zwiebeln, in Schnitzen
50 ml Olivenöl
20 g Petersilie

Oktopus wo möglich häuten (nicht bei den Saugnäpfen) und in mundgerechte Stücke schneiden. Mit Zwiebeln und Pfeffer in einer Pfanne mit Öl erhitzen. Zugedeckt 60 Min. im eigenen Saft köcheln. Bei Bedarf etwas Wasser nachgießen. 20 Min. vor Schluss die Kartoffeln und die Hälfte der Petersilie dazugeben. Mit dem Rest der Petersilie bestreuen und warm servieren.

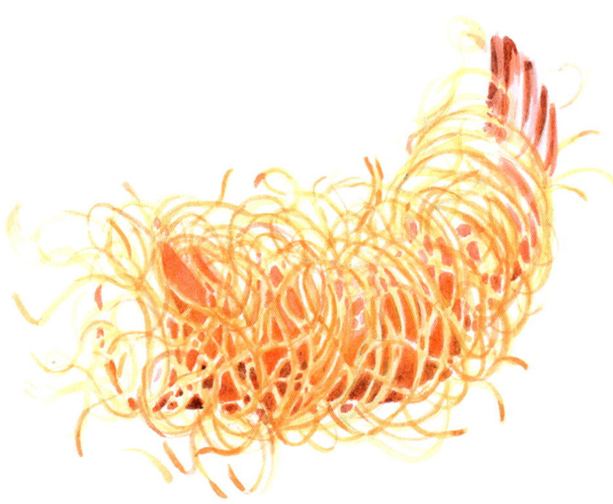

MIESMUSCHELN VOM GRILL

20 große Miesmuscheln mit Schale
Zitrone

Die geschlossenen Muscheln auf den Rost legen und etwa 3–5 Min. grillen, bis sich die Schalen öffnen. Direkt aus der Schale essen. Nach Belieben mit Zitronensaft beträufeln.

DORSCHWÜRFEL IM BIERTEIG

250 g Dorsch, in Würfeln von 2,5 cm
100 g Mehl
150 ml Bier
1 Ei (optional)
3 EL Olivenöl

Mehl, Bier und 1 TL Salz zu einem flüssigen Teig verrühren. Nach Belieben ein verquirltes Ei daruntermischen. Dorschstücke in den Teig tunken und im Öl rundum braten.

SARDELLEN ODER SARDINEN IM WEINBLATT GEGRILLT

etwa 30 frische Weinblätter
400 g Sardellen, geputzt, ohne Kopf und Gräten
(oder 400 g Sardinen, geputzt)
100 ml Olivenöl

Weinblätter in kochendem Wasser 15 Sek. überbrühen, kalt abspülen und abtropfen lassen. Fische in Salz, Pfeffer und Öl 30 Min. marinieren. 1 Blatt mit den Adern nach oben ausbreiten, 1 Fisch darauflegen und einrollen. Bei Sardellen die Blattseiten einschlagen, bei Sardinen dürfen Kopf und Schwanz herausschauen. Wenn nötig mit Zahnstocher befestigen. Die eingewickelten Fische auf dem Grill von beiden Seiten 3 Min. braten oder im Ofen bei 160° 10–15 Min. backen. Dazu passen frisches Brot und ein Tomatensalat.

SARDINENPASTE AUS KRETA

80 g eingelegte Sardinen, ohne Haut und Gräten
60–80 g getrocknetes Brot
20 g gemahlene Mandeln
1–2 TL Senf
1 EL Kapern, gewaschen
1 EL Essig oder Zitronensaft
1 EL Petersilie, gehackt
Pfeffer

Fische abtropfen lassen. Brotscheiben in Wasser einlegen. Das Brotinnere von der Rinde lösen und auspressen. Alle Zutaten mit Ausnahme der Petersilie mit dem Stabmixer zu einer Paste pürieren. Petersilie unterrühren. Mit Pfeffer abschmecken. Mit Zwiebelstreifen oder Kapern dekorieren. Eignet sich als Brotaufstrich. Mit 30 g Sardellen anstelle der Sardinen wird die Paste würziger.

Gegrilltes und gebratenes Fleisch – Kebabspieße oder Fleisch am Stück – wird häufig nach den Meze serviert. Früher gab es vor allem Ziegen- und Lammfleisch, heute aber oft auch Rindfleisch. Nur Schweinefleisch wird vorwiegend von den Christen gegessen. Sehr traditionell sind Meze aus Innereien und Schnecken. Fleisch wird für Meze klein geschnitten oder in Form von Hackfleisch für Füllungen von Dolmas (gefüllte Gemüse), in Teig, als kleine Ragouts oder für Tatarspeisen verwendet. Achten Sie beim Kauf auf Fleisch aus guter Tierhaltung, am besten von lokalen Bauern.

In diesem Kapitel finden sich Rezepte für Tatargerichte (Ziege, Lamm, Rind), Fleisch (Huhn, Lamm, Schwein, Rind) gekocht, gebraten, gegrillt oder gebacken, Hackfleischfüllungen für Kebbeh und Teigtaschen sowie Innereien und Schnecken.

Meze Fleisch

Tatar oder Nayeh

Das arabische Wort *nayeh* heißt »roh«. Der Begriff Tatar ist abgeleitet von den Tataren und Tartaros, der personifizierten Unterwelt in der griechischen Mythologie. Unklar ist, wie der Name zum Gericht kam. Tatargerichte sind im Libanon sehr beliebt und werden traditionell aus Ziegen- und Lammfleisch, aber auch mit Rindfleisch zubereitet. Wichtiger als junges Fleisch ist Fleisch aus artgerechter Tierhaltung, das für Geschmack und Zartheit gut gereift ist, wenig Fettanteil und keine Sehnen hat. Geeignet sind Keule, Schulter, Hüfte, Nierstück oder Filet. Traditionell wird das Fleisch mit dem Steinmörser fein geschlagen oder mit einem scharfen Messer klein gehackt. Dabei werden alle Sehnen entfernt. Heute wird das Fleisch meist durch den Fleischwolf gedreht. Je nach gewünschter Konsistenz werden die Fleischstücke durch eine grobe Lochscheibe oder ein- bis zweimal durch eine feine Scheibe zu einem Püree gedreht.
Wichtig ist ein sauberes und schnelles Verarbeiten. Das Fleisch sollte während der Verarbeitung kalt bleiben und möglichst kurz vor dem Verzehr gehackt werden. Wenn Sie das Fleisch selbst durch den Fleischwolf lassen, legen Sie es 30 Min. vor der Verarbeitung in den Gefrierschrank und arbeiten Sie mit sauberen, kalten Händen oder Wegwerfhandschuhen.

Tatar servieren
Jedes Tatargericht kann für sich oder mit anderen Tatargerichten kombiniert auf einer Platte serviert werden. Dazu werden rohe Zwiebeln, Frühlingszwiebeln, Radieschen, Paprika, frische Kräuter und Pickles wie zum Beispiel Kapern gereicht. Zu den ungewürzten Tatargerichten gibt es Olivenöl und Gewürze wie Salz, Kreuzkümmel, Paprika oder Sumak in Schälchen. Tatar wird auch gerne von Hand, in etwas Pitabrot oder Lattich eingewickelt, gegessen. Eine Mode ist, Tatar-Burger von beiden Seiten sehr kurz heiß anzubraten.

Tatargerichte (libanesisch-arabisch)
Ftileh: rohe Filetwürfel von Ziege, Lamm oder Rind
Kasbeh: rohe Lammleberwürfel
Habra nayeh: Tatar von Ziege, Lamm, Rind (Filet oder Hüfte) in fast cremiger Konsistenz (zweimal fein durch den Fleischwolf gedreht) mit nur wenig Salz (1/3 TL Salz für 150 g Fleisch)
Kafta nayeh: wie Habra nayeh, mit Nelkenpfeffer, etwas fein gehackter Zwiebel, Petersilie und Minze.
Kebbeh nayeh: Tatar mit Bulgur
Frakeh: Tatarklößchen mit Bulgur
Kebbeh orfalieh oder die kurdisch-türkischen **Çiğ köfte:** scharfe Tatarklößchen mit Bulgur, Paprikaflocken und weiteren Gewürzen

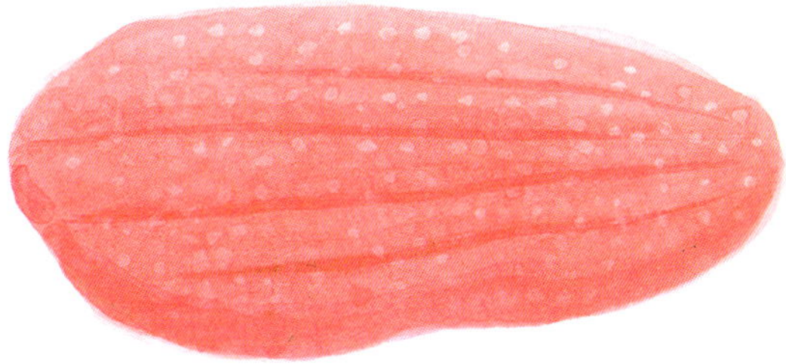

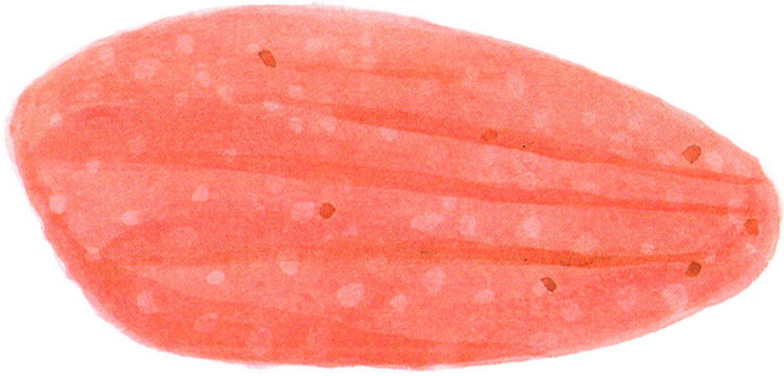

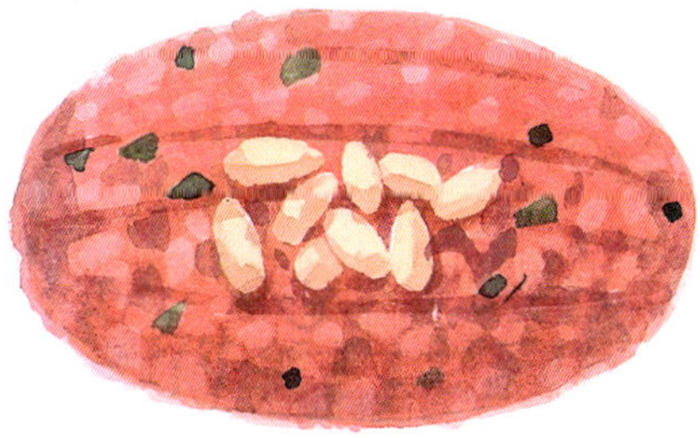

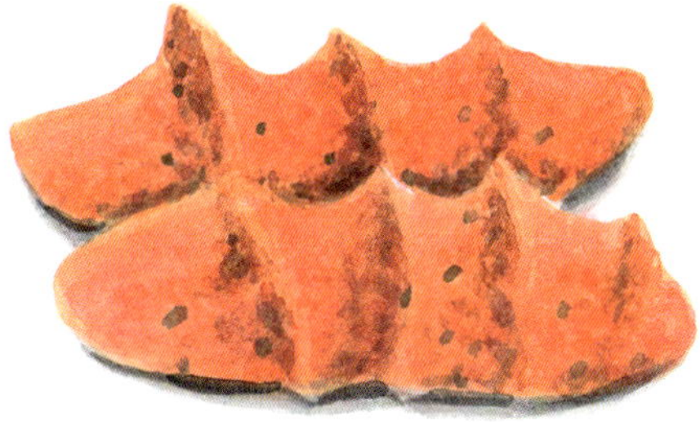

Frakeh

TATARKLÖSSCHEN MIT BULGUR

Mouhanna Ismael, Restaurant Al Mokhtar, Nesnaya, Libanon

2–4 Portionen

150 g Ziegen-, Lamm oder Rindfleisch (Keule oder Schulter)
20 g feiner Bulgur
½ Biozitrone, Abrieb
½ TL Kreuzkümmel
2 TL frische oder getrocknete Minze
1 TL Basilikum
1 TL Majoran
½ TL Salz

- Bulgur mit kaltem Wasser bedecken, 10 Min. quellen lassen und in einem Sieb abtropfen lassen.
- Das Fleisch fein säubern und mit einem scharfen Messer sehr fein hacken oder zweimal durch den Fleischwolf drehen.
- Mit nassen kalten Händen alle Zutaten gut miteinander verkneten. Mit den Gewürzen abschmecken.
- Etwas Fleischmasse aufnehmen. In der Faust mehrmals drehen und pressen, sodass der Abdruck der Finger als Muster sichtbar ist. Hände ab und zu waschen, damit die Masse nicht klebt.
- Die Klöße auf einem Teller anrichten und schnell servieren.

Als Gewürze passen auch Rosenblätter, Chili, Piment, geriebene Nelken. Gewürze und Kräuter können nach Belieben kombiniert werden.
Als Hauptgericht: doppelte Mengen oder mit anderen Tatargerichten (►S. 218) kombinieren.

Frakeh ist ein typisches Rezept aus dem Südlibanon und wird im Gegensatz zu Kebbeh nayeh zu Klößen geformt.
Im Libanon wird der Bulgur manchmal auch nur gewaschen anstatt in Wasser eingelegt. Er bleibt dann knuspriger, ist aber schwerer verdaulich.

Kebbeh nayeh

TATAR MIT BULGUR

Suzanne Doueihy, Restaurant Tawlet, Beirut, Libanon

4–8 Portionen

250 g mageres Ziegen- Lamm- oder Rindfleisch (Keule oder Schulter)
50 g feiner Bulgur
1 kleine Zwiebel
½ schmale grüne Spitzpaprika
¼ Biozitrone, Abrieb (optional)
1 TL Siebengewürz
½–1 TL Salz
1 Prise Pfeffer
25 ml Olivenöl
Eiswürfel
frische Minze

- Bulgur mit Wasser bedecken, 10 Min. quellen lassen und in einem Sieb abtropfen lassen.
- Eine Schüssel mit Eiswasser vorbereiten und einen Teller kühl stellen.
- Das Fleisch zweimal durch den Fleischwolf drehen.
- Zwiebel und Paprika sehr fein würfeln oder im Cutter zerkleinern.
- Alle Zutaten mit Ausnahme des Öls mit nassen kalten Händen gut miteinander verkneten. Hände ab und zu ins Eiswasser tauchen und einen Eiswürfel mit verarbeiten. Mit den Gewürzen abschmecken.
- Fleischmasse zu einem Burger formen und auf den gekühlten Teller legen. Mit Messer oder Gabel ein Muster einzeichnen und mit frischer Minze garnieren.
- Das Olivenöl in einem Schälchen dazu servieren oder das Fleisch damit beträufeln.
- Dazu passen als Beilagen Frühlingszwiebeln, Radieschen oder Paprikapickles.

Anstelle von Siebengewürz (►S. 308) können etwas mehr Pfeffer, etwas Zimt und weitere Gewürze beigefügt werden.
Als Hauptgericht: doppelte Mengen oder mit anderen Tatargerichten (►S. 218) kombinieren.

Kebbeh nayeh wird gern von Hand in ein Stück Pitabrot oder Lattichblatt eingewickelt gegessen.

Meze mit Aussicht

Der Meze-Laden von Çağlan Tütüncüoğlu

Bodrum'un Mezecisi, Bodrum, Türkei, www.bodrumunmezecisi.com

Im Bodrum'un Mezecisi verkauft Çağlan Tütüncüoğlu eine große Auswahl von frisch zubereiteten Meze zum Mitnehmen. Im Angebot sind konstant vierzig verschiedene Meze. Jedes Gericht wird probiert, bevor es angeboten wird. Wenn es nicht perfekt ist, kommt es nicht in die Vitrine. Der Laden ist von 11 bis manchmal 22 Uhr geöffnet.
Çağlan sagt, die Türken würden eher konservativ bestellen. Die Favoriten ihrer Kunden unter den kalten Meze sind das tscherkessische Hühnchen Çerkes tavuğu (►S. 223), Wachtelbohnen in Olivenöl (Zeytinyağlı barbunya pilaki), gebratene Auberginen, Paprika und Kartoffeln in Tomatensauce, bekannt als »Hundesohn« (Köpoğlu), gefüllte Minipaprika (Biber dolması) und Yaprak sarma, gerollte Weinblätter. Die Favoriten unter den warmen Meze sind Leber nach albanischer Art (Arnavut ciğeri ►246), Hackfleischbällchen (Kuru köfte), Reis mit Auberginen (Patlicanlı pilav) und frittierte Zucchini mit Sardinen (Hamsili mücver). Gemüse, Olivenöl und Käse für ihre Meze kauft Çağlan direkt bei den Bauern und Produzenten. Im Sommerhalbjahr beschäftigt sie fünf Frauen. Im Winterhalbjahr macht sie Meze nur auf Bestellung. Die freie Zeit nutzt Çağlan zum Reisen und um sich kulinarisch weiterzubilden.
Çağlans Wurzeln liegen in Griechenland, Ex-Jugoslawien und dem Kaukasus. Ihre Familie liebte es, große Einladungen abzuhalten. Manchmal glaubten die Leute, die Familie würde ein Restaurant führen. Çağlans Mutter, geboren 1934, war eine hervorragende Köchin und als Apothekerin auch berufstätig. Das war damals ungewöhnlich. Eine richtige Atatürkfrau sei ihre Mutter gewesen, sagt Çağlan. Sie selbst studierte Innenarchitektur, realisierte aber bald, dass der kommerzielle Teil des Berufes sie nicht glücklich machte. Sie wollte den offenen, gastfreundlichen Geist ihres Elternhauses weiterführen und etwas Einzigartiges machen. 2010 gründete sie den Meze-Laden, einen Betrieb, den es in dieser Form in Bodrum zuvor nicht gab. Çağlans Zukunft sieht rosig aus. Das Geschäft läuft immer besser. Sie profitiert vom erstarken religiöser Gesellschaftsnormen, was auch auf Druck der Regierung geschieht: Da man in einem Meyhane kaum Meze ohne Alkohol bestellt, essen Muslime, die beim Trinken nicht öffentlich gesehen werden wollen, ihre Meze lieber zu Hause. Ausserdem ist es günstiger. Die Kunden kaufen Çağlans Meze aber auch für Picknicks im Grünen oder am Strand. Mesire heißen die extra eingerichteten Picknickplätze. Das Genießen von Rakı und Meze ist eng mit Natur und schöner Aussicht verbunden. Wunderbar ist es bei Sonnenuntergang oder Vollmond. Das Funkeln des Mondlichts auf dem Wasser nennt man auf türkisch *serv-i simin:* silberne Zypresse.

25 %
Online-Gutschein
auf Hörbuch-Downloads*
Ihr Gutscheincode für
www.thalia.de/downloads
5H4E6DTTEC
* Gutschein für alle Hörbuch-Downloads | Nur online einlösbar unter www.thalia.de | Gültig bis 31.07.2021 | Nur einmal pro Einkauf einlösbar | Weitere Bedingungen finden Sie unter www.thalia.de/hoerbuchgutschein | Thalia Bücher GmbH | Batheyer Str. 115-117 | 58099 Hagen | Buch-
Jetzt bei Ihrem Hörbuch-Download sparen
und spannende Geschichten entdecken!
Thalia
HAPE KERKELING
PFOTEN VOM TISCH!
MEINE KATZEN, ANDERE KATZEN UND ICH
Gelesen vom Autor
Hörbuch-Download
16,95 €
Erscheint am 30.06.
der Hörverlag
LUCINDA RILEY
DIE VERSCHWUNDENE
Schwester
Hörbuch-Download
14,95 €
Dr. ECKART von HIRSCHHAUSEN
MENSCH, ERDE!
Wir könnten es so schön haben
3 Krisen zum Preis von 2!
Hörbuch-Download
12,99 €
Diese und über 80.000 weitere Hörbuch-Downloads

25 %
Rabatt auf Hörbuch-Downloads!*

Noch heute Wunsch-Hörbuch auswählen auf www.thalia.de/downloads

So funktioniert es:

1. Ihren Lieblings-Hörbuch-Download in den Warenkorb legen
2. Den abgedruckten Gutscheincode im Kaufprozess eingeben (Code siehe Rückseite)
3. 25 % bei Ihrem Einkauf sparen
4. Viel Spaß beim Hören!

Thalia

Çerkez tavuğu

TSCHERKESSISCHES HÜHNCHEN

Çağlan Tütüncüoğlu, Meze-Laden Bodrum'un Mezecisi, Bodrum, Türkei

8 Portionen

1 Huhn (etwa 1,2 kg)
1 ganze Knoblauchknolle
1 große Zwiebel, in Vierteln
1 Karotte, in großen Stücken
2 TL schwarze Pfefferkörner
2–3 TL Salz

Sauce:
150 g Walnüsse, gehackt
80–100 g getrocknete Brotbrösel
1 EL Tomaten- oder Paprikapaste mild
1–2 Knoblauchzehen (optional)
Hühnerbrühe

8 Walnusshälften
Paprikapulver süß

Das Rezept eigent sich gut zur Verwendung von trockenem Brot, das ohne Kruste im Cutter zu Bröseln zerkleinert werden kann. Im Originalrezept im Kaukasus wird das Rezept mit Maisbrotbröseln zubereitet.
Das Rezept ist eine gute Alternative zu Vitello tonnato.

- Das Huhn mit Gemüse, Gewürzen und der ganzen Knoblauchknolle in einen großen Topf geben. Mit Wasser bedecken und aufkochen. Schaum abschöpfen. Auf mittlerer Hitze 50 Min. kochen, bis das Huhn gar ist.
- Vom Feuer nehmen und in der Brühe etwas abkühlen lassen.
- Huhn herausnehmen und die Brühe beiseitestellen. Haut und Knochen entfernen. Fleisch in kleine Stücke zupfen.
- Die gekochten Knoblauchzehen aus der Haut lösen. Zusammen mit den Zutaten der Sauce und 400 ml Brühe mit dem Stabmixer zu einer sämigen, dickflüssigen Sauce pürieren. Bei Bedarf Brühe nachgießen. Wer Knoblauch mag, mixt 1–2 frische Knoblauchzehen mit.
- Die Hälfte der Sauce unter das Hühnerfleisch rühren und in eine flache Schale geben. Die andere Hälfte darübergießen und glattstreichen.
- Mit Walnusshälften und Paprikapulver dekorieren. Kalt servieren.
- Dazu passen Fladenbrot und Salat.

Ras asfour karaz

FLEISCHWÜRFEL IN SAUERKIRSCHSAUCE

Karnigue Nigolian, Armenisches Restaurant Onno, Beirut, Libanon

4 Portionen

300 g Rinderfilet oder Hühnerbrust, in kleinen Würfeln
50 g geschälte Mandeln und/oder Cashewnüsse
25 g Butter
roter Chilipfeffer
½ TL Salz
Pfeffer
2–3 EL Sauerkirschenkonfitüre
½ Zitrone, Saft

- Nüsse in wenig Öl rösten und beiseitestellen.
- Butter in einer Pfanne zergehen lassen. Fleischwürfel 1 Min. auf mittlerer Hitze anbraten.
- Mit Salz, Pfeffer und Chilipfeffer abschmecken.
- Sauerkirschenkonfitüre dazugeben, 1 Min. unter Rühren aufkochen und Zitronensaft dazugeben.
- In eine Schale füllen und mit den gerösteten Mandeln und Cashewnüssen bestreuen. Heiß servieren.
- Dazu passt Reis oder Fladenbrot.

Das Gericht kann auch mit Lammfleisch oder Ente zubereitet werden.
Statt Sauerkirschkonfitüre schmeckt auch Kirschkonfitüre. Konfitüre mit ganzen Früchten nehmen und die doppelte Menge Zitronensaft dazugeben. Auch entsteinte Kirschen, frisch, eingemacht oder getrocknet, schmecken sehr gut in der Sauce. Das Gericht schmeckt am nächsten Tag noch besser.

Der arabische Ausdruck *ras asfour* bedeutet »Vogelkopf«.

Arni ambelourgou

LAMMRAGOUT IN WEINBLÄTTERN

Antonis Attouni, Taverna Kyklos, Protaras, Zypern

4 Portionen

10 eingelegte große Weinblätter
300 g Lammschulter oder Gigot, in Stücken von 3 cm
50 ml Olivenöl
1 Zwiebel, grob gehackt
50 g Zucchini oder Auberginen, in Würfeln
80 g Tomaten, in Würfeln
100 ml Weißwein
4 Kirschtomaten
1 TL Salz
½ TL Pfeffer

Es können auch frische, kurz in Salzwasser blanchierte Weinblätter verwendet werden.
Als Hauptgericht: ein ganzes Päckchen pro Person.

- Weinblätter unter fließendem Wasser voneinander lösen, Stiele entfernen. Wenn die Blätter sehr salzig sind, 1 Std. in eine Schüssel mit Wasser legen. Herausnehmen und abtropfen lassen.
- Öl in einer Pfanne erhitzen und Fleisch heiß anbraten.
- Zwiebeln, Zucchini und Tomaten hinzufügen und 5 Min. weiterbraten.
- Mit Weißwein ablöschen und mit Salz und Pfeffer abschmecken.
- Mit 50 ml Wasser aufgießen und 30 Min. zugedeckt auf kleiner Hitze köcheln.
- Ofen auf 200° vorheizen und eine Ofenform bereitstellen.
- 2 breite Tassen oder kleine Schalen mit 4 Weinblättern so auslegen, dass die Blattrippen oben sind und die Blattspitzen über den Rand schauen.
- Fleisch-Gemüse-Ragout in die Schalen verteilen. 1 Weinblatt darüberlegen und die unteren Blättern einschlagen.
- Die Päckchen stürzen und in die Ofenform legen. Kirschtomaten dazwischenlegen und den restlichen Jus darübergießen.
- 45 Min. mit Alufolie bedeckt im Ofen backen. 10 Min. vor Schluss die Folie entfernen.
- Die Päckchen auf einen Teller legen, halbieren, etwas Jus darübergießen und mit den Kirschtomaten dekorieren.
- Dazu passt Joghurt.

Von Adana nach Athen

Gule Uludag

Athen, Griechenland

Gule Uludag, 42 Jahre alt, ist Kurdin und als viertes von sieben Kindern in Adana aufgewachsen. Ihre Geschwister leben verstreut in England, der Schweiz und der Türkei. Mit achtzehn erhielt Gule ein Stipendium, um in Athen Innenarchitektur zu studieren – und ist geblieben. Sie fühlt sich hier sicherer, als Frau mehr respektiert, und sie konnte sich zum ersten Mal als Kurdin bekennen. Heute übersetzt Gule im Auftrag einer NGO für Flüchtlinge Türkisch, Kurdisch und Griechisch. In der Schublade hat sie Pläne für ein eigenes Kochbuch.

Sie begann mit dem Kochen, als sie alleine nach Griechenland kam. Für Freunde zu kochen macht sie glücklich, und sie wissen ihre Küche zu schätzen. Gule liebt besonders die gesunde griechisch-ägäische Küche mit viel Salat, Grünem, Kräutern und Fisch. Aus Adana kennt sie einen Mix aus kurdischer, türkischer, arabischer, armenischer und ägäischer Küche. Zu den Unterschieden sagt sie: »Die türkische Küche ist rot und die griechische weiß. In Griechenland kocht man wenig mit Salça, dem Tomatenpüree, das viele Türken selber machen und als Würze so lieben. Wenn ich in Adana griechisch koche, sagt meine Mutter: ›Machst du wieder diese weiße Spitalküche?‹ Als Kurdin liebt sie scharfes Essen. Dafür meckern die Griechen, wenn ihnen im Sommer eine Suppe vorgesetzt wird: ›Warum? Ich bin doch nicht krank!‹ In der Türkei sind Suppen das ganze Jahr über, auch zum Frühstück, unentbehrlich. Gemüse und Fleisch wird klein geschnitten. Den Griechen ist das unwichtig. Gemeinsam sind den verschiedenen Küchen aber die gefüllten Weinblätter.« Gule erinnert sich, wie sie und ihre Geschwister als Kinder Weinblätter gesammelt haben und die Mutter die frischen Blätter, ohne sie zu blanchieren, gefüllt hat.

Bekri meze

SCHWEIN IN WEIN

Gule Uludag, Athen, Griechenland

4 Portionen

300 g Schweinsvoressen, in mundgerechten Stücken
2 EL Olivenöl
2 grüne und rote Spitzpaprika, in Streifen von 1 cm
1 kleine rote Zwiebel, gehackt
1 Knoblauchzehe, fein gehackt
150 ml Weißwein
½ Chilischote, in Stücken
Salz, Pfeffer

Ein sehr typisches, traditionelles Meze. *Bekri meze* heißt wörtlich »Meze des Betrunkenen«.
Ein ähnliches Gericht auf Zypern heißt Afelia und wird mit Rotwein, Zimt, Lorbeerblättern und zerstoßenen Koriandersamen zubereitet.

- Öl in einem Topf erhitzen und Fleisch anbraten.
- Hitze reduzieren und zugedeckt 15 Min. im eigenen Saft dünsten.
- Paprika, Zwiebeln und Knoblauch dazugeben und weitere 10 Min. kochen. Ab und zu rühren.
- Weißwein und Peperoncini dazugeben, mit Salz und Pfeffer abschmecken und weitere 20–30 Min. ohne Deckel auf mittlerer Hitze köcheln.
- Vom Feuer nehmen, mit Deckel verschließen und 1 Std. ziehen lassen.
- Lauwarm oder aufgewärmt servieren.

Räuchern

Räuchern ist eine alte Technik zur Haltbarmachung von Fleisch, Wurst und Fisch. Die größte Haltbarkeit erreicht man mit dem langsamen Kalträuchern. Heißräuchern eignet sich zum Aromatisieren von Fleisch, Fisch oder auch Gemüse. Geräuchert wird mit harzarmen Harthölzern von Laubbäumen. Zusätzliche Aromen können Kräuter und Gewürze wie Wacholder, Lorbeer, Thymian, Rosmarin, Oregano, Salbei, Schwarztee und Zimt geben.
Heißräuchern kann man für den Hausgebrauch im zugedeckten Grill, im Brattopf auf dem Herd, mit einem Räucherbeutel im Backofen, im Tischräucherofen oder im Smoker. Räucherchips, -späne und -mehl wie auch Räucherbretter sind in verschiedenen Holzsorten (zum Beispiel Kirschbaum, Apfelbaum, Eiche, Hickory) im Fachhandel, Supermarkt und Internet erhältlich. Liquid Smoke und Räuchersalz findet man in Delikatessenläden und im Internet.

Auf dem Grill

Räucherchips werden mind. 30 Min. gewässert, abgetropft und in perforierte Alufolie eingepackt oder, in eine Smoke-Box gefüllt, auf den Grillrost gelegt. Beim Holzkohlengrill können die feuchten Räucherchips direkt auf die Glut gestreut werden. Geräuchert wird bei geschlossenem Deckel. Kurzgegartes wird von Anfang an im Rauch gegrillt. Bei großen Fleischstücken werden die Chips nach und nach dazugegeben. Eine Alternative sind Räucherbretter oder -planken. Das Grillgut wird dabei auf das gewässerte Brett gelegt.

Im Brattopf oder Wok

Dazu braucht man einen unbeschichteten Brattopf oder Wok, ein Dämpfkörbchen oder Grillgitter und Räuchermehl. Räuchermehl mit Kräutern oder Gewürzen ca. 1 cm hoch im Brattopf bei großer Hitze ca. 5 Min. offen rösten, bis sich Rauch entwickelt. Hitze reduzieren, Dämpfkörbchen auf das Räuchermehl stellen, das Räuchergut hineinlegen und mit dem Deckel verschließen. Je nach Zeitangabe im Rezept (15 Min. bis über 1 Std.) räuchern. Ein Fleischthermometer kann nützlich sein. Während des Räucherns unbedingt Dampfabzug einschalten.

Mit Räucherbeutel im Backofen

Das Räuchergut (Fleisch, Fisch, Gemüse) wird in doppelwandigen Räucherbeuteln, die mit Räuchermehl gefüllt sind, im Backofen erhitzt. Auch hier kann man als Alternative Räucherbretter verwenden. Beide Varianten ergeben ein leichtes, nicht intensives Räucheraroma. Sie sind praktisch und pflegeleicht.

Flüssigrauch, Räuchersalz und -öl

Flüssigrauch, auch Liquid Smoke genannt, ist eine Alternative zum Räuchern. Grill- oder Bratgut, aber auch Saucen werden damit aromatisiert. Sparsam verwenden. Als Würze gibt es auch Räuchersalz und -öl.

Apaki

GERÄUCHERTE SCHWEINEFLEISCHSTREIFEN

Vasilis Leonidou, Hotel Kapsaliana Village, Kreta

4 Portionen

300 g Schweinsfilet, -hals oder -kotelett, mager
400 ml milder Essig
½ TL Paprika
½ TL Oregano
½ TL Kreuzkümmel
1 TL Salz
½ TL Pfeffer
2–3 EL Olivenöl
1–2 Handvoll Räucherchips
100 ml Rotwein
Kapern
Zwiebelringe
Zitronenschnitze

- Fleischstücke mit Essig bedecken und 1 Tag zugedeckt im Kühlschrank marinieren.
- Fleisch aus dem Essig nehmen, trocken tupfen. Mit den Gewürzen und 1 EL Öl einreiben. In Alufolie einpacken und mind. 2 Std. marinieren.
- Räucherchips 60–90 Min. in Wasser einweichen.
- Das Fleisch auf den Grill legen und kurz ohne Deckel grillen.
- Chips abtropfen lassen und direkt auf der Glut verteilen. Sobald sich Rauch entwickelt, den Deckel schließen. So lange räuchern, bis das Fleisch gar ist.
- Fleischstücke mit einem scharfen Messer quer zu den Fasern in Streifen schneiden.
- Mit 1–2 EL Öl und dem Rotwein in einer Pfanne erhitzen und kurz schwenken.
- Fleischstreifen auf einem Teller anrichten und mit Kapern, Zwiebelringen und Zitronen dekoriert servieren.

Anstelle des Rotweins kann auch Orangensaft verwendet werden. Alternativ zum Räuchern kann das Fleisch vor dem Servieren mit 10 Tropfen Flüssigrauch (Liquid Smoke) aromatisiert werden.

Apaki ist eine kretische Spezialität und ein typisches Meze. Immer vor Weihnachten wurde ein Schwein geschlachtet. Um das Fleisch haltbar und auch zart zu machen, wurde es in Essig einlegt, geräuchert und getrocknet.
Vasilis serviert Apaki mit Fava (►S. 95) auf einer Schiefertafel mit einem Häufchen getrockneter, brennender Rosmarinnadeln, die einen feinen Duft verströmen.

Sieftalia

GEGRILLTE WÜRSTCHEN AUS SCHWEINEHACK

Pete Mentzis, Taverna Zanettos, Nikosia, Zypern

10–12 Würstchen

500 g Schweinehackfleisch
30 g Petersilie, gehackt
1 große Zwiebel, sehr fein gehackt
1 EL Brotbrösel
1 TL Salz
½ TL Pfeffer
1–2 EL Olivenöl

- Alle Zutaten miteinander vermengen und zu 8–10 cm langen und etwa 2,5 cm dicken Würstchen formen.
- Die Würstchen auf dem Grill 10–15 Min. rundum braten und warm servieren. (Oder in einer Pfanne mit ausreichend Öl goldbraun braten.)
- Dazu passt die Sauce Tarator (►S. 120).

Original werden die Würstchen in ein in Essigwasser gewaschenem Schweinenetz eingewickelt, damit sie auf dem Grill nicht auseinanderfallen. Wenn die Würstchen nicht zu dünn gerollt werden, geht es auch ohne Netz. Bei Bedarf ein Ei zur Masse hinzufügen und die Würstchen in Mehl wenden.
Statt Schwein kann auch Lamm- oder Rinderhackfleisch verwendet werden.

Sieftalia gehören zu den Köfte (türk.) oder Kufta (arab.). Die Hackfleischbällchen gibt es in unzähligen Formen und Gewürzmischungen, gebraten, gegrillt, gebacken oder in Tomatensauce gekocht.

Eine Variante von Hackfleischwürstchen sind Soutzoukakia, die aus Schweine-, Rinder-, Lamm- und auch Geflügelhack gemacht werden. Sie enthalten meist Knoblauch, Kreuzkümmel, Zimt und etwas Rotwein. Zu Würstchen geformt, werden sie gebraten, gegrillt oder in einer pikanten Tomatensauce gekocht.
Soutzoukakia kommt von türkisch *sucuk* und bedeutet »kleine Wurst«.

Fatteh hommos

KICHERERBSEN MIT JOGHURT, FLADENBROT UND HACKFLEISCH

Frühstückslokal Abu Khalil, Saida, Libanon

4 Portionen

150 g getrocknete oder 400 g gekochte Kichererbsen
1 dünnes Fladenbrot (►S. 157)
5 EL Olivenöl
1 Handvoll Pinienkerne
500 g Joghurt
2 Knoblauchzehen, gepresst
250 g Rinderhackfleisch
½ TL Zimt
1 TL Salz
½ TL Pfeffer

- Kichererbsen über Nacht in reichlich Wasser einweichen.
- Kichererbsen abgießen und in der doppelten Menge Wasser bei mittlerer Hitze 1 Std. weich garen.
- In der Zwischenzeit Fladenbrot in kleine Vierecke schneiden.
- 2 EL Öl in einer Pfanne erhitzen. Fladenbrot goldbraun braten und beiseitestellen.
- Pinienkerne in einer Pfanne mit 1 El Öl goldbraun rösten und beiseitestellen.
- Raumtemperierten Joghurt mit Knoblauch und ½ TL Salz verrühren.
- 2 EL Öl in einer Pfanne erhitzen und Hackfleisch heiß anbraten. Mit Salz, Pfeffer und Zimt würzen.
- Zum Anrichten die heißen Kichererbsen in eine Schale oder in Suppenteller geben.
- Joghurt darübergießen und Fleisch darüber verteilen.
- Mit den knusprigen Fladenbrotstücken und den Pinienkernen bestreuen. Warm servieren.

Es gibt verschiedene Sorten von Fatteh-Gerichten, auch vegetarische. Dazu gehören immer Joghurt, knusprig gebratene Fladenbrotstücke und meistens Kichererbsen.
Für die Variante Fatteh batenjen werden kleine Würfel von 2 Auberginen in Öl goldbraun gebraten, mit Granatapfelkonzentrat und Tomatenpaste gewürzt und mit dem Hackfleisch unter den Joghurt gegeben.
Fatteh hommos und Fatteh badenjen können auch ohne Hackfleisch zubereiten werden.
Das Rinderhackfleisch kann man durch Lammhackfleisch oder gewürfeltes Hühnchenfleisch ersetzen. Anstelle von Pinienkernen kann man Cashewnüsse, Zedernkerne oder geschälte Mandeln verwenden.
Unter den Joghurt kann 1 EL Tahina gemischt werden.

Fatteh wird häufig zum Frühstück gegessen. Es kann aber auch als Hauptgericht oder als Meze serviert werden.
Gerne isst man es gemeinsam aus einer Schüssel.

Kebbeh und İçli köfte

Die gefüllten Klöße (arab. *kebbeh,* türk. *içli köfte*) aus feinem Bulgur und Hackfleisch, Zwiebeln und Gewürzen sind von Nordafrika bis in den Mittleren Osten verbreitet. Das arabische Wort *kebbeh,* kibbeh oder kubba ausgesprochen, bedeutet »Kugel«. Es existieren unzählige Sorten: frittiert, gebacken und auch gekocht mit verschiedenen Füllungen. Klassisch sind die frittierten Kebbeh aus einem Bulgur-Hackfleisch-Teig mit einer Füllung aus Fleisch, Zwiebeln und Gewürzen, manchmal auch mit Nüssen und Rosinen. Es gibt aber auch vegetarische Varianten. Kebbeh sind traditionell ein Feiertags- und Sonntagsessen. Als Meze werden sie gerne mit Fatayer, Sambusak oder Zigarrenbörek serviert. Sie können aber auch ein Hauptgang sein.
Bei der Zubereitung der aufwendigen Kebbeh lassen die Frauen sich gerne helfen, indem sie die hauseigene Gewürzmischung zum Metzger bringen; dieser macht dann den Teig, indem er Hackfleisch, Bulgur und Gewürze durch den Fleischwolf lässt. Oft tun sich die Frauen zusammen und bereiten Kebbeh gleich in großen Mengen zu, die dann vorgebacken und eingefroren werden. Eine andere Hilfe ist ein Fleischwolf mit Kebbeh-Aufsatz, der den Teig bereits als Röhren formt. Typisch zu Kebbeh sind Joghurt und Ayran (►S. 290).

Kebbeh-Sorten (syrisch-arabisch, eine Auswahl)
Kebbeh da'abil: ungefüllte Kebbeh, leicht flach gedrückt, gekocht oder frittiert
Kebbeh meqlieh/darawisch: frittierte Kebbeh
Kebbeh maalwaze: gekochte Kebbeh
Kebbeh mischwiye: gegrillte Kebbeh, mit Hackfleisch und Lammfett gefüllt
Kebbeh bel sanieh: schnelle Kebbeh im Blech
Kebbeh nayeh: rohes Kebbeh
Kebbeh beziet: vegetarische Kebbeh
Kebbeh labaniyya: Kebbeh in Joghurtsauce gekocht
Kebbeh arnabiyeh: Kebbeh in einer Sauce aus Tahina und dem Saft von sieben Zitrusfrüchten gekocht

Fatayer
Fatayer (►S. 155) sind kleine, arabische Teigtaschen mit Gemüse-, Käse- oder Fleischfüllung. Sie werden aus Teigrondellen zu dreieckigen Taschen, viereckigen Körbchen oder länglichen Schiffchen geformt und gebacken. Die Fatayer- und Kebbeh-Bäckerei Ghattas im Quartier Achrafieh in Beirut wird von Freunden für die besten Fatayer gerühmt. Großvater Hanna Ghattas hat die Bäckerei gegründet. Nun wird sie von den drei Enkeln Pierre, Roger und Jean weitergeführt. Im Betrieb arbeiten Christen, Drusen, Schiiten und Sunniten. Von 6 bis 9 Uhr morgens machen die Männer die Fatayer und die Frauen formen von Hand die anspruchsvolleren Kebbeh. Die Zutaten der Füllungen sind vielfältig: Lammfleisch, Zwiebeln, Pinienkerne und Walnüsse, Spinat, Kürbis und Randen. Besonders stolz ist man auf den besonders knusprigen Fatayerteig – leider ein Betriebsgeheimnis.

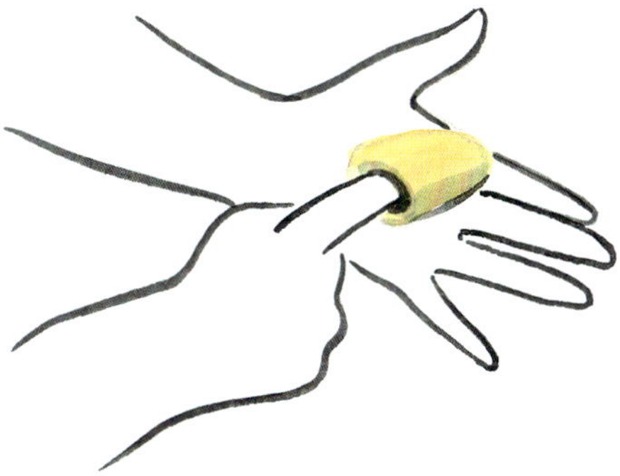

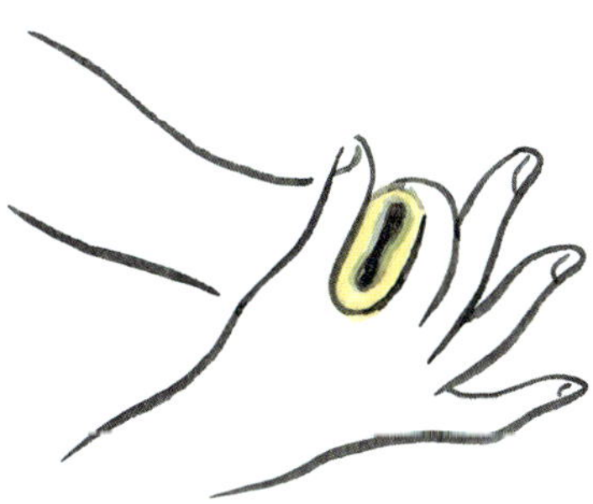

Kebbeh

GEFÜLLTE BULGUR-FLEISCH-BÄLLCHEN FRITTIERT

Youmna Elzein, Beirut, Libanon

20–25 Stück

Teig:
400 g feiner Bulgur
200 g Rinder- oder Lammhackfleisch
½ TL Pfeffer
1 TL Salz

Füllung:
1 große Zwiebel, fein gehackt
150 g Rinder- oder Lammhackfleisch
1 EL Butter oder Olivenöl
40 g Walnüsse, gehackt
½ TL Zimt
2 Prisen Muskatnuss
Salz, Pfeffer

- Bulgur knapp mit Wasser bedecken, 10 Min. quellen lassen und in einem Sieb abtropfen lassen.
- Hackfleisch, Bulgur und Gewürze zwei- bis dreimal durch einen Fleischwolf drehen oder gut verkneten. Der Teig darf beim Formen nicht rissig sein. Ist der Teig zu trocken, etwas Wasser darunterkneten. Kühl stellen.
- Für die Füllung die Zwiebeln in Butter oder Öl anbraten.
- Hackfleisch dazugeben und anbraten. Walnüsse und Gewürze daruntermischen. Mit Salz und Pfeffer abschmecken und vom Feuer nehmen.
- Aus dem Teig walnussgroße Kugeln formen.
- Teigkugel in der Mitte mit einem Finger eindrücken und zu einer Schale formen. 1 EL Füllung hineingeben und den Teig um die Füllung herum schließen. Zwischen den Handballen zu einem Ei mit zwei Spitzen rollen. Hände dabei immer wieder nass machen. Der Teig darf keine Risse haben (▸Bild S. 237).
- Öl in einem Topf auf 170° erhitzen. Temperatur mit Brotstückchen testen (▸Frittieren S. 117). Das Öl soll die Kebbeh mindestens zur Hälfte bedecken.
- Kebbeh portionsweise rundherum goldbraun frittieren. Mit einer Schaumkelle herausheben und auf Küchenpapier abtropfen lassen.
- Kalt oder warm mit Joghurt servieren.
- Dazu passt Salat, z. B. Tabbuleh (▸S. 69) oder Fattusch (▸S. 65), und als Getränk Ayran (▸S. 290).

IIII

Ein zu hoher Fleischanteil macht den Teig zäh.
Für eine vegetarische Variante kann der Teig auch ohne Fleisch zubereitet und für die Füllung statt Hackfleisch gekochtes Kürbis-, Randen- oder Kartoffelpüree verwendet werden.
In die Füllung passen auch Rosinen, Walnüsse, Ingwer, fein gehackter Sellerie, Kürbis oder gekochte Linsen.
Zum Einfrieren nicht ganz fertig backen und gut abkühlen lassen.
Ein Kebbeh-Aufsatz beim Fleischwolf produziert schlauchartige Röhren, die in Stücke von 8–10 cm geschnitten werden. Sie werden gefüllt und die beiden Öffnungen mit nassen Händen zu Spitzen gedreht.

Auf Türkisch heißen die gefüllten frittierten Kebbeh İçli köfte.
In Syrien heißen sie Kebbeh meqlieh oder Kebbeh darawisch.

Kebbeh bel sanieh

SCHNELLES KEBBEH IM BLECH

Jehan Suhkni, Aleppo/Ebikon, Syrien/Schweiz

4–8 Portionen oder ein kleines Blech

Kebbeh bel sanieh schmeckt auch mit einer vegetarischen Füllung aus in Olivenöl gebratenen Zwiebelstreifen, Pinienkernen und Gewürzen.

Teig:
300 g feiner Bulgur
300 g Rinder- oder Lammhackfleisch
½ TL Pfeffer
1 TL Salz

Füllung:
200 g Rinder- oder Lammhackfleisch
30 g Walnüsse
30 g Pistazien
30 g Pinienkerne
½ TL getrocknete Minze
Salz, Pfeffer

2 EL Butter
Pinienkerne oder Mandelhälften

- Teig zubereiten wie beim Rezept Kebbeh.
- Für die Füllung das Hackfleisch in etwas Öl anbraten. Die Nüsse und Gewürze daruntermischen. Kurz weiterbraten, mit Salz und Pfeffer abschmecken und vom Feuer nehmen.
- Die Hälfte des Teigs auf einem eingeölten Blech flach streichen. Die Füllung darauf verteilen und andrücken.
- Die zweite Teighälfte stückchenweise in der Hand flach drücken und darüberlegen, bis alles bedeckt ist. Mit nassen Händen flach streichen und anpressen.
- Ofen auf 200° vorheizen.
- Mit einem Messer Rauten oder Vierecke einschneiden und dem Rand entlangfahren.
- Großzügig Butterflocken darüber verteilen.
- Nach Belieben jede Raute mit einem Pinienkern oder einer Mandelhälfte dekorieren.
- Auf der mittleren Schiene 30–40 Min. backen.
- In Stücke schneiden und warm mit Salat und Joghurt servieren.

Sigara böreği

ZIGARRENBÖREK

Hüseyin Tüzün, Datça, Türkei

Für 10 Rollen

10 dreieckige Yufkateigblätter oder 1 dünnes, rundes Yufkablatt (ø 80 cm), in 10 Dreiecke geschnitten
200 ml Frittieröl

Füllung:
100 g Rinderhackfleisch
10 g Butter
4 dünne Frühlingszwiebeln, in feinen Röllchen
10 g Petersilie, fein gehackt
Salz, Pfeffer

- Butter in einem Topf zergehen lassen und Fleisch auf kleiner Hitze 5 Min. anbraten.
- Frühlingszwiebeln und Petersilie dazugeben. Mit Salz und Pfeffer abschmecken.
- Einen Streifen Füllung auf die breite Seite eines Teigblatts geben.
- Zweimal einrollen, die beiden Seiten einfalten und bis zur Spitze locker aufrollen. Teigspitze anfeuchten und ankleben.
- Öl in einer Pfanne auf 170° erhitzen. Temperatur mit Brotstückchen testen (►Frittieren S. 117).
- Teigrollen 4–5 Min. rundherum goldgelb frittieren. Mithilfe von zwei Gabeln drehen.
- Auf Küchenpapier abtropfen lassen.
- Warm servieren. Börek eignen sich aber auch kalt für ein Picknick.

Dreieckige Yufkateigblätter sind in türkischen Lebensmittelläden erhältlich.
Teigblätter, die zu trocken sind, lassen sich besser rollen, wenn man sie in ein feuchtes Tuch wickelt oder mit einer Milch-Öl-Mischung einpinselt.
Die Zigarrenbörek mit Käsefüllung sind am heikelsten; damit sie beim Frittieren nicht platzen, müssen sie locker eingerollt werden.
Alternativ zum Frittieren können die Rollen mit reichlich Öl oder mit Ei bestrichen im auf 200° vorgeheizten Ofen 20–30 Min. goldbraun gebacken werden. Sie müssen jedoch rasch konsumiert werden, da sie nicht lange knusprig bleiben.

KÄSEFÜLLUNG Variante

100 g weißer Schafkäse oder Feta (45–50% Fett), zerbröckelt
10 g Petersilie oder Dill, fein gehackt

PASTIRMAFÜLLUNG Variante

70 g Pastırma (►S. 308 oder ein anderes Trockenfleisch wie Bündnerfleisch) in 5 mm dicken Streifen

Seit vier Generationen auf der Flucht

Malaak Mohamed Hamadi

El Sekkeh, Libanon

Malaaks Mutter, Umm Kassim, war fünf, als ihre Familie 1948 aus dem palästinensischen Dorf El Khalsa floh. Seitdem sind die Familienmitglieder staatenlos. Das Dorf gehört heute zum Staatsgebiet Israels und heißt Qaryat Shmona. Die Familie kam zuerst in ein Flüchtlingslager im Südlibanon. Als dieses bombardiert wurde, kamen sie in ein zweites Lager, das 1974 ebenfalls zerstört wurde. Danach zersplitterte die Familie.

Nach der Schule machte Malaak eine Schneiderlehre. Sie heiratete Amar, einen syrischen Palästinenser, der Flachmaler ist, sich aber mit Gelegenheitsjobs durchschlägt. Der Arbeitsmarkt ist für Palästinenser sehr eingeschränkt. Malaak und Amar zogen zwischenzeitlich nach Syrien und lebten mit ihren zwei Kindern in einem kleinen Haus im Süden von Damaskus, bis der Krieg sie 2011 erneut einholte. Am Ende des Schuljahres flohen sie zurück in den Libanon. Jetzt wohnen sie mit fünfzig Flüchtlingsfamilien und Fahrenden an einem stillgelegten Bahngleis in El Sekkeh – ursprünglich ein Teil von Ain el-Hilweh, dem größten Flüchtlingslager für muslimische Palästinenser.

Malaak führt hier einen winzigen Lebensmittelladen. Bei ihr kaufen die Leute dieser kleinen Straße und der näheren Umgebung ein. Es gibt eine Stunde staatlichen Strom pro Tag. Die restliche Zeit überbrückt man, wie überall, mit teurem Strom von einem Generator. Das Hilfswerk der Vereinten Nationen für Palästina (UNRWA) garantiert den registrierten Flüchtlingen Schulbildung und Gesundheitsversorgung. Für Strom, Wasser und Müllabfuhr müssen sie selber aufkommen. Am Abend kommen die Kinder in den Laden und schauen fern. Die Familie teilt das Haus mit Malaaks Mutter und der behinderten Schwester. Sie sind froh, außerhalb des Lagers zu leben. Bei jedem Eintritt ins Lager wird man an den Checkpoints kontrolliert. Im Lager selbst ist die Polizei nicht aktiv, weshalb sich kriminelle Libanesen und Terroristen dort verstecken. Die Kinder lernen im Lager nur eine Art von Konfliktlösung: Gewalt.

Malaak kocht sehr bewusst mit viel Gemüse und Früchten. Ein Huhn kommt nur auf den Tisch, wenn sie es selber schlachten lässt, und Leitungswasser wird aus einem Tonkrug getrunken, weil dieser reinigend wirken soll. Eines der einfachen palästinensischen Dorfgerichte, die Malaak von ihrer Großmutter gelernt hat, ist Mdireh. Grober Mais und Reis werden mit Wasser, Joghurt und Salz gekocht und am nächsten Tag als Meze kalt gegessen. In einem mobilen Gasofen backt Malaak runde Pitabrote, die sich in der Hitze aufblasen (►S. 157). Aus einem Teil der Teigfladen macht sie Manakish mit Za'atar und Lahm bi ajin (►S. 245), mit Hackfleisch und Tomaten belegt, die der türkischen Pizza Lahmacun ähneln. Ihr Lieblingsessen ist Mloukhieh. Dazu werden die Blätter der langkapseligen Jute – auch Muskraut genannt – wie Spinat gekocht. Mloukhieh ist leicht bitter, und schleimig wie Okraschoten. Dazu gibt es Reis mit Sharieh, in Öl gerösteten Fadennudeln. Die Verwendung von Wildkräutern entlastet das knappe Budget der Familie. Im Frühling sammeln sie junge Blätter vom Mannstreu für Salat (Roher Distelsalat ►S. 169). Borretschblätter füllen sie wie Weinblätter mit Reis und Hackfleisch.

Malaak ist eine starke, zähe Frau, die Probleme anpackt und an ihren Lebensumständen nicht zerbrochen ist. Mit der großen Flüchtlingswelle ist die Familie inzwischen nach Deutschland gekommen. Die Kinder gehen zur Schule. Sie hoffen trotz großen Heimwehs auf einen positiven Asylentscheid.

Sfiha oder Lahm bi ajin

TEIGTASCHEN UND FLADENBROT MIT HACKFLEISCH

Elia Barghout, Beirut, Libanon

30–40 Teigtaschen oder 6–8 Fladenbrote

Teig:
400 g Mehl
½ TL Zucker
1 TL Salz
2 TL Trockenhefe
250 ml Wasser

Füllung:
200 g Lamm- oder Rinderhack
2 Zwiebeln, fein gehackt
3 mittelgroße Tomaten, klein gewürfelt
50 g Pinienkerne
1 TL Zimt
2 TL libanesisches Siebengewürz
½ TL Salz

Sumak zum Bestreuen

- Teigzutaten erst in einer Schüssel und dann auf einer bemehlten Arbeitsfläche zu einem geschmeidigen Teig kneten.
- Mit einem feuchten Tuch bedeckt 1 Std. aufgehen lassen.
- Für die Füllung die Zutaten gut mischen und abschmecken.

Teigtaschen:
- Teig erneut kneten, faustgroße Ballen formen und mit einem Tuch bedecken.
- Ballen zu hauchdünnen Fladen ausrollen.
- Mit einem Glas Rondellen von 8–9 cm ausstechen.
- Den Teigrand zu viereckigen Körbchen zusammendrücken (siehe Bild).
- Ofen auf 200° vorheizen.
- Teigtaschen auf ein mit Backpapier ausgelegtes Blech setzen.
- Mit einem Teelöffel etwas Füllung in die Körbchen geben und leicht andrücken.
- Im Ofen 20–30 Min. backen.
- Mit etwas Sumak bestreuen und warm servieren.

Fladenbrote:
- Teig nochmals kneten, zu 8 Ballen formen und mit einem Tuch bedecken.
- Ballen zu 2 mm dünnen Fladen ausrollen.
- Ofen auf 250° vorheizen.
- Füllung mithilfe eines Löffels gleichmäßig auf den Fladen verteilen.
- Die Fladen im heißen Ofen etwa 4 Min. knusprig backen.
- Mit etwas Sumak bestreuen und warm servieren.

Anstelle von Siebengewürz (► S. 308) kann mit etwas mehr Pfeffer, Zimt und Sumak gewürzt werden.
Statt Hackfleisch kann man auch Walnüsse verwenden.

Das arabische Gericht Lahm bi ajin (»Fleisch mit Teig«) ist wie die türkische Lahmacun eine Hackfleischpizza, die mit Sumak bestreut wird.
Im arabischen Raum heißen die belegten Fladen Manakish (Singular Manoushe).
Typisch sind Lahm bi ajin, Manakish bil za'atar (► S. 157) und Manakish bi jibneh. Sie werden auch als Fingerfood zubereitet.
Im Libanon gibt es Manakish-Bäckereien, die nur Gebäck wie Fatayer, Manakish und Lahm bi ajin verkaufen. Manakish sind auch zum Frühstück beliebt.

Arnavut ciğeri

ALBANISCHE LEBER

Hüseyin Tüzün, Datça, Türkei

4 Portionen

250 g Kalbs-, Rinder- oder Lammleber, in Würfeln von 2 cm
2 EL Mehl
1 rote Zwiebel, geviertelt, in Streifen
20 g Petersilie, entstielt, gehackt
2 TL Sumak
250 ml Frittieröl
Salz

Achtung, bei zu langer Frittierzeit wird die Leber trocken.
Die Mischung aus Zwiebelstreifen, Petersilie, Sumak und Salz wird auch als Salat zu gebratenem oder gegrilltem Fleisch serviert.

- Zwiebelstreifen mit ca. ½ TL Salz bestreuen und leicht kneten.
- Petersilie und Sumak daruntermischen.
- Leberstücke in Mehl wenden.
- Einen Teller mit Küchenpapier bereitstellen.
- Öl in einem kleinen Topf auf 170° erhitzen. Temperatur mit Brotstückchen testen (▸Frittieren S. 117).
- Ein paar Leberstücke mit einer Schaumkelle ins Öl geben und 30–40 Sek. frittieren. Herausheben und abtropfen lassen. Mit den weiteren Portionen gleich verfahren.
- Die warmen Leberstücke mit den rohen Zwiebeln mischen und servieren. Die Leber wird warm und kalt gegessen, schmeckt aber am besten warm.
- Dazu passen Bratkartoffeln.

Saouda dagag

HÜHNERLEBER MIT GRANATAPFELKONZENTRAT

Elia Barghout, Beirut, Libanon

4–6 Portionen

250 g Hühnerleber
¼ TL Siebengewürz
1 Msp. Zimt
½ TL Salz
¼ TL Pfeffer
2 EL Granatapfelkonzentrat
2 EL Olivenöl
1 EL Butter

- Die Leber säubern, in mundgerechte Stücke schneiden und mit den Gewürzen mischen.
- Granatapfelkonzentrat in 50 ml Wasser auflösen.
- Öl in einer Pfanne erhitzen und die Leberstücke rundum anbraten.
- Nach 3 Min. das verdünnte Granatapfelkonzentrat dazugießen.
- Auf kleiner Hitze etwa 3 Min. köcheln und die Flüssigkeit auf die Hälfte reduzieren.
- Vom Feuer nehmen, die Butter dazugeben und die Pfanne kurz schwenken.
- In eine Schale geben und warm servieren.
- Dazu passt Reis.

Anstelle von Siebengewürz (►S. 308) kann mit etwas mehr Zimt und Pfeffer gewürzt werden. Die Butter hebt den Geschmack und gibt dem Gericht einen schönen Glanz.

Innereien werden häufig als Meze serviert. In Beirut wird die Leber zusammen mit dem Herz verkauft und mitgebraten.

RINDERZUNGE MIT DILL

1 Rinder- oder Kalbszunge (600 g bis 1,5 kg)
1 Zwiebel
2 Nelken
1 Lorbeerblatt
Olivenöl
½ rote Zwiebel, in Ringen
Dill oder Kapern
1 Zitrone, in Scheiben
Fleur de Sel

Zwiebel, Nelken und Lorbeerblatt mit der Zunge in kaltem, ungesalzenem Wasser aufkochen, Schaum abschöpfen. Rinderzunge etwa 3½ Std., Kalbszunge 2 Std. ziehen lassen (im Dampfkochtopf ein Drittel der Zeit). Konsistenz mit einer Gabel testen. Zunge herausnehmen, abkühlen lassen, häuten und in dünne Scheiben schneiden. Auf dem Grill oder in einer Pfanne mit etwas Öl kurz von beiden Seiten braten. Auf einem Teller mit Zwiebelringen, Dill oder Kapern und Zitronenscheiben dekoriert anrichten. Mit etwas Olivenöl beträufeln und mit Fleur de Sel bestreuen.

LEBERSPIESSCHEN

Rinder-, Kalbs-, oder Lammleber, in Würfeln von 2 cm
Spießchen
Olivenöl
dünnes Fladenbrot
Salz, Pfeffer

Leberstücke auf Holzspießchen stecken. Auf dem Grill oder in einer Pfanne mit Öl kurz rundum braten. Mit Salz und Pfeffer bestreuen. Die Spieße heiß in ein Fladenbrot gewickelt servieren.
Dazu Zwiebelsalat (►S. 170) und Zitronen servieren. Es passen auch Kräuter, Pickles, gegrillte Tomaten oder Ofentomaten.

SCHNECKEN IN TOMATEN, ZWIEBELN UND OLIVENÖL

500 g Weinbergschnecken aus Zucht
4–5 Zwiebeln, fein gehackt
300 g Tomaten, fein gehackt
4–6 Knoblauchzehen, fein gehackt
150 ml Olivenöl
150 ml Weißwein
4 Lorbeerblätter
Salz, Pfeffer

Es eignen sich gesäuberte Schnecken ohne Haus oder lebende Schnecken im Haus. Lebende Schnecken 30 Min. in Wasser einlegen, säubern und kurz in Salzwasser überbrühen. Öl in einem Topf erhitzen und Zwiebeln, Tomaten und Knoblauch ein paar Minuten dünsten. Mit Salz und Pfeffer abschmecken. Schnecken, Weißwein und Lorbeerblätter beigeben und köcheln, bis die Flüssigkeit reduziert ist. Dazu passt frisches Fladenbrot.

TÜRKISCHE KUTTELSUPPE

500 g rohe Kutteln, in dünnen Streifen
2 EL Olivenöl
½ Zitrone, Saft
30 g Butter
1 gehäufter EL Mehl
3 Knoblauchzehen, gepresst
2 EL Essig
1 Zitrone, in Schnitzen
Pul Biber
Salz, Pfeffer

2 l Wasser mit ½ TL Salz, Öl und Zitronensaft aufkochen. Kutteln mind. 1 Std. darin köcheln, bis sie gar sind. Schaum abschöpfen. In einem zweiten Topf Butter schmelzen und Mehl unterrühren.
Die Kutteln mit dem Sud zur Mehlschwitze geben und aufkochen. Knoblauch und Essig hinzufügen. Mit Salz, Pfeffer und Pul Biber abschmecken.
Mit Zitronenschnitzen servieren.

SALAT MIT ROHEN FAVABOHNEN-KERNEN UND TROCKENFLEISCH

35 g feiner Bulgur
350 g frische grüne Favabohnenkerne, geschält
4 dünne Scheiben Pastırma (► S. 308, oder anderes Trockenfleisch)
⅓ rote Paprika, fein gewürfelt
1 dünne Frühlingszwiebel, in Röllchen
je 2 Zweige Petersilie, Minze, Dill, fein gehackt
10 Oliven, entsteint, halbiert
½ Zitrone, Saft
2 EL Olivenöl

Bulgur mit 100 ml heißem Wasser beqießen und 10 Min. quellen lassen. Favabohnenkerne in heißem Wasser 3 Min. blanchieren. Kalt abschrecken. Pastırmascheiben ohne Öl in einer Pfanne beidseitig knusprig braten. Alle Zutaten in einer Schale mischen. Pastırmascheiben darüberlegen.

HUMMUS MIT TROCKENFLEISCH

Pastırma (► S. 308, oder anderes Trockenfleisch)
Hummus (► S. 93)
Olivenöl
Rucola

Pastırma in dünne Scheiben schneiden. Hummus in eine Schale geben. Pastırma in einer heißen Pfanne ohne Öl ganz kurz anbraten und über das Hummus geben. Mit Olivenöl beträufeln. Dazu passt Rucola.

PASTIRMA MIT MÖNCHSBART

1 Bund Mönchsbart (Salsola)
8 Scheiben Pastırma, Bresaola oder Rohschinken
Olivenöl

Mönchsbart waschen, Wurzeln abschneiden. In einer Pfanne mit Olivenöl 5–10 Min. zugedeckt dünsten oder in kochendem Wasser blanchieren. Kleine Bündel Mönchsbart so in die Schinkenscheiben einwickeln, dass die grünen Spitzen herausschauen. Salz braucht es nicht, da beide Produkte schon salzig sind.

Nach den Meze etwas Süßes. Auch wenn keine Nachspeise bestellt wird, bringt der Kellner mit der Rechnung häufig eine kleine Süßigkeit, manchmal begleitet von einem Likör oder Schnaps, was auf Kosten des Hauses geht. Nach einem ausgiebigen Meze-Essen genügen häufig Früchte, frisch aufgeschnitten und mit etwas Zimt, Honig oder Zitronensaft hübsch angerichtet. Typisch sind auch in Zuckersirup eingelegte Früchte auf einem kleinen Teller oder auf Joghurt serviert. Die Früchte schmecken auch zu Käse oder Fleischgerichten. Sehr traditionell, besonders nach Fisch, ist überbackenes Helva.

In diesem Kapitel finden sich Rezepte für Süßgebäck, Puddings, eingemachte Früchte, Konfitüren, verschiedene weitere Süßspeisen sowie Kurzrezepte für Honig und Getränke.

Süßes nach Meze

Pita me kolokytha

KÜRBIS IM FILOTEIG

Nikos Michail, Fischrestaurant Argoura, Athen, Griechenland

4 Portionen

3 Filoteigblätter (ca. 30 × 45 cm)
50 g Butter
600 g Kürbis
2 EL Sonnenblumenöl
1 EL Zucker
1 TL Zimt
¼ Biozitrone, Saft und Abrieb
Puderzucker
Zimt

- Butter in einem Topf schmelzen lassen.
- Die Filoteigblätter großzügig mit Butter bestreichen und aufeinanderlegen.
- Mit Schere oder Messer in etwa 8 × 8 cm große Vierecke schneiden.
- Ofen auf 200° vorheizen.
- Die Vierecke auf einem mit Backpapier ausgelegten Blech etwa 10 Min. goldbraun backen. Gut im Auge behalten! Herausnehmen und beiseitestellen.
- Kürbis schälen und erst in 2,5 cm dicke Streifen und dann in dünne Scheiben schneiden.
- Öl in einer Pfanne erhitzen und die Kürbisscheiben mit dem Zucker 5–10 Min. ohne anzubräunen karamellisieren.
- Zimt, Zitronensaft und Abrieb dazugeben. Wenn die Kürbisse zu trocken sind, etwas Wasser hinzufügen. Beiseitestellen.
- Ein gebackenes Viereck auf einen Teller legen. Etwa 3 EL Kürbis daraufgeben und mit einem zweiten Teigstück bedecken. Mit den restlichen Teigstücken gleich verfahren.
- Mit Puderzucker und Zimt bestreut servieren.
- Dazu passt Joghurtmousse (►S. 269), Vanilleeis oder Schlagsahne.

IIII

Alternativ kann man Blätterteig verwenden.
Ich empfehle, das Filoteigpaket komplett zu verarbeiten. Die gebackenen Filoteigblätter können kühl und trocken einen Monat aufbewahrt werden. Alternativ kann man übrig gebliebene Filoteigblätter gut verschlossen einfrieren.
Die Kürbisstücke können auch als Füllung in Filohörnchen (►S. 259) verwendet werden.

Katmer

DORFBAKLAVA

Musa Dağdeviren, Restaurant Çiya, Istanbul, Türkei

4 Portionen

Teig:
250 g Mehl
120 g Joghurt
1 Eigelb
50 ml Wasser
1 Prise Salz

2 EL Öl für die Teigballen

Füllung:
1 EL weiche Butter
100 g Kaymak oder Mascarpone
100 g Pistazien, gehackt oder gemahlen
2 EL Zucker

Pistazien, gehackt oder gemahlen
Zimt

- Teigzutaten erst in einer Schüssel und dann auf einer bemehlten Arbeitsfläche zu einem weichen Teig kneten.
- Teig vierteln und zu 4 Ballen formen.
- Öl in eine Schale geben. Teigballen darin wenden und mit Folie bedeckt 30 Min. ruhen lassen.
- Ofen auf 200° vorheizen und ein Blech mit Backpapier auslegen.
- Etwas vom Öl auf eine glatte Unterlage gießen. Teigballen ausrollen und mit den Fingern unter dem Teig von der Mitte her so dünn wie möglich ausziehen.
- Wenn der Teigfladen hauchdünn gelingt, vier Ecken zur Mitte einschlagen. Sonst einlagig lassen.
- Teigfladen mit Butter betupfen und mit Kaymak- oder Mascarponeflocken belegen. Die Ränder frei lassen.
- Pistazien und Zucker darüberstreuen.
- Die vier Ecken zur Mitte einschlagen und den Fladen auf das Blech heben.
- Im Ofen 20–30 Min. goldbraun backen.
- Pistazien und Zimt darüberstreuen und warm oder kalt servieren.

Kaymak (23% Fett) ist gekochte dicke Sahne und im türkischen Lebensmittelladen erhältlich.
Das Ausziehen des Teigs braucht Übung. Das Öl macht den Teig elastisch. Er wird mit den Fingern auf der Unterlage gedehnt. Professionelle Bäcker dehnen den Teig, indem sie ihn durch die Luft schwingen. Alternativ den Teig ausrollen.
Einfacher ist es, wenn man mit flüssiger Butter bestrichene Yufka- oder Filoteigblätter verwendet.

In der Türkei sagt man, der Teig muss sich wie ein Ohrläppchen anfühlen. Dann stimmt die Konsistenz.

Lor tatlısı

ZIGERKUGELN IN ZUCKERSIRUP

Nihal Sayın, Restaurant Ayna, Çunda, Türkei

20 Stück

200 g Ziger (oder Ricotta)
1 Ei
30 g Mehl
4 g Backpulver
3 g Vanillezucker
150 g Zucker
100 ml Wasser
¼ Zitrone, Saft

Ricotta aus dem Supermarkt ist feuchter, die Masse benötigt deshalb etwas mehr Mehl. Konsistenz testen.

- Ziger, Ei, Mehl, Backpulver und Vanillezucker gut vermischen.
- Ofen auf 180° vorheizen und Blech mit Backpapier auslegen.
- Aus der Käsemasse Kugeln von etwa 3 cm formen, auf das Blech legen und leicht andrücken.
- Die Zigerkugeln im Ofen 35 Min. goldbraun backen.
- Zucker, Wasser und Zitronensaft zu einem Sirup einkochen. Etwas abkühlen lassen.
- Zigerkugeln aus dem Ofen nehmen und in eine flache Schale legen.
- Den Sirup lauwarm über die heißen Plätzchen gießen und mind. 30 Min. einziehen lassen.

Bourekia anaris

ZYPRISCHE ZIGERKRAPFEN

Thomas Thoma, Region Famagusta, Zypern

12 Stück

Teig:
250 g Halbweißmehl
1½ EL Mais- oder Sonnenblumenöl
120 ml warmes Wasser
¼ TL Salz

Füllung:
500 g Ziger aus Kuh- oder Ziegenmilch
1 EL Zucker
¼ TL Zimt
1 Bioorange, Abrieb
½ EL Rosenwasser

200 ml Frittieröl
Puderzucker

- Die Teigzutaten miteinander verkneten.
- Teig in Folie wickeln und mind. 1 Std. kühl stellen.
- Alle Zutaten der Füllung gut mischen.
- Pastamaschine installieren.
- Den Teig zweiteilen. Ein Stück flach drücken, mit Mehl bestäuben und bis zur zweitdünnsten Stufe durch die Maschine drehen.
- Teigstreifen auf eine bemehlte Arbeitsfläche legen. Im Abstand von 6 cm je 1 gehäuften EL Füllung daraufgeben.
- Eine Seite des Teigs über die Füllungen schlagen. Rand mit Wasser befeuchten und den Teig ohne viel Lufteinschluss zu einer Rolle drehen.
- Den Teig zwischen den Füllungen andrücken und mit einem Teigrad oder Messer trennen.
- Öl in einem Topf auf 170° erhitzen. Temperatur mit Brotstückchen testen (▸Frittieren S. 117). Die Krapfen sollen zu drei Vierteln mit Öl bedeckt sein.
- 2–3 Krapfen ins heiße Öl geben und auf beiden Seiten etwa 2 Min. goldbraun frittieren.
- Mit einer Schaumkelle herausheben. Auf Küchenpapier abtropfen und abkühlen lassen.
- Zum Servieren mit Puderzucker bestreuen.

Ohne Pastamaschine den Teig von Hand 1–2 mm dick ausrollen und in 15 cm breite Streifen schneiden.
1–2 Krapfen pro Person rechnen.

Trigona panoramatos

VANILLEHÖRNCHEN

Antonis Attouni, Taverna Kyklos, Protaras, Zypern

8 Stück

4 Filoteigblätter, viereckig

Crème:
370 ml Milch
50 g Zucker
20 g Hartweizengrieß
5 g Maizena
1 Eigelb
1 Ei
1 Vanillestange, Mark
1 Msp. Mastix, gemahlen, oder 1 EL Mastixlikör (optional)

50 g Butter
3 Bogen Backpapier
etwas Zimt

- Für die Crème in einem Topf Milch mit dem Zucker aufkochen.
- Die weiteren Crèmezutaten in einer Schüssel mit einem Schneebesen verrühren.
- Die heiße Milch unter Rühren langsam in die Schüssel gießen.
- Die Masse zurück in den Topf geben und auf mittlerer Hitze rühren, bis die Crème bindet. Achtung, die Eier dürfen nicht gerinnen. Crème vom Feuer nehmen und in eine Schüssel geben. Mit etwas Zucker bestreuen und abkühlen lassen.
- Für die Hörnchen 2 Bogen Backpapier je in 4 Stücke schneiden, zu 8 Kugeln zusammenknüllen.
- Butter in einem Pfännchen schmelzen.
- Ofen auf 180° vorheizen und ein Blech mit Backpapier auslegen.
- Filoteigblätter in etwa 10 cm breite Streifen schneiden.
- Zwei Filoteigstreifen mit Butter bepinseln und aufeinanderlegen.
- Eine Ecke zu einem Dreieck einfalten und den Teigstreifen in Dreiecksform bis ans Ende weiterfalten.
- Das Teigdreieck zu zwei kleinen Dreiecken halbieren.
- Mit den Fingern die Filoteigdreiecke öffnen und je eine Papierkugel hineinstecken.
- Die Hörnchen auf das Blech legen, mit Butter bestreichen und mit etwas Zucker bestreuen.
- Im Ofen 13–15 Min. goldbraun backen. Nach der Hälfte der Zeit einmal wenden.
- Herausnehmen, Papierkugeln entfernen und abkühlen lassen.
- Crème in die Hörnchen füllen, mit Zimt bestreuen und servieren.

Die Vanillecrème mit Grieß ist typisch für die Filoteigpastete Bugatsa (► S. 308). Dabei wird die Crème, statt in Hörnchen, zwischen mehrere mit Butter bestrichene Filoteigblätter gefüllt und im Ofen gebacken.
Zum Füllen der Hörnchen ist ein Spritzbeutel hilfreich.
Mit Schlagsahne kann die Crème verfeinert werden.
Als Füllung passen auch gezuckerte Schlagsahne, Vanille- oder Schokoladencrème, Eis, Fruchtsalat oder Kürbisstückchen ► S. 253
Mastix ► S. 308

Lass uns Mezeklikia essen gehen

Anna-Maria und Konstantinos Theoharidis

Kafenio Mezeklikia, Kalithea, Athen, Griechenland

Vor dem Kafenio steht auf einer großen Tafel: »der Ort, wo man Kaffee und Ouzo trinken kann«. Mezeklikia heißt »kleine Meze«. In Thrakien, nahe der türkischen Grenze bei Edirne, wo Kostas herkommt, sagt man: »Lass uns Mezeklikia essen gehen.« Kostas ist vierzig Jahre alt und mit Anna-Maria aus Patra auf dem Peloponnes verheiratet. Ihre beiden Kinder heißen George und Melina. Anna-Maria, ursprünglich Szenografin, hat das Lokal liebevoll mit Sachen eingerichtet, die sie auf Flohmärkten gefunden hat. Sie ist im Mezeklikia für die Süßspeisen zuständig. Kostas macht eigene Rinds-, Schweins- und Lammwürste. Er liebte das Kochen schon als Kind. Seine Eltern wollten einen Beamten aus ihm machen, aber er setzte sich durch und besuchte mit vierundzwanzig eine Kochschule. In einem guten Restaurant auf Spetses lernte er von einem schwedischen Küchenchef, das Gemüse im eigenen Garten zu ziehen und die Gerichte zu vereinfachen. Kostas arbeitete als Schiffskoch auf einer Luxusyacht. Nach der Krise zog der Besitzer mit seiner Firma nach Dubai und entließ seine Angestellten. Das nahm Kostas zum Anlass, sein eigenes Restaurant zu eröffnen.

Das Mezeklikia öffnet um 19 Uhr und schließt, wenn die Gäste nach Hause gehen. Das kann im Sommer und an Wochenenden bis drei oder vier Uhr morgens dauern. Das macht das Arbeiten natürlich anstrengend. Kostas ist bemüht, auch in der Krise die Qualität zu halten. Manchmal wünscht er sich mehr Gäste, die gute Küche wertschätzen und ein anständiges Trinkgeld geben. Die Leute aus dem Quartier sind nicht vermögend. Sie kommen, weil das Essen günstig ist. Aber Meze, so Kostas, machen glücklich: »Du stehst am Morgen auf und trinkst einen Kaffee. Um elf isst du die ersten Meze mit Freunden und freust dich am Leben.« Und Anna-Maria fügt hinzu: »Meze ist das glückliche Lächeln, wenn man beim Essen den Geschmack liebt.«

Kormos oder Salami

SCHOKOLADENSALAMI

Anna-Maria Theoharidis, Kafenio Mezeklikia, Athen, Griechenland

1 große Rolle

200 g Petits-Beurre (Butterkekse)
70 g Kakaopulver
30 g Puderzucker
½ TL Zimt
50 g Haselnüsse, Walnüsse und Mandeln, gemischt und grob gehackt
1 EL Rosinen
½–1 TL Nescafé (optional)
¼ Ei, verquirlt
65 g weiche Butter
40 ml Olivenöl
125 ml Milch
ein paar Tropfen Cognac oder Whisky
Puderzucker
Schokoladensirup zur Dekoration

- Petits-Beurre in einer Schüssel in grobe Stücke brechen. Mit Kakao, Puderzucker, Zimt, Nüssen, Rosinen und Nescafé mischen.
- Ei, Butter, Olivenöl, Milch und Cognac daruntermischen. Durch das Vermengen sollen die Biskuitstücke etwa 1–2 cm groß werden.
- Ein Stück Klarsichtfolie ausbreiten.
- Die Masse gleichmäßig der Längsseite entlang verteilen. Einrollen und gut einwickeln. Die Enden zusammenstoßen, damit die Rolle gleichmäßig und kompakt wird.
- Die Rolle kaltstellen oder einfrieren.
- Zum Servieren die »Schokoladensalami« in Puderzucker rollen und in Scheiben schneiden.
- Nach Belieben etwas Schokoladensirup darübergießen.

Die Scheiben können auch als Halbgefrorenes serviert werden.

Die Speise wird Kormos (»Baumstamm«) oder Salami genannt. Das Rezept stammt von Anna-Marias Großmutter Ageliki aus dem Peloponnes. Sie versteckte nach dem Krieg die kostbaren Schokoladensalami immer im Kühlschrank des Dorf-Kafenio, damit die Kinder nicht sofort alles aufaßen.

Orientalische Puddings

Puddings mit Milch (türkisch)
Muhallebi: Milchpudding mit Reismehl, Stärke oder Mehl. Dazu gehören **Tavuk göğsü** (Milchpudding mit Hühnerbrust) und **Sakızlı muhallebi**.
Kazandibi (»angebrannter Topfboden«): Milchpudding mit karamellisiertem Boden, gestürzt und eingerollt.
Sütlaç: Milchreis, der abgekühlt in Schälchen oder im Ofen überbacken (Fırında sütlaç) gegessen wird.
Sütlü irmik tatlısı: Grieß mit Milch, Zucker und weiteren Gewürzen und Zutaten.

Puddings ohne Milch (türkisch)
Pelte: Oberbegriff für alle Puddingarten ohne Milchprodukte. Verbreitet ist vor allem Pelte mit Quitten, das auch in der osmanischen Palastküche zubereitet wurde. Pelte kann auch aus getrockneten eingelegten Früchten gemacht werden. Die Bindemittel – Weizen-, Mais-, Reismehl oder Stärke – variieren je nach Region. Verwandt mit Pelte ist Zerde, eine Süßspeise aus Reis und Safran.
Murraba: Fester als Pelte und mit einem viel größeren Früchteanteil. Wird oft in Stücke geschnitten serviert. Typisch ist zum Beispiel Quittenbrot.
Lokum oder **Turkish delight:** Kleine Würfel oder Stangen, basierend auf einem Sirup aus Zucker und Stärke, oft auch Mastix. Damit sie nicht kleben, werden sie in Puderzucker oder Kokosraspeln gewendet. Es gibt sie in vielen Farben und Geschmacksrichtungen, mit Fruchtstückchen oder Nüssen versetzt. Gutes Lokum ist aus natürlichem Fruchtsaft gemacht.
Muhallebicisi: Traditionelle, türkische Puddingshops, in denen alle Arten von Pudding und Süßspeisen verkauft werden.

Sütlaç

MILCHREIS

Elif Önal, Sivas/Luzern, Türkei/Schweiz

6 Portionen

100 g Rundkorn- oder Bruchreis für Milchreis
½ TL Salz
1 l Vollmilch
100 ml Vollmilch
3 gestrichene EL Stärke (Maizena)
100 g Zucker
Zimt

- Reis in 400 ml Wasser mit ½ TL Salz aufkochen und 15 Min. auf mittlerer Hitze kochen.
- Die Milch dazugießen, aufkochen, Hitze reduzieren und 10 Min. köcheln.
- Maizena in 100 ml Milch auflösen. Mit dem Zucker unter den Reis rühren und 5 Min. auf kleiner Hitze köcheln. Rühren, damit der Reis nicht am Topfboden anbrennt. Der Reis soll weich, aber nicht verkocht sein.
- Vom Feuer nehmen und mit einem Schöpflöffel in Schalen abfüllen.
- Beim Abkühlen bildet sich eine rahmhaltige Haut, die gewollt ist.
- Mit Zimt bestreut servieren.
- Dazu passen Granatapfelkerne, Orangenfilets oder andere frische Früchte.

Wenn der Milchreis sofort abgefüllt und nicht mehr umgerührt wird, bildet sich eine rahmhaltige Haut (türk. *kaymak*), die in der Türkei geliebt wird. Es ist diese Haut, die sich im Ofen bräunt. Zum Aromatisieren kann ein Päckchen Vanillezucker, das Mark einer Vanilleschote oder etwas Orangenschale mitgekocht werden.

Fırında sütlaç

MILCHREIS IM OFEN ÜBERBACKEN

6 Portionen

- Milchreis wie oben zubereiten und in eine feuerfeste Form oder Töpfchen abfüllen.
- Ofen auf 200° Oberhitze vorheizen.
- Ofenform oder Töpfchen auf ein Blech mit etwas Wasser stellen.
- Auf der mittleren Schiene 10–15 Min. backen, bis die Oberfläche braun wird.
- Abkühlen lassen. Mit Zimt bestreut servieren.

Ispanaklı irmik tatlısı

SÜSSE SPINAT-GRIESS-SCHNITTEN

Nilüfer Kulhan, Turkish catering, Balıkesir/Hochdorf, Türkei/Schweiz

6 Portionen

100 g Blattspinat
500 ml Milch
60–70 g Grieß
80 g Zucker
5 g Maizena
½ Päckchen Vanillezucker (optional)

frische Minze, Pistaziensplitter, Kokosraspeln oder Granatapfelkerne zur Dekoration

- Spinat waschen, gut abtropfen lassen und grob hacken.
- Mit der Hälfte der Milch fein pürieren.
- Maizena in etwas kalter Milch auflösen.
- Alle Zutaten in einem Topf aufkochen. Auf mittlerer Hitze mit einem Schneebesen zu einem dickflüssigen Brei rühren. Bei Bedarf etwas Maizena, Grieß oder Milch hinzufügen.
- Eine flache Schale (20 × 20 cm) oder Cakeform eiskalt ausspülen.
- Den Brei mithilfe eines Gummischabers hineingießen und flach streichen (1,5 cm oder höher). Abkühlen und fest werden lassen.
- Den Grießpudding auf eine Platte stürzen und in Vierecke, Rhomben oder Schnitten schneiden.
- Mit einem Spachtel portionenweise auf Dessertteller geben und dekorieren.

Statt mit Spinat kann der Pudding auch mit anderen Aromen und Farben gemacht werden: naturweiß mit Vanille, gelb mit Kurkuma oder rot mit Roter Bete. Häufig wird der Pudding mit einer zweiten Lage Milch- oder Vanillepudding zweifarbig zubereitet.

Mastix

Mastix (griech. *mastiha,* türk. *sakız* oder *damla sakızı*) ist das Harz des Mastixstrauches (Pistacia lentiscus) und wird vorwiegend auf der griechischen Insel Chios produziert. Die Insel ist auch bekannt für ihren mit Mastix versetzten Ouzo und den Likör Mastix Chiou. Um das kostbare Harz zu ernten, müssen die Mastixsträucher kultiviert und gepflegt werden. Zum Ernten wird die Rinde angeritzt, bis das Harz austritt. Die Arbeit ist mühsam: Pro Baum und Ernte lassen sich etwa 100 g Harztropfen gewinnen.

Die alten Ägypter verwendeten Mastixharz zur Mumifizierung der Toten und zum Räuchern, die Griechen als Heilmittel und als Kaugummi für einen guten Atem und weiße Zähne. In der römischen Zeit wurden aus dem Holz Zahnstocher hergestellt. Auch Wein wurde schon früh mit Harz aromatisiert, um ihn mit dessen antimykotischer und antibakterieller Wirkung haltbar zu machen. Für den griechischen Retsina wird aber nicht Mastix, sondern Pinienharz verwendet. Mastix ist auf der UNESCO-Liste der immateriellen Kulturgüter. Heute wird er außerhalb der Küche für Räucherwerk, Firnisse und in der Kosmetikindustrie für Produkte wie Gesichtscrème, Duschgel oder Zahnpasta verwendet. Mastix ist im griechischen Laden und natürlich in Griechenland und der Türkei erhältlich, aber auch online oder in Apotheken und an Orten, wo Räucherwaren oder Gewürze verkauft werden. Man findet ihn im Verkauf in Form von getrockneten Harzstückchen, aufgelöst in Zuckersirup oder als Mastixlikör. In der Küche dient Mastix vor allem zum Aromatisieren von Süßigkeiten wie Pudding (►S. 267), Eis, Gebäck, Lokum oder Kaugummi. Mastix kommt aber auch als Würzmittel in salzigen Gerichten zum Einsatz (►S. 211). Für den Gebrauch werden die Harzkristalle mit etwas Zucker gemörsert, sonst kleben sie fest.

Damlasakızlı rulo

MILCHPUDDINGROLLEN MIT MASTIX

Satu Önder, Apartments Manzara Istanbul, Istanbul, Türkei

4–6 Portionen

1 g Mastix (türk. Sakız)
1 TL Zucker
500 ml Milch
45 g Mehl
70 g Zucker
25 g Butter oder Margarine
2–3 EL Kakaopulver

- Mastixharzstückchen mit 1 TL Zucker im Mörser zerstoßen.
- Mehl mit etwas Milch glatt rühren und mit der restlichen Milch und dem Zucker in einen Topf gießen.
- Butter und den gemörserten Mastix dazugeben.
- Unter ständigem Rühren aufkochen, bis die Masse eine puddingartige Konsistenz annimmt. Bei Bedarf mit einem Stabmixer glatt pürieren.
- Eine flache, viereckige Schale oder ein kleines Blech mit kaltem Wasser abspülen.
- Die Puddingmasse hineingießen (1 cm hoch ist ideal). Flach streichen oder -schütteln. Abkühlen lassen.
- Pudding in 12 × 12 cm große Quadrate schneiden.
- Eine dünne Schicht Kakaopulver in eine flache Schale streuen. Mithilfe eines Küchenspachtels ein Puddingviereck auf den Kakao legen. Von beiden Seiten zu einer Rolle einschlagen und leicht andrücken.
- Mit der schönen Seite nach oben auf die Teller legen.

Mastix ▸ S. 308

Ohne Zucker wird Mastix beim Mörsern klebrig. Mit dem Mixer bearbeitet, erhält der Pudding durch den Mastix eine kaugummiartige Konsistenz.
Statt Mastix eignen sich zum Aromatisieren in der Milch mitgekochte Zitronengeranienblätter oder eine aufgeschnittene Vanilleschote. Statt Kakao kann man Kokosraspeln verwenden. Einfacher ist es, den Pudding in kleine Schälchen zu gießen und mit Kakao zu bestreuen. Er heißt dann Sakızli muhallebi.

ΞΙΚΟΥΔΙΑ
-τσίπουρ
ούζο

Mous yiaourtiou me siko

JOGHURTMOUSSE MIT FEIGEN

Anna-Maria Theoharidis, Kafenio Mezeklikia, Athen, Griechenland

4 Portionen

250 ml Schlagsahne
1 EL Zucker
250 g dicker Joghurt
½–1 Biozitrone, je nach Größe, Abrieb und Saft
1 EL Feigenkonfitüre oder Honig
1,5 ml Ouzo oder Tsipouro (optional)
4 EL Feigenkonfitüre oder Honig
4 TL gemahlene Walnüsse

- Joghurt in ein ausgewaschenes Seihtuch füllen, mit einem Gummiband umwickeln und am Wasserhahn über das Waschbecken hängen. 30 Min. abtropfen lassen.
- Schlagsahne mit Zucker schaumig schlagen.
- Joghurt hinzufügen und weiter schlagen, bis eine feste Masse entsteht. Achtung, nicht zu Butter schlagen!
- Zitronenabrieb, Zitronensaft, Konfitüre und Branntwein unterrühren und kühl stellen.
- Zum Servieren mit einem Esslöffel 4 Portionen abstechen. Löffel zwischendurch kalt abspülen.
- Je 1 EL Feigenkonfitüre darübergeben und mit geriebenen Walnüssen bestreuen.

Dicken Joghurt kann man durch 400 g normalen Joghurt ersetzen; 1–2 Std. abtropfen lassen.
Die Mousse kann auch mit einer beliebigen anderen Konfitüre zubereitet werden.
Zur Mousse passen auch eingemachte Früchte wie Apfel mit Granatapfelsauce, grüne Mandarinen, Orangenschale, grüne Feigen, Walnüsse (Rezepte ►S. 277–287).
Ouzo kann durch einen anderen Branntwein oder Likör ersetzt werden.
Aus der Mousse kann man auch Eis machen.

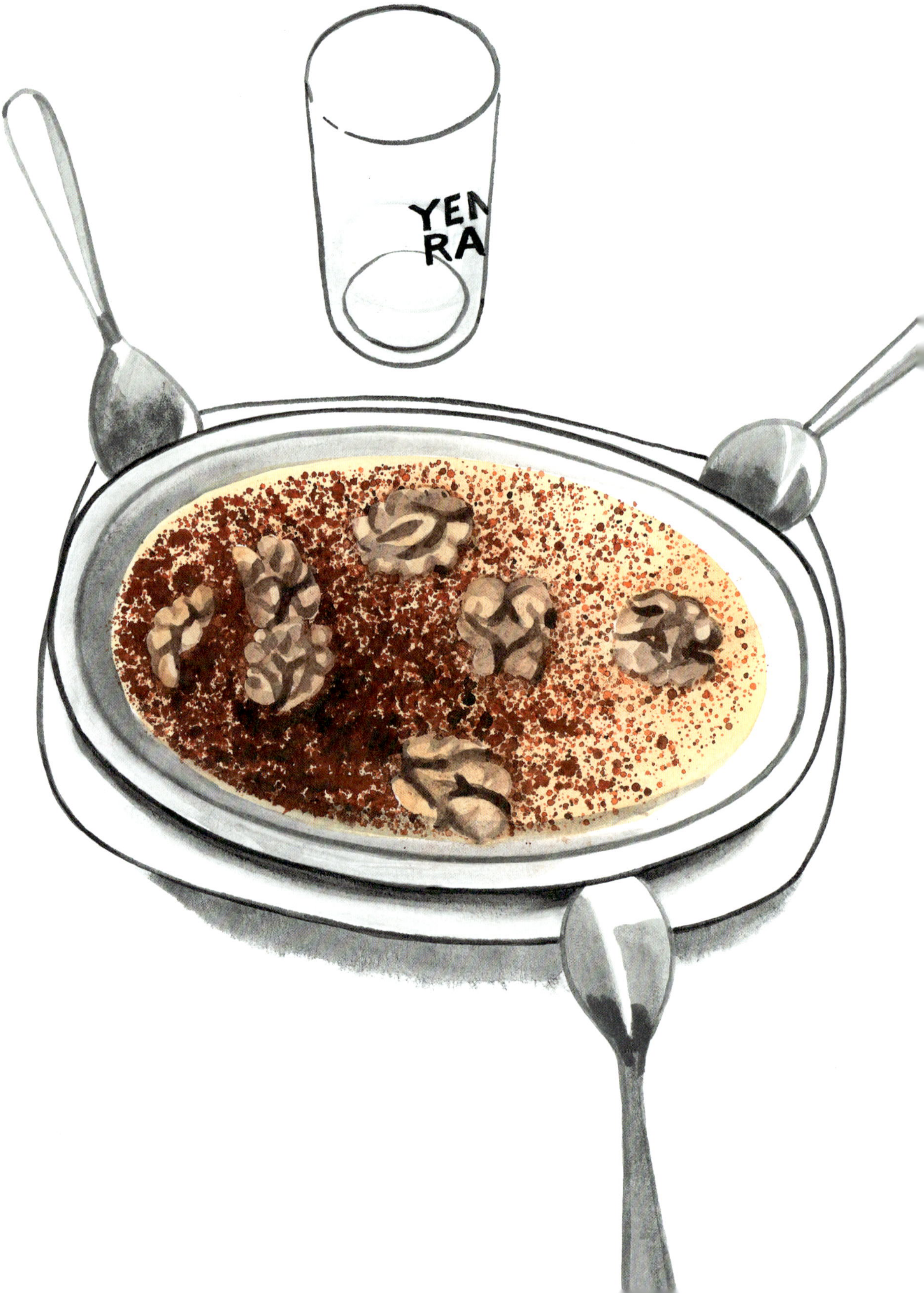
YEN
RA

Karamalize elmalı helva güveç

KARAMELLISIERTES HELVA MIT APFEL

Vedia Türün, Foça, Türkei

4 Portionen

150 g Sesam-Helva
2 saure Äpfel
1 EL Butter
1 TL Zimt
1 Zitrone, Saft (optional)
8 Walnusshälften

- Äpfel waschen, raffeln und in einer Pfanne mit Butter kurz anbraten.
- Zimt und Zitronensaft daruntermischen und alles in eine kleine feuerfeste Form geben.
- Ofen auf 230° Oberhitze vorheizen.
- Helva in einer Schüssel mit einer Gabel zerdrücken.
- Die Brösel über die geriebenen Äpfel streuen und die Walnusshälften darüberlegen.
- Auf der obersten Schiene 3–5 Min. backen, bis eine braune Kruste entsteht.
- Warm servieren.

Helva oder Halva aus Sesam nicht mit Tahina verwechseln, Helva ist am Block ►S. 272
Helva wird auch ohne Apfel mit Milch oder Joghurt vermischt überbacken.
Überbackenes Sesam-Helva oder auch Helva am Stück sind typisch nach einem Fisch- oder Meze-Essen.

Helva und Tahina

Der Sesamladen von Fatih Helvacıoğlu

Helvacısı Tiflıpaşa, Edremit, Türkei

Im Helvacısı Tiflıpaşa dreht die mechanische Schaufel langsam Unmengen von Sesam im Röstofen. Fatih Helvacıoğlu führt den Produktionsbetrieb und Laden in der zehnten Generation. Aus dem Sesam macht Fatih Helva und Tahina.

Die Zubereitung von Helva ist hier eine 500 Jahre alte Tradition, erzählt er. Es gab früher öffentliche Plätze, wo die Leute ihren Sesam wuschen, die Häute der Samen mit Eichenasche entfernten und Helva machten. Edremit war berühmt für seinen Sesam, doch heute wird nicht mehr viel angebaut. Fatih bezieht ihn aus Fethiye. Doch er hat Mühe, genügend türkischen Sesam zu bekommen, da japanische Betriebe den hochwertigen anatolischen Sesam in großen Mengen aufkaufen. Fatihs Produkte enthalten keine Konservierungsstoffe. Aber die gesetzlich vorgeschriebenen Standards bezüglich Hygiene und Einrichtungen werden immer strenger, und es wird für Kleinbetriebe schwieriger, gegen die großen Produzenten zu bestehen.

In der Helvacısı Tiflıpaşa wird Helva in verschiedenen Geschmacksrichtungen hergestellt: Helva aus rohem oder geröstetem Sesam, Helva mit Mastix oder Schokolade. Gesüßt ist es mit Honig, Pekmez (Fruchtdicksaft) oder Zucker. Fatihs Bittermandel-Helva aus Mandeln, Zucker und Grieß schmeckt ähnlich wie Marzipan.

Für Helva wird Zuckersirup auf 160 Grad erhitzt und weiß und cremig gerührt. Etwas abgekühlt, wird dem Sirup Seifenwurzelextrakt beigefügt, das ihn schaumig macht. Dann wird der gemahlene Sesam daruntergezogen. Der Brei wird in eine Holzform gegossen und gepresst. Abgekühlt, wird das Helva in Blöcke geschnitten und ist damit zum Verkauf bereit. Dunkel, kühl und ohne Luftzufuhr gelagert, ist es zwanzig Jahre haltbar. Die Herstellung von Halva brauche Hingabe und Geduld, sagt Fatih. Auch das Holz soll seinen Geschmack abgeben.

Helva wird traditionell zu Anlässen wie Olivenernte, Beerdigungen, Hochzeiten, Geburten oder Beschneidungen serviert. Heiß aus dem Ofen ist es ein typisches Dessert nach Meze oder Fisch.

Das Sesammus Tahina produziert Fatih in zwei Sorten, aus rohem oder geröstetem Sesam. Es ist mehrere Jahre haltbar, wenn man es ab und zu dreht, damit sich das Öl wieder mit dem Mus vermischt. Neben den eigenen Produkten verkauft Fathi in seinem Laden auch viele Sorten Lokum, Bittermandelsirup, roten Zimt- und Nelkensirup für Mütter im Wochenbett und farbige Bonbons für die Kinder.

HELVALAR
SADE 16 TL
KAKAOLU 17 TL
PEKMEZLİ 18 TL
DAMLA SAKIZLI 18 TL
ANTEP FISTIKLI 24 TL
SUSAMLI HELVA 18 TL
TAHİN 20 TL
ÇİFTE KAV. TAHİN 20 TL
YAZ HELVALARI
ACI BADEMLİ 14 TL
SADE 14 TL
KAKAOLU CEVİZLİ 16 TL

Pasteli

SESAM-HONIG-RIEGEL

Vasilis Leonidou, Hotel Kapsaliana Village, Kreta

Etwa 40 Stück, 4 × 4 cm

100 g Sesam
80 g Honig
1 Handvoll Nusssplitter (optional)
Sesam- oder Sonnenblumenöl

- 2 Stück Backpapier mit ein paar Tropfen Öl einreiben.
- Sesam in einer Pfanne ohne Öl unter Schütteln golden rösten.
- Honig in einem Topf erhitzen, bis er Blasen wirft. Honigmenge auf 100 g erhöhen, wenn zusätzlich zum Sesam Nüsse dazugegeben werden.
- Sesam mit einer Holzkelle unterrühren und auf mittlerer Hitze etwa 5 Min. weiterrühren.
- Die Masse auf die Mitte eines Backpapiers geben und mit der Holzkelle leicht flach drücken.
- Ein Messer einölen und die Ränder der Masse mit dem Messerrücken zu einem Viereck formen.
- Das zweite Backpapier darüberlegen und die noch heiße Masse mit dem Nudelholz 2 mm dünn ausrollen.
- Mit dem Messer die Ränder noch einmal gerade schieben.
- 5 Min. abkühlen lassen und mit einem Messer in Stücke schneiden.
- Die Riegel auf einem Kuchengitter ganz auskühlen lassen. Abgekühlt können die Stücke auch gebrochen werden.
- Zum Aufbewahren zwischen Backpapier in eine Dose füllen.

Zur Sesam-Honig-Masse können weitere Zutaten hinzugefügt werden: Pistazien- oder Mandelstifte, Erdnüsse, grob gehackte Walnüsse, fein gehackte Trockenfrüchte, Haferflocken, Sonnenblumenkerne, Leinsamen oder zum Aromatisieren etwas Schale einer Bioorange. Achtung, empfindliche Zutaten erst gegen Ende dazugeben! Je höher die Luftfeuchtigkeit, desto klebriger sind die Riegel.

Vasilis serviert die Sesamstücke noch warm auf einem Zitronenblatt. Durch die Wärme steigt ein Zitrusduft auf.

Küche in Saloniki

Giannis Alexiou

Restaurant Ta Nisia, Thessaloniki, Griechenland

Giannis ist 67 Jahre alt, seit 45 Jahren Küchenchef, und führt das Restaurant Ta Nisia (»die Inseln«). Seine Heimatinsel ist Skopelos, die durch den Film *Mamma Mia!* aus dem Jahr 2008 vom Tourismus entdeckt worden ist. Giannis hat ein dreibändiges Kochbuch mit dem Titel *Geschmack und Kunst* herausgegeben, darin sind viele Meze-Rezepte enthalten. Er mag Thessaloniki, kurz Saloniki, weil die Stadt so ruhig wie ein Dorf wirke. Doch das war nicht immer so. Anfang des 20. Jahrhunderts war Saloniki reich und moderner als Istanbul. Die Stadtgeschichte ist ein turbulentes Auf und Ab. Sie ist geprägt von Judentum, Christentum und Islam, einem großen Stadtbrand, von Kriegen, Flüchtlingen und Migranten, von Reichtum und Armut. Derzeit steckt die Stadt, wie ganz Griechenland, in einer finanziellen Abwärtsspirale. Giannis hat von zwölf auf vier Angestellte reduziert. Noch vor fünf Jahren gab es in Saloniki 4000 Restaurants. Heute sind es vielleicht halb so viele, und nochmals die Hälfte davon ist vom Aus bedroht. Und doch scheint die Restaurantdichte immer noch hoch. Es gibt viele Meze-Lokale, die mit schönen Slogans werben, wie: »Hier ist der Ort für frisch gekochtes Essen, warme Gespräche und improvisierte Lieder.«

Die Stadt ist bekannt für ihre gute Küche. Berühmt sind die Filoteigpasteten Bugatsa, entweder mit süßer Füllung aus Grießpudding oder Crème, oder salzig mit Käse, Kartoffeln, Spinat oder Hackfleisch. Ein Schauspiel ist es, den Bäckern bei der Herstellung der Teigblätter zuzuschauen. Wie Fahnenschwinger drehen sie die gebutterten Teigballen drei-, viermal durch die Luft, und schon liegen sie hauchdünn in der Größe eines Leintuchs auf dem Tisch. Sie werden zur Hälfte eingeschlagen, in der Mitte mit Füllung belegt und zu einem Blätterteigpaket gefaltet. Dann werden sie gebacken und in Stücke geschnitten.

Bei einem Apfel in Granatapfelsauce erzählt Giannis, es sei wichtig, die Rezepte mit wenigen Zutaten einfach zu halten. Einmal sei ein junger Koch mit vielen Notizen und Büchern zu ihm gekommen. Giannis riet ihm: »Wirf deine Bücher weg, geh zu diesem Kürbis dort, umarme ihn und nenne ihn ›mein süßer, kleiner Kürbis‹. Man muss mit Liebe kochen, sonst geht es gar nicht.«

Mila me himo rodiou kanela ke vasiliko

APFEL MIT GRANATAPFELSAUCE

Giannis Alexiou, Restaurant Ta Nisia, Thessaloniki, Griechenland

4–8 Portionen

4 festfleischige Äpfel
½ Zitrone, Saft
200 g Zucker
1 Zimtstange
3 Nelken

Für den Sirup:
2 Granatäpfel, Saft
100 g Zucker
50 ml Wasser
1 Zweig Zitronengeranie (Alternativen siehe Spalte rechts)

250 g griechischer Joghurt
½ EL Puderzucker
ein paar Granatapfelkerne
8–16 Basilikumblätter
Zimt

- Äpfel schälen und Kerngehäuse herausstechen. Mit Zitronensaft beträufeln, damit sie nicht braun werden.
- Äpfel mit Zitronensaft, Zucker, Zimt und Nelken in einem Topf knapp mit Wasser bedecken.
- Einen umgedrehten Teller als Gewicht darauflegen. Aufkochen und 1 Std. auf kleiner Hitze köcheln.
- Für den Sirup Granatäpfel quer halbieren und in einer Fruchtpresse auspressen. Ein paar Kerne für die Dekoration beiseitelegen.
- Granatapfelsaft mit Zucker und Wasser in einem zweiten Topf 5 Min. zu einem Sirup einkochen.
- Teller von den Äpfeln nehmen, den Zuckersirup abgießen und den Granatapfelsirup über die Äpfel gießen. Geranie oder Zitronengras dazugeben.
- 30–60 Min. auf kleiner Hitze köcheln, bis der Sirup stark reduziert ist und Blasen wirft. Ab und zu die Äpfel mit Sirup begießen. Die Äpfel werden purpurrot.
- Vom Feuer nehmen und abkühlen lassen.
- Joghurt mit Puderzucker verrühren.
- Je 1 Apfel mit etwas Sirup auf einen Teller legen. Mit Granatapfelkernen und zwei Basilikumblättern dekorieren. 1 Löffel Joghurt dazugeben und mit Zimt bestreut servieren.

Zitronengeranie ist im Handel nicht erhältlich, kann aber durch Zitronenmelisse oder 1 Stängel Zitronengras ersetzt werden.
Es eignen sich Apfelsorten, die beim Kochen nicht zerfallen, zum Beispiel Cox Orange, Jonagold, Topaz oder Elstar.
Auch Joghurtmousse (▸ S. 269) ohne Konfitüre passt dazu.

Yeşil incir reçeli

GRÜNE FEIGEN IN ZUCKERSIRUP

Zeynep Davaz, Mesudiye, Datça, Türkei

Etwa 2 l

1 kg grüne, unreife Feigen
1 kg Zucker
5 Nelken
1 Zitrone, Saft
2 TL Zitronensäure

- Feigen waschen und Stiele entfernen. Mit einem Zahnstocher bis zur Mitte einstechen.
- 2 l Wasser in einem Chromstahltopf aufkochen. Feigen dazugeben und etwa 15 Min. auf mittlerer Hitze köcheln.
- In ein Sieb abgießen und kalt abschrecken.
- Zucker in 500 ml Wasser in einem unbeschichteten Topf aufkochen, bis der Zucker aufgelöst ist.
- Feigen leicht auspressen und mit den Nelken in den Zuckersirup geben. Etwa 30 Min. köcheln.
- Zitronensaft und -säure dazugeben und zu einem Sirup einkochen. Zur Probe etwas Sirup in einem Löffel abkühlen lassen und die Konsistenz testen. Schaum abschöpfen.
- Die Feigen in ein ausgekochtes Glas füllen, Sirup darübergießen, verschließen und mindestens 1 Tag kaltstellen.
- Zum Servieren 1 Feige pro Person mit etwas Sirup auf einen kleinen Teller geben.
- Dazu passen Joghurtmousse (►S. 269), abgetropfter Joghurt (►S. 98), Kaymak oder Eis.

Das Rezept eignet sich gut für Feigen, die in unseren Breitengraden nicht vollständig reifen. Die unreifen Feigen haben das wunderbare Aroma von Feigenblättern im Sonnenschein. Die Feigen passen wie ein Chutney auch zu Fleisch oder Käse.
Statt Nelken eine Zimtstange oder Vanilleschote mitkochen.
Abgetropfter Joghurt kann wie Eis als Kugel serviert werden.
Beim Kochen der Feigen bleibt im Topf ein harziger Rand zurück, der mit Orangenöl oder einem anderen warmen Öl gereinigt werden kann.
Kaymak ►S. 308

Yeşil mandalina reçeli

GRÜNE MANDARINEN IN ZUCKERSIRUP

Neşe Ekiz, Güneş Apart Otel, Datça, Türkei

Etwa 2,5 l

1 kg unreife Mandarinen
1,5 kg Zucker
2 EL Zitronensaft

- Mandarinen waschen und 2 Tage wässern. Wasser täglich wechseln.
- Mandarinen in frischem Wasser aufkochen. 10 Min. kochen, dann Wasser abgießen.
- 1 Tag in frischem, kaltem Wasser stehen lassen, dann abgießen.
- Mandarinen halbieren. Kerne herausnehmen und in einem Säckchen zum Gelieren mitkochen.
- Zucker mit 600 ml Wasser und Zitronensaft zu einem Sirup einkochen.
- Mandarinen dazugeben und 15 Min. auf kleiner Hitze köcheln.
- Mandarinen heiß in ausgekochte Gläser abfüllen. Mit Sirup bedecken und gut verschließen.
- Zum Servieren Mandarinen mit etwas Sirup auf kleine Teller geben.
- Dazu passt abgetropfter Joghurt (►S. 98), Kaymak oder Eis.

Die Mandarinen Ende Sommer ernten, bevor sie reifen. Man kann für das Rezept auch reife Mandarinen verwenden. Die unreifen haben aber ein besonders intensives Zitrusaroma.
Die Mandarinen passen wie ein Chutney auch zu Fleisch oder Käse.
Auf dieselbe Art können leicht abgeriebene, in Achtel geschnittene Orangen zubereitet werden.
Abgetropfter Joghurt kann wie Eis als Kugel serviert werden.
Kaymak ►S. 308

Portakal reçeli

ORANGENSCHALEN IN ZUCKERSIRUP

Von einer Marktfrau am Slow-Food-Markt, Sığacık bei Seferihisar, Türkei

Etwa 1 l

5 Bioorangen oder Bitterorangen, Saft und Schale
300 g Zucker
½ Zitrone, Saft

- Orangen waschen. Oben und unten ein Stück Schale abschneiden. Schale etwa zehnmal längs einschneiden und abschälen. Falls der weiße Schalenteil sehr dick ist, einen Teil wegschneiden. Schalenstreifen in Wasser legen.
- Orangen auspressen und den Saft über Nacht kaltstellen.
- Orangenschalen aufrollen und mit Nadel und Faden wie Perlen auffädeln.
- Die Orangenkette zweimal in viel Wasser aufkochen und abgießen.
- Mit dem Zucker bestreuen und über Nacht ziehen lassen.
- Die Kette mit Zucker, Orangen- und Zitronensaft auf kleiner Hitze etwa 1 Std. köcheln, bis die Flüssigkeit zu einem Sirup eingekocht ist. Konsistenz testen.
- Mit dem Sirup heiß in ausgekochte Gläser abfüllen.
- Zum Servieren die Orangenschalen vom Faden ziehen. Auf einem Löffel oder mit Beilagen wie oben servieren.

Bitterorangenschalen haben ein besonders feines Aroma.
Wer mehr Sirup möchte, nimmt mehr Orangensaft und Zucker.
Alternativ die Schale mit einem Sparschäler abschälen und in etwa 2 cm breite Streifen schneiden.

Glyko tou koutaliou – Süßes aus dem Löffel

Despo Vilanidou

Peristerona, Region Nikosia, Zypern

Despo Vilanidou ist Expertin für Glyko tou koutaliou, »Süßes aus dem Löffel«. So nennt man in Griechenland und auf Zypern in Zuckersirup gekochte Früchte, Gemüse oder Nüsse. Im Gegensatz zu kandierten Früchten werden sie im eigenen Sirup aufbewahrt. Die orientalische Süßigkeit ist ein Symbol der Gastfreundschaft. Man bietet den Gästen Glyko in einem Löffel zu Kaffee oder Tee zusammen mit einem Glas Wasser an. Auf Zypern gibt es für die Löffelsüßigkeiten eigens angefertigte, filigrane Servierschälchen, mit winzigen Silbergabeln und -löffeln. Als Nachspeise serviert man Glyko alleine oder mit Käse, auf Joghurt oder Eis. Bevor es Kuchen gab, war es hier die einzige Süßigkeit, erzählt Despo. Jeder Haushalt machte sein Glyko, aus den Früchten der eigenen Bäume. Fast jedes Obst, Gemüse, jede unreife Nuss oder Zitrusschale eignet sich dafür. Als Gewürze werden Zimt, Vanille oder Blätter der Zitronengeranie verwendet.
Despo macht seit fünfzehn Jahren Glyko und Konfitüren. Sie verkauft direkt und beliefert Restaurants und Läden in Peristerona und Nikosia. Auch ihr Mann hilft mit. Sie beziehen die ungespritzten Früchte von Kleinproduzenten – manche von Familien, die nur ein paar Bäume haben – und von einem kleinen Kloster im Troodos-Gebirge. Früher wurde Glyko vor allem aus Walnüssen, Bitterorangen und kleinen Auberginen gemacht, sagt Despo. Heute gibt es immer mehr Sorten, einige werden sogar mit Mandeln gefüllt. Je nach Saison macht Despo Wassermelonenschalen, Bergamotten, Orangen, Mandarinen, Kumquat, Kirschen, Kürbisse, Quitten, Äpfel, Trauben, unreife Datteln, Feigen oder Aprikosen ein. Nur Karotten gibt es das ganze Jahr. Die Kunst liegt in der richtigen Konsistenz. Die Glyko sollen nicht zu hart, aber auch nicht zu weich sein. Für die Zubereitung der Walnüsse, Wassermelonen, Kürbisse, Auberginen und Feigen wird mit Kalk gesättigtes Wasser verwendet, damit sie einen knackigen Biss behalten. Aufwendig sind die Schwarzen Nüsse (►S. 285). Die Zubereitung benötigt vierzehn Tage. Sie werden ganz schwarz und im Aufschnitt sieht man die schöne Nussstruktur.

Glyko karydaki

SCHWARZE NÜSSE

Despo Vilanidou, Peristerona, Zypern

100 Walnüsse

100 grüne, unreife Walnüsse
50 g (100 ml) gelöschter Kalk (Calciumhydroxid)
Kaffeefilter
6 Zitronen, Saft
3 kg Zucker
2 Zimtstangen
6 Nelken

- Walnüsse mit einem Sparschäler dünn abschälen, dabei mit Handschuhen arbeiten. Stiel abschneiden.
- In einem Chromstahlgefäß 8 Tage in Wasser einlegen. Wasser zweimal täglich wechseln. Die Nüsse werden schwarz.
- Für die Zubereitung des Kalkwassers mit Handschuhen arbeiten. Kalk in 3 l Wasser auflösen und die Lösung durch einen Kaffeefilter gießen, Wasser auffangen.
- Die Nüsse für 8 Std. in die alkalische Lösung geben. Sie sollen dabei härter werden. Anschließend unter fließendem Wasser waschen.
- Jede Nuss mit einem Spieß oder einer Nadel einmal durchstechen.
- Die Nüsse dreimal in frischem Wasser aufkochen und abgießen. Schaum abschöpfen. Beim dritten Mal die Nüsse in etwa 30 Min. weich kochen.
- Die Nüsse 2–6 Std. in frischem Wasser und Saft von 2 Zitronen einweichen. Abgießen.
- Die Nüsse mit Zucker, Saft von 1 Zitrone, Zimt und Nelken in einen Topf geben. 1,5 l Wasser dazugießen und bei mittlerer Hitze aufkochen. Zugedeckt beiseitestellen
- Am nächsten Tag bei starker Hitze erneut im Sirup aufkochen.
- Am dritten Tag so lange kochen, bis der Sirup eindickt.
- Walnüsse mit dem Sirup und dem Saft von 3 Zitronen in ein ausgekochtes Glas füllen.
- Zum Servieren eine ganze Nuss oder in Scheiben geschnitten mit etwas Zuckersirup auf einen kleinen Teller legen. 1 EL Kaymak oder dicken Joghurt dazu geben.
- Die Nüsse passen auch zu Vanilleeis, Käse oder Wild.

IIII

Erntezeit sind in der Regel die Tage vor dem Johannistag am 24. Juni. Zum Testen eine Nuss anschneiden. Die Nuss soll ausgebildet, aber die Schale noch nicht hart sein.
Ungeöffnet können die Walnüsse zwei Jahre aufbewahrt werden. Einmal geöffnet, im Kühlschrank aufbewahren.
Das Kalkwasser macht die Nüsse knackiger. Mit Kalkwasser werden auch geschälte Kürbisse, Miniauberginen und geschälte Wassermelonenschalen zubereitet. Sie werden aber ohne Wässern direkt in Kalkwasser eingelegt und nur einmal gekocht, bevor sie in Zitronenwasser eingelegt und im Zuckersirup gekocht werden.
Schwarze Nüsse sind auch bei uns bekannt. Allerdings werden sie ohne Kalkwasser zubereitet.
Aus grünen Walnüssen wird auch Likör gemacht (Nussschnaps, italienisch Nocino).
Kaymak ► S. 308

Yavaş, yavaş – lansam, langsam

Slow-Food-Markt in Sığacık

Sığacık bei Seferihisar, Türkei

Seferihisar wurde 2009 als erster türkischer Stadt das Prädikat Cittàslow, oder auf Türkisch Yavaş Şehir, verliehen. Cittàslow heißt »langsame Stadt« und ist eine von Slow Food inspirierte Bewegung, die sich der kulturellen Eigenheiten und der Lebensqualität von Kleinstädten annimmt, um sich gegen die Vereinheitlichung und Amerikanisierung von Städten zu wehren. In Seferihisar haben sich Großstädter niedergelassen, Gruppierungen gegründet und sich der Slow-Food-Bewegung angeschlossen. Im nahen Hafenort Sığacık, bei den Ruinen der antiken Stadt Teos, findet am Sonntag ein besonderer Markt statt. Die Ortsleute verkaufen ihre eigenen Produkte. Es gibt keine auswärtigen Händler oder Produkte. Wer am Markt verkaufen will, muss einen Hygienekurs besuchen und einen Gesundheitstest ablegen. Der Stand kostet nichts.

Der Markt ist ein Erlebnis. Familien servieren aus ihren Wohnungen türkisches Frühstück auf ein paar Tischen in den Gassen. Es gibt frische Gözleme und Puffbörek. Die halbkreisförmigen, mit Ziger oder Fleisch gefüllten Yufkateigtaschen blasen sich beim Frittieren wie Ballone auf. An den Ständen findet man Wildspargeln und viele Wildkräuter, ganze Mandarinen, Bitterorangen oder grüne Feigen in Zuckersirup, Konfitüren aus scharfen Paprikaschoten oder schwarzen Oliven. Es gibt İçli köfte, Mercimek köfte und Çiğ köfte, Börek mit Füllungen aus Brennnesseln, Kürbis und vielem mehr und Baklava in allen Formen. Die Börek und Baklava werden in der Dorfbäckerei gebacken. Dort warten sie nummeriert und gestapelt in großen Blechen.

Eine rare lokale Spezialität sind die Hurma-Oliven, eine Sorte der Erkence-Olive, die nicht in Salz eingelegt werden muss. Sie können reif und mürbe direkt vom Baum gegessen werden, weil sie einen natürlichen Entbitterungsprozess durchlaufen. Der Händler auf dem Markt verkauft zwei Sorten, eine vom humusreichen Talgrund und eine vom höher gelegenen felsigen Boden. Er sagt, die Hurma-Oliven brauchen den Poyraz-Wind und die Meeresnähe. Auch Pilzsporen in der Luft seien wichtig. Die Oliven werden von einheimischen Frauen sorgfältig gepflückt und aussortiert – und schmecken wunderbar.

Karamelomena

GEBRANNTE ZITRONENMARMELADE

Vasilis Leonidou, Hotel Kapsaliana Village, Kreta

Etwa 400 ml

3 mittelgroße reife Biozitronen
100 ml Honig
20 ml Olivenöl

- Ganze Zitronen dreimal in einem Topf mit kaltem Wasser aufkochen und abgießen, um Bitterstoffe zu entziehen.
- Die Zitronen halbieren, mit der Schnittfläche nach unten auf dem Grill oder in einer heißen Pfanne anbraten, bis sie angebräunt sind.
- In Stücke schneiden, die Kerne entfernen und im Cutter zerkleinern.
- Mit Honig und Olivenöl in einem Topf auf kleiner Hitze köcheln, bis die Flüssigkeit weitgehend verdampft ist.
- Vom Herd nehmen und in kleine ausgekochte Gläser füllen. Sofort verschließen und abkühlen lassen.

Achtung beim Köcheln, Honig verliert bei zu großer Hitze rasch Wertstoffe.
Die Marmelade passt auf Brot, zu Joghurt, Vanilleeis oder wie ein Chutney zu Oktopus oder Fleisch. Im Kühlschrank aufbewahren. Nach dem Öffnen rasch verzehren. Die Marmelade kann auch eingefroren werden.

Acı biber reçel

PAPRIKA-CHILI-KONFITÜRE

Von einer Marktfrau am Slow-Food-Markt, Sığacık Seferihisar, Türkei

Etwa 500 ml

500 g rote Paprika
300 g Zucker
pflanzliches Geliermittel, Menge nach Packungsangabe
½ TL Salz
½–1 Zitrone, Saft
2–6 Chilischoten, Menge nach gewünschter Schärfe

- Paprika waschen, Strunk und Kerne entfernen und in kleine Stücke schneiden. Im Cutter zerkleinern.
- Paprikastückchen in einem Topf mit Zucker mischen und 10 Min. ziehen lassen.
- Chilischoten entkernen und sehr fein hacken. Beiseitestellen.
- Geliermittel, Salz, 50 ml Wasser und Zitronensaft zu den Paprika geben, aufkochen und 5 Min. köcheln.
- Im Topf mit einem Stabmixer pürieren.
- Chili hinzufügen und nochmals ein paar Minuten köcheln. Zur Probe der Konsistenz etwas Konfitüre in einem Löffel abkühlen lassen.
- Kochend heiß in ausgekochte Gläser füllen, verschließen und 5 Min. auf den Kopf stellen.

Statt Zitronensaft kann man 60 ml Apfelessig verwenden.
Auf dieselbe Art, aber ohne zu pürieren, kann die Konfitüre auch mit geschälten Kirschtomaten oder filetierten Mandarinen- und Orangenschnitzen zubereitet werden.
Die Konfitüre passt auf Brot, zu frischem Ziegenkäse, Käse oder Wild.

Honig

Schon in der Steinzeit war Honig (griech. *meli,* türk. *mel*) ein Nahrungsmittel für den Menschen. Der Ursprung der Bienenhaltung in Anatolien wird um das Jahr 7000 v. u. Z. vermutet. Nach dem griechischen Mythos wurde Zeus so groß und stark, weil ihn die Nymphe Melissa mit Honig ernährte. Von Hippokrates wurde er als wirksames Heilmittel beschrieben. Eine besondere Spezialität im mediterranen Raum ist Thymianhonig. Er ist sehr aromatisch und wird auch gegen Erkältungen, besonders Husten, verwendet.
In der Küche wird Honig meistens am Schluss der Zubereitung beigemischt oder über das Gericht geträufelt – in Griechenland zum Beispiel auch über Lamm, Käse oder Joghurt. Damit er seine wertvollen Inhaltsstoffe nicht verliert, sollte man Honig nicht über 40 Grad erhitzen. Wie Fruchtdicksäfte und Johannisbrotmehl kann er auch als Zuckerersatz dienen.
Honig ist nicht gleich Honig. Kaufen Sie hochwertigen, regionalen Honig aus kontrollierter Imkerei, um von den guten Eigenschaften zu profitieren. Stadthonig hat übrigens häufig eine gute Qualität, da in den Stadtgärten seltener Pflanzenschutzmittel verwendet werden.

Früchte mit Honig
Apfel- oder Quittenschnitze mit Zimt bestreuen und mit Honig beträufeln.

Joghurt mit Honig
Griechischen Joghurt in eine kleine Schale füllen, glattstreichen oder -schütteln und vorsichtig mit flüssigem Honig bedecken. Alternativ passt zum Beispiel auch Bitterorangenmarmelade.

Geröstete Nüsse mit Honig
Geröstete Walnüsse, Haselnüsse oder Mandeln mit flüssigem Honig beträufeln. Joghurt in einer Schale dazu servieren.

Feta oder Ziger mit Honig
Feta, Ricotta oder Ziger mit Honig beträufeln und mit geröstetem Sesam bestreuen.

ÇİÇEK TOZU
POLEN
ARI SÜTÜ
BAL

TAMARINDENSAFT (TAMR HENDI)

1 Tasse Tamarindenpaste
1–2 EL Zucker
1 Prise Salz
Rosenwasser
frische Minze

Tamarindenpaste 2 Std. in 500 ml Wasser einlegen. Saft in einen Topf absieben, damit die Kerne zurückbleiben. Saft mit Zucker und Salz aufkochen, bis der Zucker aufgelöst ist. Abkühlen und das Konzentrat in den Kühlschrank stellen. Zum Trinken mit der doppelten Menge Wasser aufgießen. Den säuerlichen Tamarindensaft nach Belieben mit etwas Rosenwasser, frischer Minze und Zucker aromatisieren.

SAFT AUS GETROCKNETEN APRIKOSEN (KAMAR EL DIN)

200 g getrocknetes Aprikosenmark oder getrocknete Aprikosen
500 ml Wasser
1 Orange, Saft

Aprikosenmark über Nacht in 500 ml Wasser einlegen. Getrocknete Aprikosen 24–48 Std. in Wasser einlegen. Aprikosen mit 500 ml Wasser pürieren. Orangensaft dazugießen. Durch ein Sieb in eine Karaffe gießen und kaltstellen. Zum Trinken nach Belieben mit Wasser aufspritzen.
In arabischen Ländern ist Kamar el din aus Aprikosenmark ein Ramadangetränk. Die Zubereitungsart eignet sich auch für getrocknete Pflaumen.

LIBANESISCHER WEISSER KAFFEE (CAFÉ BLANC)

4 grüne Kardamomkapseln
2 TL Honig oder Rohrzucker
2 TL Orangenblütenwasser
Wasser

Kardamomkapseln im Mörser zerstoßen. Mit Wasser aufkochen. In Teegläser gießen. Mit Honig süßen und mit Orangenblütenwasser aromatisieren. Heiß servieren.

AYRAN

500 g Joghurt
500 ml Wasser oder Mineralwasser
½ TL Salz
1 TL getrocknete Minze

Alle Zutaten zusammen schaumig schlagen oder pürieren. Nach Belieben mit Eiswürfel servieren. Ayran wird gerne zu Kebab, Kebbeh oder Falafel getrunken.

DATTELMILCH (TAMR BEL HALIB)

½ l Milch
10 weiche Datteln

Milch und Datteln im Mixer pürieren. Kalt servieren. Wegen der Süße der Datteln ist kein Zucker nötig.

LIKÖR AUS FRÜCHTEN

1 kg Früchte, z. B. Erdbeeren, Sauerkirschen oder Kirschen
1 kg Zucker
1 l klarer Branntwein, z. B. Wodka, Korn, Grappa

Früchte, Zucker und Branntwein in ein verschliessbares Glas füllen und gut schütteln. Mind. 1 Monat im Dunkeln stehen lassen. Der Zucker soll aufgelöst sein. Wenn der Likör gut ist, filtern und in Flaschen abfüllen.

KRETISCHER RAKOMELO

500 ml Tsikoudia, Tsipouro oder Grappa
1 Zimtstange
2 Nelken
1 Bioorange, 1–2 Streifen Schale
3 TL Honig

250 ml Branntwein mit Zimt, Nelken und Orangenschale auf 40° erwärmen. Nicht kochen! Vom Feuer nehmen und mind. 5 Std. zugedeckt ziehen lassen. Gewürze herausnehmen. Mit dem Honig wieder erwärmen, den Rest des Branntweins dazugeben. Mit Honig abschmecken. Warm servieren. Im Sommer wird Rakomelo eiskalt als Digestif getrunken. Die Mode, Tsikoudia mit Honig heiß zu trinken, ist neu. Rakomelo wurde in ganz Griechenland so beliebt, dass heute Kafenios und Tsipouradikos (►S. 308) von jungen Leuten auch »Rakomeladikos« genannt werden.

ARABISCHER, TÜRKISCHER, KURDISCHER, GRIECHISCHER KAFFEE

1 TL Mokkapulver
Zucker nach Belieben
Kardamom, Zimt, Nelken nach Belieben

Für 1 Portion: In einem Cevze (Mokkakanne) 50 ml Wasser mit oder ohne Zucker aufkochen,
1 TL Mokkapulver beigegeben, auf kleinem Feuer aufkochen, bis der Mokka schäumt und aufsteigt. Vom Feuer nehmen und ein zweites Mal aufkochen. Ohne zu filtern in eine Espressotasse gießen.
Der Kaffee wird auch mit Kardamom, Zimt oder Nelken gewürzt.

Hintergrund

Geschichte und Geschichten der Meze- und Meyhane-Kultur, zusammengetragen aus vielen Recherchen, Gesprächen und Beobachtungen vor Ort.

Meze, Tapas, Antipasti und Hors-d'œuvres

Das Wort Meze kommt aus der persischen Sprache. *Maze* bedeutet »Geschmack, Imbiss, Häppchen«; *mazidan* heißt »schmecken«. Die Aussprache und Schreibweise variiert je nach Land oder Region: In der Türkei und auf dem Balkan sagt man Meze (Plural: Mezeler), in Griechenland ebenfalls (Plural: Mezedes), im Libanon sagt man Mezze, in Bulgarien Mese, und in Syrien gibt es gleich drei verschiedene Namen: Muqabbilat, Service oder Maaza.

Meze sind kleine Speisen, die zu Alkohol gegessen werden. Es gibt sie im ganzen Mittelmeerraum, ob sie nun Meze, Tapas, Hors-d'œuvres oder Antipasti heißen. Besonders an der Meze-Kultur ist, dass die kleinen Speisen nicht nur zum Aperitiv oder als Vorspeisen gegessen werden. In Tavernen (Meyhane) und Restaurants kann das Zusammensein über Stunden dauern und sich zu einem ganzen Mahl ausweiten. Die saisonale und regionale Vielfalt ist immens. Zuerst kommen in der Regel die kalten Meze auf den Tisch und dann die warmen. Zu den kalten Meze gehören in Öl zubereitete frische Gemüse und Hülsenfrüchte (türk. *zeytinyağlı*), Wildkräuter, Pasten, Salate, Tatar, geräucherte oder eingelegte Fische, Pickles und Snacks wie Oliven, Käse, Wurst und Eier. Zu den warmen Meze gehören frittierte Speisen, wie Meeresfrüchte, Kebbeh oder Falafel, aber auch unzählige Sorten von gefüllten Teigtaschen, Hackfleischbällchen, Innereien und kleinen Bulgur- oder Reisgerichten. Die Auswahl soll von allem ein bisschen und möglichst verschiedene Geschmacksrichtungen enthalten.

Ilhan Eksen beschreibt Meze in seinem Buch *Meze, Rakı und eine ausgeglichene Diät* aus dem Jahr 1944 folgendermaßen:

Meze reichen von der ganz einfachen bis zur komponierten Speise. Sie sind nie nur für eine Person. Sie werden immer geteilt.

Meze kann nur eine Zutat sein, wie Käse, Gurken, Melone, Austern, frische Mandeln, grüne Pflaumen.

Sie sollen ihren ursprünglichen Geschmack behalten, wie zum Beispiel geröstete Paprika oder Crevetten nur gekocht mit etwas Zitrone und Öl.

Sie können aus mehren Zutaten komponiert sein, wie Pilaki, der weiße Bohnensalat.

Salate und Kräuter, konnen auch mit Joghurt kombiniert werden.

Und Rakı kann so stark verdünnt werden, dass man nicht darauf verzichten muss.

Von Schafkäse und Honigmelone zu türkischem Sushi

In den frühen Tavernen wurden zum Alkohol nur wenige kalte Snacks gereicht. An erster Stelle kamen Schafkäse und Honigmelone. Verbreitet waren auch geröstete Kichererbsen (türk. Leblebi), geräucherter oder gesalzener Fisch, der Fischeiersalat Tarama oder gebratene kalte Leber. Das Angebot der Speisen unterschied sich je nach Region, je nachdem, was das Hinterland oder das Meer hergaben. Die traditionellen Meze sind geschmacklich intensiv: salzig, sauer oder geräuchert. Zu Rakı passen Meze mit kräftigem Geschmack und Fisch, zu Wein eher milde Meze und Fleisch.

Die heutigen üppigen Meze-Tafeln sind erst mit der Öffnung hin zu Europa Ende des 20. Jahrhunderts entstanden. In Restaurants werden Meze nach europäischer Manier in Form von mehrgängigen Vorspeisen mit Hauptgericht aufgetragen oder es werden Meze-Buffets aufgebaut. In den Großstädten, wo jedes Produkt eingeflogen werden kann, sind der Fantasie und der Fusionsküche keine Grenzen mehr gesetzt. Mit der zunehmenden Vernetzung und Globalisierung der Welt wächst aber auch wieder der Wunsch nach lokaler und regionaler Eigenheit. So arbeiten innovative Köche heute auf der Suche nach qualitativ hochwertigen Produkten mit Bauern oder Produzenten zusammen, die vermehrt wieder alte Sorten anpflanzen. Es gibt eine Bewegung, aus den Metropolen wegzuziehen und Restaurants an Orten zu eröffnen, wo man den eigenen Biogarten hat und bei Dorffrauen, Bauern und Fischern direkt einkaufen kann. Je nach Vorliebe werden heute traditionelle Meze mit lokalen Produkten neu präsentiert oder Fusion-Meze wie zum Beispiel türkische Sushi kreiert.

Kalte Speisen und Hammam-Kultur

Von Musa Dağdeviren

Wesentlich beeinflusst wurde die Meze-Kultur durch die Hammam-Kultur und die Hausfrauenküche. Die Hammambäder wurden von den Römern in der Türkei eingeführt. Ganze Nachbarschaften gingen gemeinsam in den Hammam, um sich zu waschen. Muslime, Armenier oder Juden, alle Volks- und Religionsgruppen benutzten den Hammam. Die Männer gingen in den einen Baderaum, die Frauen mit den Kindern in den anderen. Man verbrachte viele Stunden im Hammam und wurde folglich hungrig. Die Frauen sprachen sich ab und brachten kalte Speisen mit, wie Zeytinyağlı (Gemüse in Olivenöl), Dolmas (mit Reis gefüllte Gemüse und Weinblätter), Piyaz (Bohnensalate) und Fleischgerichte, Lammkopf, Keşkek (Reisgericht mit Fleisch). Für Çiğ köfte (rohes Fleisch mit Bulgur) brachte man die Zutaten mit und bereitete sie gleich vor Ort zu. In Erzurum zum Beispiel verwertete man ganze Melonen, die extra gekühlt wurden. Die Frucht aß man, aus den Kernen machte man ein Sherbet (Saft) und die gekühlten Schalen dienten zur Massage. Zwischen den Badedurchgängen ging man zum Abkühlplatz und aß gemeinsam die mitgebrachten Speisen; Frauen und Kinder die leichteren Gemüsegerichte, die Männer die deftigen Fleischgerichte. Alkohol gab es nicht. Die Meyhane haben von dieser Kultur profitiert. Wo ursprünglich nur Käse und Melone aufgetischt wurden, übernahm man nach und nach diese Hausfrauengerichte, die als kalte Speisen in den Hammam oder als Zwischenmahlzeiten zu Hause gegessen wurden. Die heutige Vielfalt dieser Gerichte hielt erst in den 80er-Jahren Einzug, beeinflusst von der Entwicklung, dass Frauen immer selbstverständlicher ihre Männer in die Meyhane begleiteten und zum Alkohol auch richtig essen wollten. Die Tradition, im Hammam zu essen, lebt zum Teil jetzt noch in kleineren Orten oder in kleinen Quartierhammam fort.

Musa Dağdeviren führt die drei Restaurants Çiya in Kadıköy, Istanbul, www.ciya.com.tr. Er gibt die Zeitschrift *Yemek ve Kültür* (Essen und Kultur) heraus und recherchiert in der Türkei und den umliegenden Ländern über die Esskultur. Buchtipp: Reiseliteratur von Evliya Çelebi. Evliya Çelebi war ein berühmter Reisender im späten 17. Jahrhundert, der im Osmanischen Reich über das Essen geschrieben hat. Seine Schriften sind heute Weltdokumentenerbe der UNESCO.

Meze-Kultur in den großen Städten

Von Gençay Üçok

Die Meze-Kultur hat sich in den Städten entwickelt. Dort, wo Handel und Austausch florierten, beeinflussten sich auch die Esskulturen verschiedener Volksgruppen gegenseitig. So kam Hummus von den Arabern, Topik von den Armeniern, Walnusssauce von den Tscherkessen oder Olivenölgerichte und Meeresfrüchte von den Griechen. Im Osmanischen Reich, das vom 14. bis Anfang des 20. Jahrhunderts bestand, hatten alle Volksgruppen spezifische Tätigkeiten inne. Die Türken hatten als Herrscher die Bürokratie und das Militär unter sich. Als ursprüngliche Nomaden konnten sie reiten, Krieg führen und Teppiche knüpfen. Die Genueser und Venezianer waren die Investoren und verwalteten das Geld. Die Armenier betrieben die Manufakturen. Sie waren Handwerker, Produzenten und Zahnärzte. Die Juden waren Händler und Ärzte. Sie kontrollierten Import und Export, den Verkehr und den Markt. Die Griechen waren Seefahrer und Bauern. Sie pflegten die Olivenhaine, Weinberge und Gärten und waren Fischer. So haben die meisten türkischen Fischnamen griechische Wurzeln.

Die industrielle Revolution brachte massive Verbesserungen in den Anbaumethoden sowie den Transport- und Konservierungsmöglichkeiten und veränderte dadurch auch die Ernährung. Trotzdem haben sich die Essgewohnheiten in ländlichen Gebieten – im Gegensatz zu den Städten – über die Jahrhunderte erstaunlich wenig verändert. Man verwendete, was das Hinterland hergab, und behielt Traditionen bei. Zum Beispiel galt die Schwarzmeersardelle Hamsi für die Küstenbewohner als »Brot des Schwarzmeers« und wurde in allen Formen zubereitet. Aber die heute kostbaren Fische wie Steinbutt, Seeteufel oder Blaubarsch wurden über Jahrhunderte nicht gegessen. Veränderungen im Essverhalten brachten der Rückgang der körperlichen Arbeit, gesundheitliche Erkenntnisse und die Fast-Food-Kultur. Trotz der heutigen Vielfalt an Produkten verarmt die Meze-Kultur. Sorten- und Geschmacksvielfalt von Grundprodukten waren früher größer, und es ist schwieriger, lokale und qualitativ gute Produkte zu bekommen. Doch immer noch gilt: Die Städter essen anders als die Landbewohner und die Reichen anders als die Armen. Und es gab früher wie heute teure und billige Lokale für jede Einkommensklasse.

Gençay serviert im Meze by Lemontree im Istanbuler Quartier Beyoğlu eigene Kreationen, mit qualitativ guten Zutaten, die auf traditionellen Rezepten basieren. www.mezze.com.tr

Meze und Alkohol – ein Ritual

Traditionell wird zu Meze Alkohol getrunken – oder, wie viele betonen, zum Alkohol werden Meze gegessen. Im Türkischen spricht man nicht von der Meze-Tafel, sondern von der Rakı-Tafel: *Çilingir sofrası* oder *Rakı sofrası*. Darunter versteht man ein Zusammenspiel von Raki und Meze, das mit Freunden geteilt wird. Es geht um die Kunst, gemeinsam Zeit mit Genuss und guten Gesprächen zu verbringen. *Çakırkeyif* ist der Zustand, wenn man unter der Wirkung des Rakı entspannt und glücklich ist und genießt, ohne betrunken zu sein. Dieser Zustand soll bewahrt werden. Eine Maßregel sagt: Nimm nur alle fünf Minuten einen Schluck und trinke nicht mehr als zwei Einheiten. Weil der hochprozentige Schnaps langsam getrunken wird, reichte man kleine Häppchen gegen den Hunger. Zudem verlangsamen vor allem ölhaltige Häppchen wie zum Beispiel Ölsardinen das Ansteigen des Alkoholspiegels. Darüber hinaus neutralisiert der Alkohol den Mund zwischen zwei Bissen und macht ihn bereit für einen neuen Geschmack.
Die Rakı-Tafel kann auch eine Art traditioneller Psychotherapieplatz sein. Gesagtes soll nicht nach Außen dringen. Es bilden sich Freundesgruppen mit großem Zusammenhalt. Freundinnen oder Freunde gehen in das Meyhane, um Privates bei einem Glas Rakı zu besprechen. Nach und nach werden zu Rakı, Bier oder Wein erst kalte und dann warme Meze aufgetischt. Die Speisen kommen in der Regel auf Serviertellern für vier bis acht Personen auf den Tisch. So können sich die Gäste bequem schöpfen, was ihr Herz und ihr Magen begehren. Stil hat, wer die kleinen Teller nicht vollhäuft, sondern allmählich schöpft. Nach den Meze-Gängen folgt für gute Esser ein Hauptgericht, häufig Fleisch oder Fisch vom Grill, gebraten oder aus dem Ofen. Früchte und etwas Süßes runden das Mahl ab. In der Türkei ist die letzte Station eines Abends – spät nachts oder früh morgens – häufig ein Işkembeci. Das sind Lokale für Innereien, Lammfuß-, Lammkopf- oder Kuttelsuppen, wo man den Kater bekämpft und sich für den Heimweg rüstet. In großen Städten sind sie rund um die Uhr geöffnet.
Das Wort Alkohol stammt aus dem arabischen Wortschatz und bezeichnete zunächst einfach etwas Feines, Reines. Paracelsus verwendete es erstmals Anfang des 16. Jahrhunderts für Weingeist. Die Branntweindestillation wurde ursprünglich im Dienst der Heilkunde betrieben. In der orientalischen mystischen Literatur spielt Alkohol eine große Rolle. Die Liebe und der Alkohol ermöglichen dem Menschen, die materielle Welt zu überwinden. Die Begriffe Liebe, Geist, Wein und Trunkenheit kommen in der mystischen Poesie immer wieder vor. Auch das Trinken in der Taverne ist stark mit Poesie, Musik und Liebe verbunden. Bis heute ist die Musik aus der Trinkkultur nicht wegzudenken. In der Türkei spielen zum Beispiel die Incesaz-Ensembles mit ihren klassischen orientalischen Instrumenten bis heute in Meyhane auf.
Die ersten Weinkulturen können im Südkaukasus, genauer in Georgien, nachgewiesen werden. In Anatolien reichen Weinkulturen bis viertausend Jahre zurück. Der Wein wurde als Getränk der Götter angesehen. Dionysos (röm. Bacchus) war der griechische Gott des Weins, der Freude, der Trauben, der Fruchtbarkeit, des Wahnsinns und der Ekstase. Die Weinherstellung ist viel älter als die Destillation von Alkohol. Wein war lange billiger als Branntwein und deshalb in den Tavernen mehr verbreitet. Erst mit der gewerbsmäßigen Destillation im 20. Jahrhundert wurde der Branntwein billiger als Wein und verbreitete sich in den Meyhane immer mehr.
Man vermutet, dass die Destillation von Wein zu hochprozentigem Branntwein in größeren Mengen etwa um das Jahr 1000 im Gebiet der heutigen Türkei betrieben wurde. Bald gelang es, durch mehrmaliges Destillieren, die Alkoholkonzentration zu erhöhen, und der Branntwein verbreitete sich im ganzen Mittelmeerraum. Meist werden die Branntweine aus Trauben, Weinbeeren oder Trester gebrannt. Je nach Region können es aber auch andere Früchte wie Feigen, Pflaumen oder Maulbeeren sein.

Arak, Rakı, Raki und Tsipouro
Das türkische Wort *rakı* kommt vom arabischen Wort *araq* und heißt einerseits »schwitzen«, andererseits bezeichnet es den Destillationsprozess. Lange wurden im Osmanischen Reich beide Wörter parallel verwendet. Der osmanische Schriftsteller Evliya Çelebi erwähnt im 17. Jahrhundert, dass Arak oder Rakı mit vielen Aromen wie Anis, Zimt, Nelken, Lindenblüten oder Datteln angeboten wurde. Im 19. Jahrhundert dominierte Mastika, ein Branntwein mit Mastix (▸ 266) aus Chios, den Markt. Erst später wurde Rakı in der Türkei ein Begriff für Branntwein mit Anisaroma, der sich dann durchsetzte. Spirituosen mit Anisgeschmack gibt es rund ums Mittelmeer und im Nahen Osten: Arak, Ouzo, Pastis, Sambuca oder Aguardiente. Auch der griechische Traubentrester Tsipouro ist mit Anis- oder Mastixaroma erhältlich. Branntweine mit Anis werden, mit Wasser oder Eis verdünnt, weißlich. Ausgeschenkt wird traditionell aus Karafaki, portionierten kleinen Karaffen oder Flaschen. Raki (mit i) oder Tsikoudia auf Kreta und Zivania auf Zypern sind wiederum reine Traubentrester ohne Anisgeschmack. Auf dem Balkan ist Raki ein Oberbegriff für Obstbrand.

EIN GLAS RAKI ODER ZWEI ODER DREI …

»Rakı kültür« von Vefa Zat

1 double – gesund

Richtiges Maß

Erhitzt deinen Kopf

Deine Zunge wird müde

Zu teuer für dein Budget

Herzen beginnen zu brechen

Du bist in Schwierigkeiten

Alles beginnt zu zerbrechen

Du wirst vom Richter bestraft

Istanbul – Stadt der Meyhane

Die Bezeichnung Meyhane stammt aus dem Persischen. *Mey* bedeutet »Wein«, *hane* »Haus« – das Weinhaus. Versammlungsorte waren schon immer wichtig. In den antiken griechischen Städten führten alle Straßen zur Agora, dem Platz, der als soziales, wirtschaftliches, politisches und kulturelles Zentrum diente. An diesen Plätzen gab es während der byzantinischen und osmanischen Zeit häufig ein Kavehane, wo tagsüber Kaffee serviert wurde, und ein Meyhane, wo abends Alkohol auf den Tisch kam. Im Verlauf der Zeit wurde Meyhane zum Begriff für ein Lokal, wo Alkohol und Meze serviert werden, vergleichbar mit einer Schenke. Im Istanbuler Quartier Balat gibt es immer noch die einst berühmte Meyhane Agora, ein Beispiel des einfachen Meyhane-Geistes, wo sich Leute quer durch alle Schichten trafen. Die meisten Meyhane entstanden vor allem in Hafen- und Handelsstädten, wo Reisende Station machten.

Istanbul war bekannt als Stadt der Meyhane. Als Mehmet der Eroberer 1453 Konstantinopel eroberte, soll es zu dem Zeitpunkt mehr als 6000 Lokale gegeben haben. Die beiden Quartiere Eminönü und Galata am Eingang des Hafens von Konstantinopel waren berühmt für ihre Meyhane. Auch nach der Eroberung blieben die Lokale in den Händen der Griechen und Armenier. Sie wurden in den christlichen Quartieren toleriert. Besonders in Perioden der Prohibition war der Alkohol für Muslime verboten. Die osmanische Elite pflegte aber trotzdem zu trinken. Die heimlich besuchten Meyhane nannten sie Sherbethane (»Siruphaus«). Auch genoss man Alkohol und Musik auf Bootsausflügen bei Mondlicht oder bei Picknicken an Orten mit schöner Aussicht.

Die offiziellen Meyhane, die Gedikli Meyhane, waren als Zunft organisiert. Die Lizenz wurde von Vater zu Sohn weitergegeben. Geführt wurden sie vom Barba. Unter ihm stand der Mastoras. Die Palikar, die Lehrlinge, schenkten Wein und Rakı aus und servierten Meze. Knaben machten die einfachen Dienste. Lehrlinge und Knaben waren häufig feminine, schöne Jünglinge, die höflich und verschwiegen sein mussten. Köçek waren die Tänzer, die lange Haare trugen, in Frauenkleider tanzten und mit den Gästen flirteten. Çengi waren die Tänzerinnen. Türsteher verbesserten ihr Einkommen, indem sie Betrunkene in großen Körben nach Hause trugen.

Beim Eingang befand sich eine Theke, ihr gegenüber lagerten die Weinfässer. Wichtig war das Salznäpfchen auf dem Tisch, das Glück und Reichtum symbolisierte. Die einfacheren Kunden tranken einen Tektekçi (»Schluck«) und aßen im Stehen bescheidene Meze wie Turshi (Pickles), Piyaz (Bohnensalat) oder Leblebi (geröstete Kichererbsen). Den Umsatz bescherten die Reicheren, denen gekochte Speisen an den Tischen serviert wurden. Für den Osmanischen Palast, der keine Opposition duldete, waren die Kaffeehäuser und Meyhane Unruheherde. Meyhane waren immer Orte für Intellektuelle, Freigeister, Humanisten und Künstler. Sie wurden als Gefahr angesehen und unter Kontrolle gehalten. Die Gedikli Meyhane bezahlten hohe Steuern, die zu den wichtigsten Staatseinnahmen gehörten. Während des Ramadans wurden sie geschlossen. Zahllos waren jedoch die illegalen Koltuk Meyhane und die Ayaklı Meyhane, sogenannte Wandermeyhane. Das waren meist Armenier, die den Kunden heimlich auf der Straße aus einem Schafsdarm Rakı in kleine Gläser einschenkten und noch ein Radieschen oder Stück Frucht in den Mund nachschoben. Wenn sie aufflogen, wurden ihnen harte Strafen auferlegt.

Die Kneipen- und Trinkkultur spielt in Werken von Poeten, Schriftstellern, Cartoonisten, Künstlern und in der Musikliteratur und im Theater seit jeher eine große Rolle. Ein Beispiel sind die Karagöz-Schattentheater, in denen Bekri Mustafa als Charakter des Trinkers eine Legende wurde. Über ihn gibt es viele Witze. Rund um die Uhr betrunken, konnte er die Wahrheit ohne Zaudern aussprechen. Er war eine Art Volksheiliger, der als Bohémien mit seiner liberalen Weltsicht, seinem Gerechtigkeitssinn und schnellen Witz Widerstand gegen die politischen Autoritäten übte. Bis heute wird in der Rakı-Kultur Musik, Satire und Literatur mit Humanismus, Toleranz und Freiheit verbunden. In Griechenland entwickelte sich die Schattenfigur Karagöz (Schwarzauge) zum Karagiozis, der die Figur des armen schlauen Griechen verkörpert. Ein Gauner und Überlebenskünstler, der vor allem an Essen und Schlafen interessiert ist.

Im 19. Jahrhundert begann durch westlichen Einfluss eine Liberalisierung des Sozial- und Vergnügungslebens. Kinos, Theater, Bars, Kabaretts, Restaurants, Nachtclubs und Bierhallen wurden eröffnet. Mit der Gründung der Republik unter Atatürk wurden die traditionellen osmanischen Meyhane mit den niedrigen Stühlen, Kupfer- und Holztellern Vergangenheit. Das Zunftsystem wurde aufgelöst. 1888 fuhr der erste Orientexpress in drei Tagen von Paris nach Istanbul. Der Orient kam in Mode und die Reisenden brachten viele westliche Einflüsse mit. Ein Kleinbürgertum entstand. Die neuen klassischen Meyhane hatten weiße Tischtücher, Kristallgläser, Silberbesteck und Porzellan. Wo sich früher Reiche und Arme mischten, gab es nun Klassenunterschiede und Lokale für jede Einkommensklasse. Fukarhane (»Armenhaus«) zum Beispiel waren Stehbars mit billigem Wein.

Frauen waren bis weit ins 20. Jahrhundert von den Meyhane ausgeschlossen. Sie waren ausschließlich als Tänzerinnen und Musikerinnen zum Vergnügen der Männer tätig oder bereiteten zu Hause Speisen wie Dolmas für die Kneipen zu. Ein Liedtext vom König der Rakı-Literatur, Ahmet Rasim, beklagt das Schicksal der Frauen treffend: »Heute Nacht, komm, wenn die Sonne untergeht / Wage es nicht, lange zu bleiben, komm früh / Ich habe keine Geduld mehr übrig / Wage es nicht, lange zu bleiben, komm früh.« Der hohe Alkoholkonsum der Männer war ein großes Problem. Sie vertranken ihr Geld in den Kneipen und kamen nicht nach Hause. Heute mildern die verbesserten Frauenrechte und ihre steigende Unabhängigkeit die Problematik.

In den 30er-Jahren unter Atatürk kamen in Metropolen wie Ankara, Istanbul und Izmir die Gazinos auf. Im Gegensatz zu den westlichen Casinos waren es Vergnügungslokale, die eine breitere Palette von Alkohol und Meze mit einem Unterhaltungsprogramm, Musik und Tanz anboten. In den Gazinos und Musiktavernen spielte man zeitgenössische Musikstile von Rock'n Roll bis Tango und vor allem die Arabeske – ein orientalischer Musikstil – deren sentimentale Liedtexte von unerfüllter Liebe, dem Leiden an der Welt und den Sorgen des Alltags handeln. Für die Ärmeren hielten in den klassischen Meyhane Radio und Grammofon Einzug. Dass Frauen und Männer sich gemeinsam vergnügten und zusammen Rakı tranken, war ein neues soziales Phänomen – im Osmanischen Reich noch unvorstellbar. Gazinos spielten auch in der Frauenbewegung eine Rolle. So sang die berühmte Diva Senar: »Wir sind im Meyhane heute Abend, ja, wir sind betrunken. Wir sind an nichts gebunden; ja, wir sind frei.«

Das Meyhane als Männerbastion blieb aber noch für Jahre bestehen, obwohl die türkischen Frauen das Wahlrecht schon 1934 bekamen. In den späten 50er-Jahren gab es erste mutige Frauen, die im christlichen Istanbuler Quartier Beyoğlu in das Meyhane Lefters gingen. Erst in den 70er-Jahren wurden die ersten Damentoiletten eingerichtet. 1960 eröffnete die Griechin Despina Kanli, bekannt als Madame Despina, als erste Frau ein Meyhane in Istanbul. Weitere legendäre Meyhane waren Lambo's Meyhane, berühmt für seine Literaten, Maler, Journalisten und Studenten, und das Pandeli, das 1955 von Ultranationalisten, die gegen die griechische Zypernpolitik protestierten, zerstört wurde. Heute existiert es wiederaufgebaut am Gewürzbasar.

Das wohlhabende Bürgertum aber liebte zunehmend Luxusrestaurants mit einer großen Meze-Auswahl. So wurden aus einfachen Lokalen am Bosporus luxuriöse Fischrestaurants und aus urigen kleinen Lokalen Gourmettempel.

Flüchtlingsströme und Kochkulturen

Völkerwanderungen und Flüchtlingsströme – und mit ihnen Armut und Reichtum – beeinflussten, veränderten und bereicherten die jeweiligen regionalen Küchen. Ende des 19. Jahrhunderts war das Osmanische Reich im Zerfall begriffen. Der Balkan machte sich zum großen Teil unabhängig. Anfang des 20. Jahrhunderts zogen England und Frankreich neue Grenzen und schufen aus den arabischen Provinzen neue Länder. 1923 gründete Mustafa Kemal Atatürk die Republik Türkei. Wäre das Land geografisch statt ethnisch definiert worden, hätte das Land vermutlich Anatolien geheißen. Die Umwälzungen zogen nationalistische Kriege und große Flüchtlingsströme nach sich.

Über eine Million griechisch-orthodoxer Menschen aus der Türkei und eine halbe Million Muslime aus Griechenland wurden 1923 zwangsumgesiedelt. Der Bevölkerungsaustausch (türk. *mübadele*, griech. *antalagi*) erfolgte nach religiösen Kriterien. Er führte zum Ende der seit der Antike existierenden Gemeinschaft der Pontosgriechen in Anatolien und der fast fünfhundertjährigen Geschichte der muslimischen Gemeinden in Griechenland. Eine vorläufige Ausnahme galt nur für die Griechen in Istanbul und der türkischen Inseln Gökçeada (griech. Imvros) und Bozcaada (griech. Tenedos). Mit dem Pogrom von Istanbul 1955 bis zur Aufkündigung des Freundschaftsvertrags zwischen der Türkei und Griechenland 1964 wurden auch die meisten türkischen Griechen, Armenier und Juden aus Istanbul vertrieben. Einer der Hintergründe war die Zypernkrise. Der letzte griechische Meyhanewirt in Beyoğlu war der 95-jährige Yorgo Okumuş (Barba Yorgis), der 2015 starb, mit seinem Meyhane Imros.[1] Die Meyhane waren ebenso wie die Wein- und Rakı-Produktion vom Wegzug der Griechen, Armenier und Juden stark betroffen. Die Weinproduktion in Kappadokien brach ganz zusammen. Etwas weniger betroffen war die türkische Ägäis, da hierher vor allem Muslime aus Kreta und von kleineren griechischen Inseln kamen, die mit ihren Kenntnissen die Geschäfte und auch die Meyhane schneller übernahmen.

Nach Griechenland brachten die armen und verarmten Migranten aus Konstantinopel und Smyrna (Izmir) neben ihrer Esskultur auch den Rembetiko, den »griechischen Blues«, nach Griechenland. Die Lieder handelten von der harten Arbeit, dem Leben, der Liebe, von Konflikten mit der Polizei und dem Staat und der Sehnsucht nach der alten Heimat. Viele strandeten auf den Inseln, in Thessaloniki, Athen oder Piräus. Es entstanden Arbeiterquartiere mit Namen aus der alten Heimat, wie Nea Smyrni oder Nea Ionia. In den einfachen Tavernen und den Tekes, den Haschischlokalen, versuchte man das Elend mit Musik, Haschisch und Alkohol zu vergessen. Von den Migranten kam auch das Souvlaki[2] nach Griechenland. Mit Fahrrädern und einem Grill fuhren sie durch die Straßen und verkauften die billigen Lammfleischspießchen in Brot mit Tomaten. Aus Istanbul kamen aber auch viele gebildete, kultivierte griechische Migranten, die Geld, Wissen und Innovation mitbrachten. Einige gehören heute zu den reichsten und einflussreichsten griechischen Familien.

1 Mehr dazu: Gabi Kopp, *Das Istanbul Kochbuch,* Berlin 2015, 6. Auflage (Porträt Yorgi Okumuş, Meyhane Imros, Istanbul). *Zimt und Koriander* (Spielfilm über die Vertreibung von Istanbul-Griechen nach Athen im Jahr 1964).

2 Souvlaki (»Spießchen«) waren früher aus Lamm, heute meist aus Schweinefleisch. Ein gutes Souvlaki hat Fleisch von Bauch, Bein und Hals. Es wird auf Holzkohle gegrillt und mit Salz, Oregano und Zitronensaft gewürzt. Dazu gehört frisches Brot und ein guter Tomatensalat.

Buchtipp: Erdir und Vefa Zat, *Rakı Ansiklopedisi,* Istanbul 2011 (türkisch); Erdir Zat, *Rakı. The spirit of Turkey,* Istanbul 2012 (englisch, gekürzte Version).

SINTAGES MAGIRIKIS

Kochrezept – Lyrisches griechisches Kochlied
von der kretischen Volksgruppe Chainides (»die flüchtenden Rebellen«)

Seit sie ein kleines Mädchen war,
liebte sie es, ihre Stunden alleine in der Küche
mit Kochen totzuschlagen.
Ihre Tränen fielen, als sie sich an ihr Leben erinnerte,
und gaben ihrem Essen einen magischen Geschmack.

Kreuzkümmel, Muskat und roter Pfeffer
Sie hatte nie einen Begleiter,
mit dem sie einen Herzenswunsch austauschen konnte.
Auf kleinem Feuer nach dem ersten Aufkochen wünschte sie,
das Universum fange nochmals von vorne an.

Gehackte Petersilie und eine Knoblauchzehe
Dass eine Hoffnung aufleuchtet
in den honigfarbenen Augen.
Zum Schluss gibt sie ein Glas Olivenöl dazu
Wenn sie nur eines Tages eine zarte Berührung auf ihrem Haar spürte.

Eines Nachts fing ihre Küche Feuer,
das ihren geheimen Fluchtort wie ein Fest aussehen ließ,
so wie wenn überall weiße Hochzeitslilien sprießen würden,
wie die Lilien, von denen sie geträumt hatte.

Wie viele brennende Herzen lösen sich in Blitz und Rauch auf
Machten uns groß, für kurze Momente.
Und lautlos gingen sie durchs Leben, dem Abgrund entlang,
ohne eine Träne zurückzulassen,
als Spur auf der Wange.

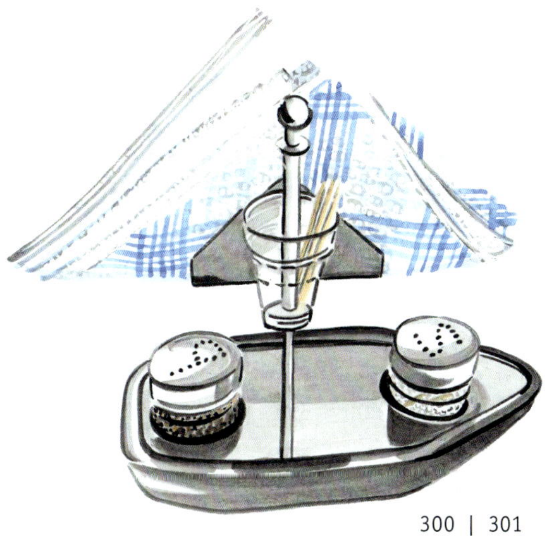

Meze in den Ländern

Griechenland

In der griechischen Küche sind Meze, wenn es überhaupt eine genaue Definition gibt, nicht Bestandteil der familiären Esstradition. In der Alltagsküche zu Hause werden Hauptspeisen mit Beilagen gegessen. Es können dieselben Gerichte wie Meze sein, sie kommen aber zusammen auf den Tisch. Die Philosophie von Meze findet man beim Essen in Kafenios abgelegener Orte, in Tsipouradikos, Mezedopolias, Rakemoladikos und wie sie alle heißen, oder in modernen Lokalen, die Meze mehr im Stil von westlichen Vorspeisen servieren. Um das Konzept zu verstehen, muss man ins 19. Jahrhundert zurückgehen. Im noch jungen Staat Griechenland waren die Tavernen Orte, an denen Wein verkauft wurde – zum Trinken vor Ort oder zum Mitnehmen. Die Kunden dieser einfachen Einrichtungen waren Arbeiter, die auf dem Heimweg einen Stopp machten, für einen Handel oder einfach einen Schwatz. Zum Wein wurden Tellerchen mit Oliven und einfache Häppchen wie Käse, gekochte Eier, Kapern und Brot serviert. Die Meze variierten je nach geografischer Lage, abhängig davon, ob die Tavernen in Meernähe, im Landesinnern oder in Stadtzentren lagen. Mit den Jahren entwickelten die Wirte ihr Angebot weiter. Die Tavernen wurden zu Treffpunkten, um zu plaudern und zu klatschen, zu flirten und zu politisieren. Gutes Essen, Wein und Meze sind die perfekte Begleitung für lange Nächte mit hitzigen Diskussionen.

Tavernen und Kafenios sind in Griechenland die Orte, wo man unter die Leute geht, Freunde trifft, tanzt, singt und teilt. In gewissen Tavernen (▸Volos-Stil S. 194) improvisiert der Wirt und serviert kleine Meze ungefragt an jeden Tisch. Er beobachtet und folgt der Stimmung und dem Appetit seiner Gäste. Heute wird die Tradition wiederbelebt, aber leider in sehr kommerzieller Weise. Die Wichtigkeit, die der Leistung des Koches und der Präsentation des Essens als Kunstobjekt oft beigemessen wird, lenkt vom Wesentlichen ab – nämlich das Essen selbstverständlich zu genießen, aber auch zu teilen und sich mit Freunden zu unterhalten.

Von Yiannis Vassilas,
Restaurant Axiotissa, Naxos

Die Krise hat der Meze-Kultur geholfen. Meze sind, besonders bei jungen Leuten, wieder in Mode gekommen, weil das Essen günstig ist. Die in Griechenland sehr beliebten Fernsehkochshows und das Internet beeinflussen die Küche. Dadurch wandelt sich die Meze-Kultur seit etwa zehn Jahren stark, die Entwicklung geht von traditionellen Rezepten hin zu neuen Kreationen. Die modernisierten Lokale haben heute mehr Zulauf als die traditionellen Tavernen.

Im Käseessen sind die Griechen Weltmeister und liegen mit 25 Kilo pro Person ganz vorne. 115 Sorten habe ich aufgespürt, aber an erster Stelle kommt Feta, dann Feta und dann Feta. Gefolgt vom gelben Weichkäse Kaseri und dem Hartkäse Graviera aus Schaf- und Ziegenmilch. Graviera hat geschmacklich nichts mehr mit seinem Ursprung, dem Schweizer Gruyère, zu tun. Der bekannteste Graviera kommt aus Kreta und Naxos. Auf Naxos wird er ausnahmsweise aus Kuhmilch gemacht. Weitere bekannte Sorten sind der Ziegenfrischkäse Xinotiri und der Hartkäse Kefalotiri. Eine wichtige Rolle spielt in Griechenland wie in der ganzen Ägäis Chorta, grünes gekochtes Wildgemüse mit Olivenöl und Zitrone. Es gibt Hunderte regional und saisonal unterschiedliche Wildkräuter, die gesammelt oder kultiviert werden. Gegessen werden sie kalt oder lauwarm als Meze.

Aus einem Gespräch mit Elias Mamalakis,
Fernsehkoch und Kochbuchautor

Elias Mamalakis' Kochshow »Boukia kai syhorio« (Biss und Vergebung, 2002 bis 2008) kennen alle Griechinnen und Griechen. Er reiste und stellte vor Ort Rezepte und Esskultur vor. Seine besondere Liebe gilt den griechischen Käsesorten, über die er auch ein Buch geschrieben hat.

Kreta

Die minoische Kultur auf Kreta geht bis fast 3000 v. u. Z. zurück. Wichtige Nahrungsmittel waren neben Fleisch Hülsenfrüchte, Getreide, Feigen, Trauben, Honig, Safran und Olivenöl. Im archäologischen Museum in Heraklion kann man viel über die Ursprünge der kretischen Esskultur lernen. Die Kultivierung von Getreide kann über 7000 v. u. Z. nachgewiesen werden. Der Weizen ist nach der Gerste die zweitälteste Getreideart. Fava, Linsen, Kichererbsen und Erbsen waren schon 6000 v. u. Z. oder früher Teil der mediterranen Speisekarte. Und auf Kreta konnte die erste Olivenölproduktion nachgewiesen werden, die schätzungsweise bis 3000 v. u. Z. zurückgeht.

Die kretische Küche ist einfach. Elementar sind qualitativ gute Zutaten. An erster Stelle kommt das Olivenöl als Nahrungsgrundlage und Bestandteil von fast jedem Rezept. Die Küche ist mild und frische Kräuter, besonders Minze und Fenchelkraut, aber auch Thymian und Oregano, spielen eine größere Rolle als Gewürze.

Die Insel, fast immer von fremden Mächten besetzt, hat viel erlitten. In Zeiten der Not war die Vorratshaltung lebenswichtig. Bevölkerung und Rebellen zogen sich bei Bedrohung in die Berge und Schluchten zurück. Berühmt sind die trockenen Gerstenbrötchen Paximadi, die für die Haltbarkeit wie Zwieback doppelt gebacken werden. Sie sind Bestandteil des kretischen Tomatenbrots Dakos (▸S. 73). Kreta ist, obwohl vom Meer umgeben, kulinarisch eher ein Bergland. Das Fleisch kommt vor allem von Ziegen und Schafen. Es wird geräuchert, getrocknet und eingemacht. Zum Speiseplan gehören auch gesammelte Wildkräuter, Algen und Schnecken – ein Exportprodukt. Vom getrockneten und gesalzenen Bacalao (Stockfisch) gibt es auf Kreta, obwohl nicht heimisch, über fünfzig Rezepte. Er wird auch »Fisch der Berge« genannt, weil er für die Bewohner abgelegener Bergdörfer eine billige und proteinreiche Kost ist und lange gelagert werden kann. Eingeführt wurde er vermutlich von den Venezianern. Aus Johannisbrot, ursprünglich Tierfutter, machte man in Notzeiten Mehl, Kaffeeersatz und Melasse. Heute kommt Johannisbrot für Backwaren, als Süßungsmittel und als Kakaoersatz wieder in Mode. Wichtig ist auch der Honig, besonders der fast reine Thymianhonig.

Große Meze-Tafeln gibt es auf Kreta nicht. Die kleinen Speisen werden als Vorspeise oder Häppchen zu Alkohol gereicht. Typisch zu einem Raki oder Tsikoudia, wie der Traubentrester auf Kreta heißt, waren früher geröstete Kichererbsen und Orangenschalen. Klassiker sind auch grüne Favabohnen und rohe Artischocken, die auf Kreta wild wachsen. Die Favabohnen aus der Schale sind die »Edamame von Kreta«. Sie werden in den Tavernen, wie die Scheiben von Artischockenböden, mit Zitronensaft und Meersalz als Snack gegessen. Seeigeleier sind besonders in Chania beliebt. Sie wurden von den muslimischen Kreten in der Türkei eingeführt (▸Ayvalik S. 24). Am Besten schmecken die orangefarbenen Eier direkt aus der aufgeschnittenen Schale mit Olivenöl und Zitrone (▸Bozcaada S. 212).

Aus einem Gespräch mit Gespräch mit Manousos Daskalogiannis

Manousos Daskalogiannis lebt in Chania, ist Food-Fotograf und Kenner der kretischen Küche.

Manousos Daskalogiannis

Zypern

Vor mehr als 7000 Jahren lebten kleine Elefanten und Nilpferde auf Zypern. Mit den ersten Siedlern wurden sie nach und nach ausgerottet. Später wurde Zypern immer wieder von Eroberern heimgesucht, die nahmen und gaben. In der Nähe von Libanon und Syrien, die Teil der griechischen Welt und des Osmanischen Reiches waren, waren die Einflüsse groß. Aber auch die Assyrer, Perser, Ägypter, Veneziner, Genueser, Kreuzritter, Engländer, Piraten und viele mehr haben auf ihrem Weg Spuren hinterlassen. Die Insel war ein Tritt auf dem Weg der umliegenden Reiche und Mächte, die nach Westen oder nach Osten vorrückten. Auch die Händler, die auf der Seidenstraße verkehrten, machten halt auf Zypern. Folglich verwundert es nicht, dass der zyprische Dialekt Einflüsse aus dem Altgriechischen, Venezianischen, Türkischen und Französischen (Louisianer) in sich trägt. Das zeigt sich auch in der zyprischen Küche. So kennt man zum Beispiel Ravioli, Pasticcio, Luganiga und Kaskavalli (Caciocavallo) von den Venezianern. Die Tarowurzel Kolokasi, mit Ursprung in Papua Neuguinea, wächst auf Zypern und ist in der Küche beliebt. Berühmt ist Zypern für das gute Gemüse, besonders die Kartoffeln, die in der roten Erde des Südostens angebaut werden. Der Süßwein Commandaria hat seinen Namen von den Kreuzrittern erhalten. Die zyprische Küche ist in einer Dauerrevolution – auch wenn die Einflüsse heute von den touristischen Eroberern kommen. Das Wichtigste aber sind die Meze. Traditionell kamen Meze zu Hause vor allem an Festen auf den Tisch, aber auch im Alltag gab es immer ein Tellerchen mit Oliven, Halloumi, Brot oder Früchten. Traditionell wurden Gäste mit Glyko tou koutaliou (»Süßes aus dem Löffel«, S. 202) und einem Glas Wasser empfangen.

Die Zyperngriechen und Zyperntürken lebten ursprünglich friedlich nebeneinander. Die Zyperntürken waren vor allem Bauern und die Zyperngriechen Fischer. Nach der türkischen Invasion 1974 wurde Zypern in Nord- und Südzypern geteilt. Die Hauptstadt Lefkosia (Nikosia) ist seit 1974 mit einer Mauer getrennt. In Nordzypern lebten viele Zyperngriechen, die ihr Hab und Gut zurücklassen und nach Südzypern umsiedeln mussten. Kulturelle Unterschiede brachten vor allem die nach Nordzypern umgesiedelten anatolischen Festlandtürken.

Aus einem Gespräch mit George Demetriades, Taverne Seven St. Georges, Paphos

Meze wird auf Zypern das ganze Ritual genannt, Vorspeisen, Hauptgerichte und Süßes. Viele Meze können Hauptgerichte sein und umgekehrt. Früher wurden mehr Topfgerichte und weniger Gegrilltes zubereitet. Zum Würzen lieben wir Koriander, Nelken, Zimt, Lorbeer und unsere Zitronen. Zypern war sehr ländlich. Es gab das Kafenes (Kaffeehaus), wo zu den Getränken, Oliven, Käse, geräucherter Fisch, Souvlaki oder Kleftiko (Lamm im Tontopf) gegessen wurde. Die Tavernen kamen erst später. Getrunken wurde Wein, zyprischer Brandy und Zivania (Traubentrester) oder Ouzo und später auch Bier.

Ich führe die Taverne wie die Gründerfamilie im traditionellen Stil der Dorftavernen fort. Nur die Speisen bereite ich etwas leichter zu. Zuerst erhalten die Gäste Rosenwasser auf die Hände. Anschliessend serviere ich kalte Meze und Dips wie Tahini, Kartoffel-Knoblauch-Püree (Skordalia) oder Salat aus Roter Bete. Dann folgen die warmen Meze wie gegrillter Halloumi, in Rotwein marinierter Schweinebauch, frittierte Zucchini, Huhn vom Spieß, gegrillte Hackfleischwürstchen im Schweinenetz (Sieftalia), Pilze mit Spinatreis, Bulgurpilav, Schnecken in Tomatensauce, Ravioli mit Halloumi (Bourekia Satjis) und Rührei mit Tomaten (Strapatsada). Zum Ende gibt es Früchte und etwas Süßes wie Mahallabi mit Mastix (Pudding), Grießhelva mit Mandeln oder Schwarze Nüsse. Und zum Abschluss schenke ich einen Commandaria oder Zivania gratis aus.

Aus einem Gespräch mit Pete Mentzis, Taverne Zanettos, Nikosia

George Demetriades

Pete Mentzis

Libanon

Der Libanon, gegründet 1943, ist ein junges Land mit alter Geschichte, zweihundert Kilometer lang und fünfzig Kilometer breit. Die Gründungen der Städte wie Byblos, Saida oder Beirut gehen auf das 3. Jahrtausend v. u. Z. zurück. Mit der Mittelmeerküste, dem Libanon- und Antilibanon-Gebirge und dem fruchtbaren Beeka-Tal gibt es auf kleinem Raum eine ungeheure Vielfalt an Produkten. Ebenso vielfältig sind die Menschen, Ethnien und Religionen. Es gibt Maroniten, Griechisch-Orthodoxe, Katholiken, Kopten, Drusen, Sunniten, Alawiten, Schiiten und mehr. Das zerbrechliche Gleichgewicht und die geografische Lage haben immer wieder zu unruhigen Zeiten und Kriegen geführt. Fünf Millionen Libanesen leben im Land, fünfzehn Millionen sind auf der Welt verstreut. Die Dörfer und Quartiere sind meist nach Religionen getrennt. Es gibt große Flüchtlingslager für palästinensische und syrische Flüchtlinge.

Die vielfältigen und doch verwandten Esskulturen ermöglichen, Differenzen zu vergessen und die Gemeinsamkeiten zu feiern. Vielleicht gerade wegen der instabilen Geschichte sind die Libanesen Weltmeister im Festefeiern. Zum Willkommen sagt man traditionell »Ahlan wa sahlan« – »Freunde, ihr seid gekommen, leicht sollt ihr es haben«. Bei den jungen Leuten heißt es heute im dreisprachigen Slang eher »Hi, kifak ça va« (»Hallo, wie geht es dir?«).

Im Libanon ist ein Mezze-Essen ein Festmahl, ein Sonntags- oder Abendessen, das man gerne auswärts oder bei einem Ausflug in die Berge oder ans Meer zu sich nimmt. Im Gegensatz zu Tapas, die an der Bar bei einem Drink gegessen werden, sind Mezze ein Mahl, bei dem man sich bequem zurücklehnt. Mezze ist mehr als Essen, es bedeutet Ritual, Freizeit und Party. Dazu gehört Livemusik, arabischer Tanz und die Wasserpfeife Shisha. Es geht um Teilen und Geselligkeit, darum, mit Freunden und der Familie Zeit zu verbringen. Nach und nach werden viele kleine Gerichte herumgereicht; dazu wird gern Arak getrunken, weil er zwischen den einzelnen Mezze den Geschmack neutralisiert.

Gestartet wird mit den Salaten Tabbuleh und Fattusch, die vom Kellner geschöpft werden. Dann kommen die kalten Mezze. Man bedient sich, ohne den Teller vollzufüllen. Der Salat wird mit der Gabel gegessen, die anderen Speisen werden gerne mithilfe von dünnem Fladenbrot, Lattich- oder Weißkohlblättern mit den Fingern gegessen. Dann kommen die Mezze aus rohem Fleisch oder Fisch, gefolgt von den warmen Mezze. Die rohen Fleisch-Mezze (Najeh) haben eine lange Tradition, die rohen Fisch-Mezze sind neu. Das folgende Barbecue ist Teil des Essens. Abgeschlossen wird das Mahl mit einem Früchteteller, ein paar Süßigkeiten und einem kleinen Schluck bittersüßem, arabischem Kaffee.

Eine besondere libanesische Tradition, die leider verlorengeht, ist Al-Zajal, ein Sprechgesang oder poetisches Wortgefecht, das von der UNESCO als immaterielles Kulturerbe anerkannt ist. Frauen wie Männer sitzen dabei um einen Tisch und tragen ihre Verse zu Tambourin und einer Darbuka-Trommel als Wettstreit vor Publikum vor, das die Verse wieder aufgreift. Besungen werden das Leben, die Liebe, die Nostalgie, der Tod, die Politik und alltägliche Ereignisse. Dazu gibt es Arak und Meze.

Aus Gesprächen mit Kamal Mouzawak von Souk el Tayeb, Barbara Abdeni Massaad, Slow-Food-Präsidentin Beirut, und Chirine Alayan, Beirut

Kamal Mouzawak

Barbara Abdeni Massaad

Chirine Alayan

Syrien

Meze werden in Syrien Service, Muqabbilat oder Maaza genannt. Wenn man »für Maaza geht«, geht man mit Freunden Alkohol trinken, hauptsächlich Arak (▸ 296). Dazu gehören immer Appetithäppchen. Muqabbilat kommt von *kabel,* das »vor« bedeutet. Diese Vorspeisen sollen den Magen auf die Hauptspeise vorbereiten. Allerdings können die »Appetitanreger« von ein paar Nüssen zu einem Glas Arak bis zu einer üppigen Tafel mit unzähligen Speisen reichen. Die Begriffe Muqabbilat oder Service werden auch von strenggläubigen Muslimen, die keinen Alkohol trinken, verwendet. In Syrien sagt man, das Auge isst vor dem Mund. Deshalb sollen alle Speisen hübsch angerichtet sein. Muqabbilat wird im Slang auch zum Flirten verwendet: »Wir hatten nur Muqabbilat« meint, es blieb bei einem Kuss. Fettes Muqabbilat ist dann schon mehr, und bei Muqabbilat mit Hauptspeise geht es dann wirklich zur Sache.

Die Meze in Syrien und im Libanon unterscheiden sich kaum, dafür weisen die Regionen und Orte ein umso größeres Spektrum an Spezialitäten auf. Besonders berühmt für seine vielfältige Küche ist Aleppo, das im Laufe der Zeit von vielen Völkern bewohnt und geprägt wurde. Tscherkessen, Kurden, Franzosen und Armenier brachten ihre kulinarischen Bräuche mit. In Aleppo verschmelzen römische, griechische, türkische, armenische, ägyptische und indische Küchentraditionen. Man sagt, die Leute aus Aleppo sind die Leute von Mahashi (Dolma) und Kebbeh (Bulgurklöße). Es soll über 60 Sorten Kebbeh geben. Aber Aleppo ist nicht nur berühmt für seine Dolmas und Kebbeh, sondern wie auch Homs für seine Kebabs (gebratenes oder gegrilltes Fleisch). Die Aleppoküche ist schärfer, fetter und fleischlastiger als jene in Damaskus. Dafür sollen die Muqabbilat in Damaskus vom Feinsten sein. Berühmt aus der Hauptstadt sind zum Beispiel Hummus, Falafel oder Ful.

Besonders am Wochenende ist Muqabbilat sehr beliebt. Ghada, halb Kurdin, halb Araberin aus Aleppo, erzählt: »Während ich die Muqabbilat zubereitete, holte mein Mann das gegrillte Fleisch aus dem Restaurant. Die Kurden in Aleppo sind nicht orthodox. Ob jemand Alkohol trinkt, den Ramadan einhält oder das Kopftuch trägt, ist in der Regel jedem selbst überlassen. Meine Eltern sind in Latakia und bauen wegen des Krieges wie viele andere Gemüse in ihrem Garten an. Sie essen jetzt vor allem Reis, Kartoffeln, Fladenbrot, Gemüse und Oliven und erhalten Lebensmittel von den Hilfsorganisationen.«

Lama, Christin aus Aleppo, erzählt: »Wir grillten nicht wie die Muslime am Donnerstag oder Freitag, sondern am Samstag. Die Freunde kamen unangemeldet vorbei, und Alkohol trank, wer Lust hatte.«

Eyad, Alawit aus den Golanhöhen und Damaskus: »Ich koche gerne und habe damit schon viele traditionelle Mädchen überrascht. Bei uns trifft man sich auch spontan, zum Beispiel auf der Dachterrasse, jeder bringt etwas mit. Es wird getanzt und musiziert. Mit Ausnahme der Siesta zwischen sechzehn und achtzehn Uhr kann man bei uns immer essen. Wenn wir Lust haben, gehen wir nachts um drei Uhr noch Ful (gekochte Favabohnen) essen. An einem freien Tag kann sich das Essen, das Plaudern und Spielen über den ganzen Tag hinziehen. Die Gastgeber machen Mukabilat und die Gäste bringen ein Geschenk oder etwas zu Essen mit.«

Aus Gesprächen mit Jehan Sukhni, Ghada Chikho, Lama Sabbagh, Eyad Bader

Türkei

Der Mix aus Kochtraditionen der nomadischen Turkvölker und Einflüssen aus indischen, persischen, arabischen sowie mediterranen Kochkulturen ist es, was die türkische Küche so groß und vielfältig macht. Auch die vielen Volksgruppen und Regionen im Osmanischen Reich haben die Küche geprägt. Es wurde noch nicht wie heute zwischen armenischer, kurdischer, türkischer oder griechischer Küche unterschieden. Man sprach von Zeytinyağlı (Gemüse in Olivenöl) und Sulu yemek (in Wasser gekocht), Etli sind Fleischgerichte, Otlu das Gemüse. Die Sultanshöfe entwickelten und verfeinerten dank ihres Reichtums und ihrer Handelsbeziehungen die Küche weiter und kreierten neue Rezepte. Eine hübsche, aber erfundene Geschichte besagt, dass die Idee der Meze-Tafel vom Vorkoster des Sultans kam, der von allen Speisen ein wenig probieren musste, ohne sich daran satt zu essen.

Der Begriff Meze für die kalten Speisen und Salate, die zu Alkohol gegessen werden, ist in der Türkei aber nicht vor dem Zweiten Weltkrieg aufgetaucht. In Sprachgebrauch kam er erst in den 80er-Jahren, als Oberbegriff für die wachsende Anzahl von kleinen Speisen, die zu Alkohol gegessen wurden. Auch heute noch spricht man oft von kalten Speisen oder Salaten.

Die regionalen Spezialitäten sind fast so vielfältig wie die Buchstaben des Alphabets: **A**yvalık ist berühmt für Meze, **B**odrum für Mandarinen, **Ç**orum für die gerösteten Kichererbsen Leblebi, bei **D**iyarbakır denkt man an Kaburga (gegrillte Lammrippen), bei **D**atça an Mandeln, Honig und Kapern, in **E**dirne an Marzipan, bei **E**dremit an Olivenöl, aus **F**ethiye kommt Sesam. **G**aziantep, die kulinarische Hochburg, ist berühmt für die Antep fıstığı (Pistazien), das Antep ezmesi (scharfe Tomatenpaste), Kebab und die türkische Pizza Lahmacun. **H**atay ist bekannt für Baba ganusch und viele weitere arabische Speisen, **I**zmir für Artischocken und Lokma, **K**ayseri für den luftgetrockneten Rindfleischschinken Pastırma und die kleinsten Mantı (Tortellini mit Joghurtsauce), **L**ykien für die mediterrane Küche, **M**alatya für seine Aprikosen, **N**evşehir in Kappadokien für Wein, **O**rdu für Haselnüsse, entlang des **P**auluswegs findet man ursprüngliche Dorfgerichte, in **R**ize Tee und in **S**iirt den Perde pilav (in Yufkateig gebackenes Reisgericht mit Rosinen). Die besten Köche sollen aus **S**afranbolu und **T**okat kommen. **U**rfa ist berühmt für Tarhana und Çiğ köfte, **V**an für wunderbare Frühstücke, **Y**ozgat für den Testi kebab (Kebab im Tontopf, der beim Servieren zerschlagen wird) und **Z**onguldak für die Erdbeeren. Nur die Buchstaben Q, W und X, die es im türkischen Alphabet nicht gibt, überlassen die Türken den Kurden.

Aus Gesprächen mit Musa Dağdeviren, Hüseyin Tüzün, Zeynep Davaz

Musa Dağdeviren

Hüseyin Tüzün

Zeynep Davaz

Glossar

Afrina (griech., »Schaum des Meeres«) Das griechische **Fleur de Sel.** Berühmt ist das Salz von Kythira, Peloponnes. Auf der zyprischen Halbinsel Akamas werden die Salzkristalle im heißen August, wenn das Meerwasser schnell verdunstet, von den Felsen gesammelt.

Anari (griech.) Ziger ▸Warenkunde S. 112

Arak (arab.) Klarer, ungesüßter Anisbranntwein. Siehe auch ▸**Rakı.** Arak kommt vor allem aus Syrien, Libanon, Israel, Palästina, Irak und Jordanien. Getrunken wird er pur, mit Wasser und Eis oder als Longdrink.

Auberginen ▸Warenkunde S. 38

Börek (türk.), **Burek** (Balkan), **Pita** (Balkan, griech.) Pasteten und Krapfen aus Yufka- oder Filoteig ▸Warenkunde S. 138

Börülce (türk.) Augenbohne, Schwarzaugenbohne, Schlangenbohne. Wird als Hülsenfrucht oder als grüne Bohne (Taze Börülce) gegessen. Die langen, schmalen Bohnen gelten als sehr zart. Eine Unterart ist die Spargelbohne. Deniz Börülce (Meerbohne) ist Salicorn ▸Wildkräutertabelle S. 312

Bottarga (ital.), **Avgotaraho** (griech.) Gesalzener und sonnengetrockneter Rogen der Meeräsche. Zum Konservieren wird er nach dem Trocknen mit einer dünnen Wachsschicht überzogen. Bottarga gilt im Mittelmeerraum als wertvolles Lebensmittel und wird deshalb auch als »Kaviar des Südens« bezeichnet. Verwendung: als Meze in dünne Scheiben geschnitten zu Fava oder Fladenbrot; gehobelt oder gerieben über Gerichte wie Pasta, Risotto oder Fisch.

Bugatsa (griech.) Süße Filoteigpastete aus Nordgriechenland, speziell aus Thessaloniki, mit Vanillecrème oder Grießpuding gefüllt. Es gibt auch salzige Varianten mit Käse, Hackfleisch und Spinat.

Bulgur (türk.), **Burghul** (arab.) Hartweizen, der eingeweicht, vorgekocht und getrocknet wird. Es gibt ihn als ganze Körner oder geschrotet in mehreren Feinheitsgraden. Erhältlich im türkischen Lebensmittelladen oder im Supermarkt, im Reformhaus findet man auch groben Dinkelbulgur. Feinen Bulgur (Köftelik bulgur) kann man ohne Kochen wie Couscous in heißer Flüssigkeit quellen lassen. Grober Bulgur (Pilavlık Bulgur) muss gekocht werden. Verwendung: für Salat, Klöße, Kebbeh, als Beilage u. a.

Chorta (griech., »Kraut«, »Gras«, »Grünes«) *Chortofagos* ist der Vegetarier. In Griechenland Oberbegriff für essbare Wildpflanzen, aber auch für kultivierte grüne Blattgemüse. Es wird in Wasser gekocht, mit Olivenöl, Zitronensaft und Gewürzen verfeinert und meist kalt gegessen. Typisch sind Amarant (griech. Vlita), Brennnesseln, Brunnenkresse, Distelarten, Endivie, Kohlarten, Löwenzahn, Mangoldblätter, Portulak, Radieschenblätter, Sauerampfer oder Spinat. Sie können einzeln oder als Mischung zubereitet werden. Weitere Wildkräuter ▸S. 312.

Commandaria Der zyprische Strohwein Kyprion Nama wird aus sonnengetrockneten weißen und roten Trauben gewonnen. Der Wein wird schon in der Antike und in der Bibel erwähnt. Den Namen Commandaria erhielt er um das Jahr 1000 von den Johannitern des Kreuzritterordens. Damit ist er der Wein mit der längsten ununterbrochenen Produktionsgeschichte. Im Handel sind heute leider nur Durchschnittsprodukte zu finden.

Dolma (türk.) ▸Warenkunde S. 132

Fatayer (arab.) ▸Warenkunde S. 236

Fava (türk.) Ackerbohne, Saubohne, Dicke Bohne. Erhältlich als frische Schoten oder getrocknet als ganze oder geschälte halbe Kerne. Junge Schoten sind essbar. Später müssen die Kerne aus den Schoten gepult und die Haut um die Kerne entfernt werden. Fava ist auch die Bezeichnung für ein Püree aus getrockneten, geschälten Bohnen. In Griechenland meist aus Saat-Platterbsen, in der Türkei meist aus Favabohnen, aber z.B. auch aus Linsen.

Feta (griech.), **Beyaz Peynir** (türk.), **Akkawi** (arab.) Sorten von Salzlakenkäse mit verschiedenen Fettgehalten von krümelig bis cremig ▸Warenkunde S. 112

Filo (griech.), siehe auch ▸**Yufka** Dünner Strudelteig aus Mehl, Öl, Salz und Wasser, manchmal auch etwas Essig oder Zitronensaft. Filo wird häufig mehrlagig verwendet, wie Blätterteig. Dabei werden die einzelnen Teigblätter mit Öl oder Butter bestrichen. Er kann auf Mehl ausgerollt oder auf einer öligen Unterlage ausgezogen werden.

Freekeh (arab.), **Firik** (türk.) Unreif geernteter Weizen mit rauchigem Geschmack, der beim Rösten über Feuer entsteht. In Nordafrika und dem östlichen Mittelmeer sehr verbreitet. Wie Grünkern (Dinkel) aus der Not geboren. Grünes Getreide zu ernten kann bei Regenfällen und in Kriegssituationen überlebenswichtig sein. Freekeh wird wie Grünkern besonders in der veganen Küche wiederentdeckt. Er ist nährstoffreich und gesund. Verwendung: wie Reis oder Bulgur in Salat, Suppe, als Beilage, Füllung für Dolma. Erhältlich ganz oder geschrotet.

Glyko tou koutaliou (zypr.-griech.), Süßes aus dem Löffel ▸Porträt S. 282

Granatapfelkonzentrat, Nar Ekşisi (türk.) Eingekochter Granatapfelsaft mit oder ohne Zuckerzusatz. Verwendung: ähnlich wie Balsamico. Siehe auch ▸**Pekmez**

Graviera Griechischer Hartkäse meist aus Schaf- oder Ziegenmilch. Nach Feta und Kaseri der meistverbreitete Käse in Griechenland. Seine Wurzeln sind im Schweizer Gruyère. Der griechische Premierminister Trikoupis beauftragte einen Mann, halb Schweizer, halb Grieche, in der Schweiz die Käseherstellung zu lernen. Mit der Zeit veränderte sich das Rezept, sodass der Graviera geschmacklich nichts mehr mit dem Schweizer Gruyère zu tun hat. Auf Kreta und Naxos ist Graviera eine geschützte Ursprungsbezeichnung (AOP). Auf Naxos ist er aus Kuhmilch.

Halloumi (zypr. griech.) ▸Warenkunde S. 112, ▸Porträt Halloumi-Käserei S. 110

Joghurt ▸Warenkunde S. 98

Johannisbrot, Keçiboynuzu (türk.), Charoupia (griech.) Frucht vom Johannisbrotbaum. Traditionelle Armenkost, die zum Süßen und auch als Tierfutter verwendet wird. Das Fruchtfleisch **Carob** wird zu Melasse und Sirup verarbeitet, der auch vergoren wird. Carobpulver wird auch als Kakaoersatz verwendet. Aus Samen und Schalen wird Mehl gemahlen. Verwendung: zum Süßen von Brot, Kuchen und Plätzchen. Die Melasse wird wie Honig auch auf Ziger und mit Nüssen gegessen.

Kadayif (türk., arab.) Teigfäden oder Engelshaar. Kadayif ist auch eine türkische Süßspeise mit Zuckersirup und Nussfüllung. Mit Kadayif wird auch Kunafah (türk. Künefe), eine Süßspeise mit Zuckersirup und Schmelzkäsefüllung, oder Baklava gemacht. Die Teigfäden werden mit etwas Öl entwirrt und gelockert. Sie können, geschichtet, gewickelt oder zu Nestchen geformt, gebraten, gebacken oder frittiert werden. Ursprünglich nur für Süßspeisen verwendet, werden heute auch Meeresfrüchte, Fisch, Gemüse oder Fleisch in Kadayif gewickelt oder eingefüllt.

Kafenio (griech.), **Kafedes** (zypr.) Traditionelles Kaffeehaus, wo am Morgen Kaffee und am Abend Meze zu Tsipouro oder Ouzo serviert werden. Für viele Männer ihre »Heimat«, wo man Freunde trifft und wo gespielt wird. Im türkischen **Kahvehane** wird kein Alkohol ausgeschenkt.

Kaffee, arabischer, türkischer, kurdischer, griechischer ▶Rezept S. 291

Karafaki (türk.) Kleine Glaskaraffe oder -flasche, häufig mit Maß für Branntwein, Wein und Wasser.

Kaşar (türk.) Halbfester türkischer Käse, ursprünglich aus Schaf- oder Ziegenmilch. Heute meist aus Kuhmilch und industrieller Produktion. Geeignet zum Schmelzen, ähnlich wie Gouda oder Tilsiter. Mit dem griechischen **Kaseri** verwandt.

Kavurma (türk.), **Kawarma** (arab.) Das türkische Wort *kavurmak* heißt »braten, rösten«. Kavurma ist die Bezeichnung für Gerichte (Gemüse oder Fleisch), die gebraten statt im Wasser gekocht werden. Im engeren Sinn ist Kavurma der Name für Schmalzfleisch (franz. Confit und Rillettes), also im eigenen Fett gebratenes Fleisch.

Kaymak (türk.) Gekochte dicke Sahne, die nach dem Erhitzen der Milch von der Oberfläche abgeschöpft wird. In türkischen Lebensmittelläden erhältlich.

Kebbeh (arab.), **İçli köfte** (türk.) ▶Warenkunde S. 236

Kefalotiri (griech.) Parmesanähnlicher griechischer Hartkäse aus Ziegen-, Schafmilch. Der Käse **Kevalogravicra** liegt zwischen Graviera und Kefalotiri.

Knoblauch ▶Warenkunde S. 118

Köfte (türk.), **Keftedes** (griech.), **Kufta** (arab.) Die Hackfleischbällchen sind weitverbreitet. Es gibt sie in unzähligen Formen, Mischungen und unterschiedlich gewürzt, gebraten, gegrillt, gebacken, in Tomatensauce gekocht oder auch roh (türk. Çiğ köfte). Es gibt auch vegetarische Köfte aus Kartoffeln, Linsen oder Bulgur (türk. Mercimek köfte).

Kritharaki (griech.), **Arpa şehriye** (türk.), **Risoni** (ital.) Nudelreis oder griechische Nudeln. Teigwaren in Getreideform. In Griechenland in drei Größen erhältlich.

Lakerda (türk., griech.) In Salz eingelegter Bonito oder Makrele. Stücke von Thunfisch oder großen Makrelen werden entgrätet, die Blutgerinnsel entfernt, dann 1 Tag gewässert, anschließend in Salz eingelegt und beschwert. Nach ein paar Tagen fließt Öl ab. Nach 2–4 Wochen ist Lakerda essbar und kann in Olivenöl aufbewahrt werden. Lakerda, ein ursprüngliches Meze, wird mit roten Zwiebelringen serviert. Einsalzen ist eine alte Technik, um Fisch haltbar zu machen.

Lor (türk.) Ziger ▶Warenkunde S. 112

Masticha aus Chios Griechischer Likör aus Chios mit Mastixharz destilliert.

Mastix ▶Warenkunde S. 266

Mezedopolio, Ouzeri, Tsipouradiko (griech.) Traditionelle kleine Restaurants, in denen Alkohol ausgeschenkt wird und Meze angeboten werden. *Mezedopolio* bedeutet »der Ort, wo Meze verkauft werden«.

Mesire (türk.) Plätze mit schöner Aussicht, z. B. in den Bergen oder am Meer, die sich für ein Picknick mit Meze und Rakı eignen.

Meyhane (pers., türk., »Weinhaus«) Kneipen mit Alkohol und Meze. Meyhane wurden früher wegen des Alkoholverbots für Muslime von Armeniern und Griechen betrieben. Siehe auch ▶Hintergrund S. 298.

Mizithra oder **Anthotyro** Ursprünglich kretischer Käse aus Molke und Milch, frisch oder gesalzen und gereift, meist in Kegelform, Ziger ▶Warenkunde S. 112. Eine Variante ist **Xinomizithra,** ein säuerlicher Ziegen- oder Schaffrischkäse. Verwendung: für griechischen Salat, Dakos (▶S. 73) oder frisch und ungesalzen mit Honig.

Nane-Minze (türk.) Ähnelt der marokkanischen Minze. Sie wird frisch oder getrocknet und fein gerieben häufig zum Kochen verwendet. Frische Nane-Minze eignet sich wie Pfefferminze auch für Tee.

Olivenöl ▶Warenkunde S. 28

Ouzo In Griechenland und Zypern geschützter Branntwein mit Zusatz von Anis oder Sternanis und weiteren Zutaten wie Fenchelsamen, Mastix, Zimt oder Ingwer. Hochwertiger Ouzo wird mehrmals in Destillationsgeräten aus Kupfer gebrannt. Mit einem Zuckeranteil ist er leicht süßlicher als der türkische Rakı oder Arak. Berühmt für Ouzo ist Lesbos. Vermutlich ist er von den Griechen aus dem Rakı abgewandelt worden. Der Name soll im 19. Jahrhundert aus dem italienischen Ausdruck »uso di masallia« (»zum Gebrauch für Marseille«) entstanden sein, mit dem Holzkisten beschriftet waren, die zum Export nach Marseille bestimmt waren. Einer anderen Quelle zufolge kommt der Name vom türkischen Wort *üzüm* (»Traube«). Ouzo wird pur mit Eiswürfeln oder mit Wasser verdünnt getrunken.

Pastırma (türk.), **Basturma** (arm.) Gepresster Trockenschinken, meist aus Rindfleisch, ummantelt mit einer roten Gewürzpaste aus Tomatenmark, Salz, Bockshornklee, Knoblauch, Paprika, Kreuzkümmel, Pfeffer, Nelken. Verwendung: roh, gebraten, für Füllungen (▸Zigarrenbörek S. 241). Berühmt in der Türkei ist der Pastırma aus Kayseri.

Pekmez (türk.) Dicksaft aus eingekochtem Fruchtsaft oder Melasse, z. B. aus Johannisbrot. Ein altes Süßungsmittel. Gutes Konzentrat ist ohne Zuckerzusatz. Pekmez gibt es aus Trauben, Granatäpfeln, Maulbeeren, Johannisbrot, Äpfeln, Birnen und weiteren Früchten. Verwendung: Pekmez und Tahina vermischt als Frühstückspaste, Süßungsmittel für Gebäck, zu Joghurt, als Würze in Salat-, Tomaten- und anderen Saucen.

Piment oder Nelkenpfeffer, **Yenibahar** (türk.) Die Früchte ähneln großen Pfefferkörnern. Das Aroma erinnert an Pfeffer, Zimt, Muskat und Nelken. Darum heißt er auf Englisch *allspice*.

Pinienkerne Im Mittelmeerraum aufwendig von Hand aus den Zapfen der wildwachsenden Pinie geerntet. Schädlinge und Regenfälle setzen ihnen heute zu. Deshalb werden häufig billige Pinienkerne aus Asien importiert oder sie werden durch andere Nüsse oder Zedernkerne ersetzt.

Pita, Khubz (arab.), **Pide** (türk.) Arabisches Fladenbrot aus Hefeteig. Pitas blasen sich beim Backen auf und werden dadurch zweilagig. Sie werden wie Pizzas belegt, für Sandwiches eingerollt oder gefüllt oder einfach als Brot verwendet. Auf dem Balkan sind Pitas wie Bureks mit Käse, Gemüse oder Fleisch gefüllte Strudel. In der Türkei sind Pide (Pitas) dicke Fladenbrote oder belegte Teigfladen.

Pudding ▸Warenkunde S. 262

Pul Biber (türk.) Chiliflocken in unterschiedlichen Schärfegraden. Es gibt sie trocken oder mit Öl und Salz vermischt.

Rakı (türk.) Zwei- oder dreifach destillierter Branntwein (45–50%) mit Anisaroma, vorwiegend in der Türkei hergestellt. Beim ersten Brand werden Weinbeeren und Trauben destilliert. Dieser Brand (Suma) wird pur oder mit einem Anteil reinen Alkohols und Anissamen ein zweites Mal destilliert. Der mit Wasser verdünnte Rakı wird auch Aslan Sütü (»Löwenmilch«) genannt. Rakı ist mit dem arabischen ▸**Arak** vergleichbar.

Raki Auf Kreta ist Raki oder **Tsikoudia** ein Traubentrester. Auf dem Balkan ein Oberbegriff für Obstbrand.

Rakomeladiko (griech.) Neue ▸**Kafenios** nach traditionellem Vorbild. Benannt nach dem kretischen Getränk Rakomelo (▸S. 291), das in Mode gekommen ist. Die Musik der Rakomeladikos ist die Neue Volksmusik. Sie sind günstig und vor allem bei der alternativen Jugend in Athen und Thessaloniki beliebt.

Saganaki (griech., »kleines Pfännchen«) Saganaki sind warme Meze oder Vorspeisen mit Käse, die in kleinen Pfännchen vom Herd oder im Tontöpfchen aus dem Ofen serviert werden. Das klassische Saganaki besteht aus Käsestücken (▸**Feta**, ▸**Graviera**, ▸**Kefalotiri** oder ▸**Halloumi**), die, mit Brotbröseln, Grieß oder Sesam paniert, gebraten werden.

Shisha, Nargile oder **Hookah** Arabische Wasserpfeife.

Siebengewürz, libanesisches oder arabisches (arab. Baharat) Oft verwendete Gewürzmischung im arabischen Raum. Wie beim Curry ist die Zusammensetzung regional unterschiedlich. Typisch sind Zimt, Nelken und Piment. Weitere Gewürze: Muskat, Ingwer, schwarzer Pfeffer, Bockshornklee, Kreuzkümmel, Koriander, Kardamom, Paprika, Chili.

Spitzpaprika, Paprika Es gibt verschiedene Sorten und in unterschiedlichen Schärfegraden. In türkischen Lebensmittelläden erhältlich sind: Çarliston und Tatlı Biber (Spitzpaprika, hellgrün, mild), Sivri Biber (Spitzpaprika dunkelgrün, mild bis mittelscharf), Acı Biber (Spitzpaprika, rot oder grün, scharf wie Chili), Dolma Biber (kleine, breite Paprika zum Füllen).

Sucuk (türk.) Kräftig gewürzte, luftgetrocknete oder geräucherte Wurst aus Rind- oder Lammfleisch. In Südosteuropa, in arabischen Ländern und in der Türkei verbreitet. Typische Gewürze sind Knoblauch, Piment, Kreuzkümmel und roter scharfer Pfeffer. Verwendung: gebraten, gegrillt oder kalt als Meze. Mit Eiern gebraten ist Sucuk typisch zum Frühstück.

Sumak Säuerliches Gewürz aus den Früchten des Gerber-Sumach, verwandt mit dem Essigbaum. Erhältlich als getrocknete Früchte oder gemahlen. Gute Qualität besteht aus dem hellrötlichen Fruchtfleisch mit wenig Kern und ohne Salz. Die purpurne Farbe kommt von den Kernen. Verwendung: mit Zwiebeln vermengt als Salat zu Kebab. Als Würze für Tomaten, Salat, auf Fleisch- oder Reisgerichte. Der säuerliche Sud aus in Wasser gekochten Früchten wird für Dolmas, Gemüse- oder Fleischgerichte verwendet.

Tahina Paste aus gemahlenem Sesam ▸Porträt S. 272

Tahini Sesam-Knoblauch-Sauce ▸Rezept S. 120

Tapas (span., »Deckel«), **Tıpa** (türk.) Appetithäppchen, die in spanischen Bars zu Wein, Sherry oder Bier gereicht werden. Ursprünglich bezeichnete das spanische Wort *tapa* die Brotscheibe, mit der Wirte die Gläser ihrer Gäste abdeckten, um sie vor Fliegen zu schützen. Später kamen ein paar Oliven, etwas Schinken oder Tomaten dazu – und so nahm eine spanische Tradition ihren Anfang.

Tarator ▸Warenkunde S. 118

Tarhana (türk), **Trachanas** (griech.), **Kaschk** (arab., pers.) Getrockneter Joghurt, auch mit Zusätzen von Weizen, Gewürzen und Gemüse. Der Vorläufer des »Suppenwürfels« entstammt der nomadischen Vorratshaltung. Erhältlich gemahlen, in Stücken oder flüssig. Verwendung: für Suppen, Saucen und Pasten.

Taverne Das lateinische Wort *taberna* bedeutet »Hütte« oder »Schenke«. Taverne ist ein Oberbegriff für einfache Gasthäuser. Die griechische Taverne ist ein einfaches Lokal, wo es Alkohol und Meze gibt.

Tektekçi Traditionelle türkische Bars, wohin man auf ein Glas Rakı und zwei Meze im Stehen geht.

Tsipouro (griech.) Ein Traubentrester wie Grappa oder Marc. Ursprünglich ein Armeleuteschnaps, gibt es ihn heute auch in hochwertiger Qualität. Tsipouro ist auch mit Anis- oder Mastixaroma erhältlich. Mit Anisaroma ist er dem türkischen Rakı ähnlich. Zu Meze wird in Griechenland vor allem Tsipouro getrunken. Auf Zypern heißt der Traubentrester ▸**Zivania,** auf Kreta ▸**Raki** oder **Tsikoudia.** Ein griechischer Witz: »Wenn du Angst hast, zu dick zu werden, trinke Tsipouro. Deine Angst wird verschwinden.«

Unreife Mandeln, Cağla (türk.) Die grünen Mandeln mit pelziger Haut sind nur während weniger Wochen im Frühling erhältlich. Sie werden roh und gesalzen als Snack geknabbert, aber auch gebraten oder als Pickles eingelegt. In Scheiben geschnitten sind sie hübsch zu Salat. Oder als Paste (▸Rezept S. 109). Gebraten isst man sie typisch mit Lammfleisch. Erhältlich im türkischen Lebensmittelladen.

Unreife Pflaumen, Erik (türk.) Saison Mai, Juni, Juli. Die unreifen Pflaumen werden traditionell roh mit Salz zu weißem Käse und Rakı geknabbert. Sie werden aber auch als Pickles und in der Küche verwendet (▸Rezept S. 109). Erhältlich im türkischen Lebensmittelladen.

Unreifer Traubensaft, Verjus (franz.), **Koruk** (türk.) **Abgureh** (pers.) Wird als Würzmittel wie Essig oder Zitronensaft verwendet, hat aber weniger Säure. Aus den unreifen Trauben werden auch Pickles gemacht.

Weißfisch Im internationalen Handel ist *white fish* die allgemeine Bezeichnung für magere, weißfleischige Meeresfische, häufig aus der Dorschfamilie. Im Deutschen ist Weißfisch die Bezeichnung für vorwiegend pflanzenfressende, im Süßwasser lebende Karpfenfische. Meist wohlschmeckend. Wegen der feinen Gräte unbeliebt, aber von Spitzenköchen und Slow Food wiederentdeckt. Beispiele: Brachse, Rotauge, Rotfeder, Hasel, Barbe. Ideal für Fischfrikadellen.

Xinomizithra ▸**Mizithra**

Xynotiro Griechischer Hartkäse aus Ziegen- oder Schafmilch.

Xinotiri Griechischer weicher, säuerlicher Ziegenfrischkäse.

Yufka (türk.) Dünn ausgerollter Teig aus Weizenmehl, Wasser und Salz. Manchmal auch mit Ei und Öl. Zu Hause wird Yufka mit dünnen Holzstäben (türk. Oklava) ausgerollt. Erhältlich ist der sehr dünne Baklava Yufka (wie griechischer Filo) und der etwas dickere Börek Yufka. Die Teigblätter gibt es viereckig, rund oder dreieckig zugeschnitten für Zigarrenbörek. In türkischen oder arabischen Lebensmittelläden und auf Märkten findet man ihn manchmal auch frisch.

Zatar oder **Za'atar** (arab.) Lippenblütengewächs wie syrischer Oregano, Kopfiger Thymian oder Bergbohnenkraut, mit herbem Aroma und scharfem Geschmack. Zatar ist auch die Bezeichnung für eine Gewürzmischung aus geröstetem Sesam, Sumach und Zatarkraut, häufig auch mit Salz. Verwendung: mit Olivenöl vermischt auf Fladenbrot, zu gegrilltem Fleisch, Lamm und in Eintöpfen. Berühmt für Zatar ist Aleppo, wo noch weitere Gewürze beigemischt werden.

Zeytinyağlı (türk., »in Olivenöl«) Vegetarische Meze mit Olivenöl, die in der Regel kalt gegessen werden. Typisch sind Gemüse und ▸**Dolma** wie z.B. gerollte Weinblätter. Dagegen heißen in Wasser gekochte Gerichte Sulu Yemek. Sie können auch Fleisch beinhalten.

Ziger ▸Warenkunde S. 112

Zivania (zypr.-griech.) ▸**Tsipouro**

Häufig verwendete mediterrane und mitteleuropäische Wildkräuter

M = Mediterran
E = Mitteleuropäisch
! = Wildkräuter, die hierzulande als leicht giftig angegeben werden, in anderen Ländern aber verzehrt werden

	Bezeichnung	lat., türk., griech., lib.	roh	gekocht
M/E	Amarant / Fuchsschwanz	Amaranthus spp. griech. Vlita	Blätter, Stängel, Knospen, Samen	Blätter, Stängel, junge Blütenstände, Samen
M/E	Ampferarten	Rumex spp. türk. Labada griech. Oxalida	junge Blätter	Blätter, junge Blütenstände, junge Früchte
M/E	Bärenklau, Wiesen-	Heracleum sphondylium	junge Blätter, Triebe, Knospen	Blätter, Stängel, junge Blütenstände, Samen (Gewürz)
E	Bärlauch	Allium ursinum türk. Ayı Sarımsağı	junge Blätter, Knospen mit Stiel, Samen	Blätter, Knospen mit Stiel, Zwiebeln
M/E	Beinwell/ Wallwurz	Symphytum officinale türk. Karakafes	junge Blätter, Blüten	Blätter (auch Dolma), junge Triebe
M	Benediktenkraut	Cnicus benedictus türk. Akkız, Şevketibostan		junge Blätter, Wurzel
M/E	Bibernelle, Kleine	Pimpinella saxifraga	junge Blätter	junge Blätter
M/E	Borretsch (meist kultiviert)	Borago officinalis türk. Hodan	Blätter, Blüten	Blätter (auch Dolma)
M/E	Brennnessel	Urtica dioica (E) Urtica urens (M) türk. Isırgan	junge Blätter, Triebe, Blütenstände, Samen	junge Blätter, Triebe, Blütenstände, Samen
M/E	Brunnenkresse, Echte	Nasturtium officinale türk. Su Teresi griech. Kartamilla	Blätter, Triebe	Blätter, Triebe
M	Cardy (E kultiviert)	Cynara cardunculus griech. Agrioangynara		Blattrippen, junge Blätter
M/E	Dost/Oregano	Origanum vulgare türk. Mercanköşk	Blätter, Blüten	Blätter (Gewürz)
M	Fenchel; Wildfenchel	Foeniculum vulgare türk. Arapsaçı griech. Marathos	junges Kraut, Blüte, Samen (Gewürz)	junges Kraut, Blüte, Samen (Gewürz)
M/E	Gänseblümchen	Bellis spp.	junge Blätter, Knospen, Blüten	Knospen (Pickles)
M/E	Gänsedistel	Sonchus spp. türk. Eşek Marulu, Sütleğen (Datça)	junge Blätter, Stiele	junge Blätter, Stiele

	Bezeichnung	lat., türk., griech., lib.	roh	gekocht
M/E	Gänsefuß, Weißer	Chenopodium album türk. Sirken	junge Blätter, Blüten	Blätter, junge Triebe, Blütenstände mit Samen
E	Geißfuß/Giersch	Aegopodium podagraria	junge, glänzende Blätter mit Stiel	Blätter, Knospen mit Stiel
M	Geranie, Zitronen-	Pelargonium graveolens türk. Itır		Blätter (Aroma für Süßspeisen)
M	Golddistel, Spanische	Scolymus hispanicus türk. Kenger, Diken griech. Chrysangatho	junge Rosetten, Triebe	junge Blätter, Triebe junge Blütenstände
M	Gummiwurz (!)	Opopanax chironium türk. Sariot		Triebe (wie Spargeln)
M	Gundelia tournefortii (wilde Distelart)	Gundelia tournefortii türk. Kenker lib. Akkub		junge Triebe, Stängel, Wurzel, Samen
E	Guter Heinrich / Wilder Spinat	Chenopodium bonus-henricus L.	junge Blätter	junge Blätter, Triebe mit jungen Blüten, Samen
E	Hopfen	Humulus lupulus		junge Triebe (wie Spargel)
M/E	Knöterich, Schlangen-	Polygonum bistorta	junge Blätter	junge Blätter
M/E	Knöterich, Vogel-	Polygonum aviculare türk. Madımak, Çobanekmeği	Blätter, Stängel, Samen	Blätter, Stängel, Samen
E	Kohldistel	Cirsium oleraceum	junge Blätter, Stängel	Blätter, Stängel, Wurzel
M/E	Kresse, Garten-	Lepidium sativum türk. Tere	Blätter	Blätter
M/E	Lauch, Wilder / Lauch Weinberg-; Knoblauch, Wilder	Allium spp. türk. Yabani Pırasa / Körmen; Yabani Sarımsak	Blätter	Blätter
M/E	Löwenzahn (M milde und bittere Arten)	Taraxacum officinale türk. Hindiba, Acı Radika, Tatlı Radika griech. Pikralida	junge Blätter, Knospen, Blütenstängel	junge Blätter, Knospen (Pickles), Blütenstängel
M/E	Malve, Wilde	Malva sylvestris türk. Ebegümeci griech. Molocha	junge Blätter, Blüten, unreife Samen	Blätter
M	Mannstreu (E geschützt)	Eryngium spp. lib. Qarsa Ani griech. Eryngion	junge Blätter	junge Blätter, Wurzel
M	Meerfenchel	Crithmum maritimum griech. Kritamo türk. Kaya Koruğu	Blätter, Blüten, Stängel	Blätter, Blüten, Stängel (auch Pickles)
E	Melde; Gartenmelde (kultiviert)	Atriplex spp. Atriplex hortensis	junge Blätter	Blätter

	Bezeichnung	lat., türk., griech., lib.	roh	gekocht
M	Mohn, Klatsch- (Alpen geschützt)	Papaver rhoeas türk. Gelincik	junge Blätter, Blütenblätter, junge Früchte	Blätter, Blüten, Samen (Gebäck)
M	Mönchsbart/ Barba di Frate	Salsola soda türk. Deniz Fasulye griech. Almyra	Blätter	Blätter
M/E	Nachtschatten, Schwarzer (!)	Solanum nigrum griech. Stifnos		junge Blätter und Stängel (typisch auf Kreta)
M/E	Nessel, Taub-	Lamium spp. türk. Güllez	junge Blätter, Blüten	Junge Blätter
M	Platterbse; Flügel-Platterbse	Lathyrus spp. Lathyrus ochrus griech. Papoules, Psares	Blätter, junge Triebe, junge Blütenstände	Blätter, Triebe, junge Blüten- stände
M/E	Portulak	Portulaca oleracea türk. Semizotu griech. Antrakla, Glistrida	junge Pflanze	junge Pflanze, Knospen (Pickles)
M/E	Rauke/Rucola (E kultiviert)	Eruca sativa	Blätter	
M/E	Rauke, Wilde	Diplotaxis tenuifolia türk./griech. Roka	Blätter	
M/E	Rettich, Acker-	Raphanus raphanistrum türk. Turp otu		junge Blätter
M	Salicorn/Queller	Salicornia europaea türk. Deniz Börulcesi	Triebe	Triebe (auch Pickles)
E	Sauerampfer, Wiesen-	Rumex acetosa	junge Blätter	junge Blätter, Samen geröstet
M/E	Sauerampfer, Kleiner	Rumex acetosella türk. Kuzukulağı	junge Blätter	junge Blätter, Samen (zum Rösten)
M/E	Senf, Wilder / Acker-Senf Schwarzer Senf (M); Weißer Senf	Sinapis arvensis türk. Hardal Otu griech. Sinapi Brassica nigra Sinapis alba	junge Blätter, Blüten, Samen	Blätter, Samen
M	Schmerwurz (!)	Tamus communis türk. Sarmaşık, Acı Filiz		nur junge Triebe (wie Spargel)
M	Spargel, Stechender	Asparagus acutifolius türk. Tilkişen, Yabani Kuşkonmaz griech. Agria Sparangia		Sprossen
E	Staudenknöterich, Japanischer	Reynoutria japonica	junge Sprossen	junge Sprossen, junge Blät- ter (Rhabarbergeschmack, auch süß für Wähen)
M	Stechwinde, Rauhe (!)	Smilax aspera türk. Silcan		junge Triebe

	Bezeichnung	lat., türk., griech., lib.	roh	gekocht
E	Teufelskralle, Ährige	Phyteuma spicatum	junge Blätter, Knospen	Blätter, Stängel mit Knospe
M/E	Thymian	Thymus spp. türk. Kekik (Oberbegriff für viele Arten)	Blätter und Blüten	Blätter und Blüten als Gewürz
M/E	Vogelmiere	Stellaria media türk. Kuş Otu, Kargabarsağı	Blätter, junge Triebe mit Stängel	Triebe, Blüten, Blätter, junge Triebe mit Stängel
M/E	Wegerich, Breit- Wegerich, Spitz-	Plantago major türk. Sinirotu Plantago lanceolata griech. Lithospasto	junge Blätter (Pesto)	junge Blätter, Samen (geröstet)
M	Wegwarte, Stachelige	Cichorium spinosum kret.-griech. Stamnagathi		junge Blätter, Wurzeln
E	Wicke, Zaun-	Vicia sepium	Blätter, junge Triebe, junge Blütenstände	Blätter, Triebe, junge Blütenstände
E	Wiesenknopf, Kleiner- / Pimpinelle	Sanguisorba minor	junge Blätter	Blätter (Gewürz)
M	Wildkohl	Brassica oleracea türk. Çibes	Blätter	Blätter
M/E	Wucherblume, Kronen- Wucherblume, Saat-	Glebionis coronaria türk. Dalleme Glebionis segetum türk. Alimeş, Papatya		junge Blätter

Register deutsch

Register landessprachlich

Danke an alle, die mich begleitet, für mich organisiert und übersetzt haben.

Io Mathianaki-Gramitsioti

Zeynep Davaz

Chirine Alayan

Maneusos Daskalogiannis

Elisabeth Tüzün

Sabine Ziegler

Sofia Faloutsou

Agapios Panayiotou

Gabi Kopp, geboren 1958 in Luzern, ist seit dreißig Jahren Illustratorin und Cartoonistin. Sie war Mitbegründerin und vier Jahre lang Köchin des Genossenschaftsrestaurants Zum Widder in Luzern. 2008 realisierte sie in Chicago das Projekt »behind the kitchen doors« dank eines Atelierstipendiums. 2009 wurde sie für ihr Projekt eines illustrierten Kochbuchs zu Istanbuls Vielvölkerküche mit dem Werkpreis von Stadt und Kanton Luzern ausgezeichnet. 2010 erschien *Das Istanbul Kochbuch* (6. Auflage 2015) und 2013 *Das persische Kochbuch* (3. Auflage 2015) bei Jacoby & Stuart, Berlin. www.gabikopp.ch

Einen großen Dank an die Stiftung Landis & Gyr. Dank ihres großzügigen Reisestipendiums konnte ich Rechercheresisen in den Libanon, die Türkei, nach Zypern und Griechenland machen und das Kochbuchprojekt *Meze ohne Grenzen* realisieren.

Ein großer Dank

Ein besonderer Dank geht an alle Köchinnen und Köche, die sich Zeit genommen haben und mich in ihre Töpfe schauen ließen.

Reisebegleiterinnen und -begleiter
Zeynep Davaz, Mesudiye, und Elisabeth Tüzün, Datça (Türkei)
Chirine Alayan, Beirut, und Sabine Ziegler, Zürich (Libanon)
Agapios Panayiotou, Luzern (Zypern)
Sofia Faloutsou und Io Mathianaki-Granitsioti, Athen (Griechenland)
Manousos Daskalogiannis, Chania (Kreta)

Sponsoren
Landis & Gyr Stiftung
Unterstützerinnen und Unterstützer des Crowdfunding auf www.wemakeit.ch

Unterstützung und Beratung
Libanon
Käthi Rotzler, Saida
Bassem Zein, Basel
Ghada Bazzi, Beirut
Brigitte Hayek, Maghdouche
Barbara Abdeni Massaad, Slow-Food-Präsidentin Beirut, www.barbaramassaad.com
Kamal Mouzawak und Christine Codsi, Beirut, www.soukeltayeb.com

Türkei
Musa Dağdeviren, Istanbul
Gençay Üçok, Istanbul
Krisztina Kehl-Bodrogi, Berlin (Aleviten)
Yusuf Küçük, Kuşadası, Aydın
Hüseyin Tüzün, Datça
Hülya Sezer, Luzern
Fulya Çansen, Frankfurt/Dikili
Miriam Bektas, Istanbul
Erdoğan Altındiş, Istanbul
Fidan Özen, Istanbul
Hans Dobbelfeld, Kuşadası

Zypern
Pandelitsa Panayiotou, Strovolos
Leila Elamine und Anthony Morano, the recipe hunters, www.culinaryheritagecorporation.org

Griechenland
Dimitra Chalazia, Bern
Ursula Stämmer-Horst, Luzern
Amalia van Gent, Athen

Kreta
Anthi Karra, Paris

Schweiz
Barbara Lehmann, Zürich
Jo Bucher, Tempikon (Ziger, Frischkäse)
Yves Scherer, Luzern (Honig)
Olga Zellweger, Luzern
Melk Thalmann, Luzern
Marlis Küng, Adligenswil
Gaby Fierz, Basel
Belhadri Benmia, Luzern
Luqman Saleh, Kriens
Jörg Duss, Luzern
Luisa Grünenfelder, Luzern

Zum Thema Olivenöl
Vasilis Leonidou, Kapsaliana Village Hotel, Kreta
Rengin Suar, Dozentin für Olivenölkunde an der Universität Kadir Has, Istanbul
Guido Fuster, Meggen, www.guidolio.ch

Zum Thema Wildkräuter
Elisabeth Tüzün, Datça
Elisabeth Danner, Luzern
Ruth Gerber, Undervelier

Testköchinnen
Antonia Fuchs, Brigitta Rosenberg, Catherine Huth, Claudia Amstutz, Claudia Niederberger, Debra Bühlmann, Elfi Anderegg, Elif Önal, Franciska Lazri, Franziska Sertori, Gina Moser, Heidi Baumli, Heidi Rebsamen, Klara Emmenegger, Madlen Hofstetter, Marie-Isabelle Bill, Priska Ketterer, Regula Jeger, Ruth Amrein, Sabine Ziegler, Ursula Stalder

Heiri Scherer einen riesengroßen Dank für die Rundumunterstützung

Rotpunktverlag
Sarah Wendle (Lektorat)
Ulrike Groeger und Patrizia Grab (Layout)
Patrick Hegglin (Lektorat)